Die Kündigung wegen Tätigkeit für das MfS in der Praxis

Europäische Hochschulschriften

Publications Universitaires Européennes
European University Studies

Reihe II
Rechtswissenschaft

Série II Series II
Droit
Law

Bd./Vol. 3639

PETER LANG
Frankfurt am Main · Berlin · Bern · Bruxelles · New York · Oxford · Wien

Kathrin Winkler

Die Kündigung wegen Tätigkeit für das MfS in der Praxis

Eine rechtstatsächliche Untersuchung der vom Thüringer Kultusministerium wegen MfS-Verstrickung und/oder Verschweigens dieser Verstrickung ausgesprochenen Kündigungen und ihrer Überprüfung durch die Thüringer Arbeitsgerichtsbarkeit

PETER LANG
Europäischer Verlag der Wissenschaften

Bibliografische Information Der Deutschen Bibliothek
Die Deutsche Bibliothek verzeichnet diese Publikation in der Deutschen Nationalbibliografie; detaillierte bibliografische Daten sind im Internet über <http://dnb.ddb.de> abrufbar.

Zugl.: Jena, Univ., Diss., 2001

Gedruckt mit Unterstützung der Stiftung zur
Aufarbeitung der SED-Diktatur.

27
ISSN 0531-7312
ISBN 3-631-50518-3

www.peterlang.de

Für Paula Maria

Vorwort

Die vorliegende Arbeit wurde im Mai 2001 fertiggestellt. Rechtsprechung und Literatur fanden bis zu diesem Zeitpunkt Berücksichtigung. Die Datenerhebung, auf die sich die Arbeit im Kern stützt, wurde bereits im Frühjahr 2000 abgeschlossen.

Bei allen, die dieses Projekt mit Rat und Tat unterstützt haben, möchte ich mich an dieser Stelle bedanken: Ganz besonders bedanke ich mich bei Frau Prof. Dr. Monika Schlachter für die Betreuung meiner Dissertation und die Förderung während meiner Tätigkeit an ihrem Lehrstuhl. Sodann danke ich besonders Herrn Prof. Dr. Lingelbach für die Übernahme des Zweitgutachtens und seine wertvollen Hinweise. Mein besonderer Dank gilt vor allem auch den Direktoren der Thüringer Arbeitsgerichte, Herrn Creuzfeld, Frau Engel, Herrn Hanke, Herrn Marx, Frau Schilder, Herrn Dr. Steckermeier sowie Herrn Walter, für die Genehmigung der Akteneinsicht, ohne die die Datenerhebung und damit diese Dissertation nicht realisierbar gewesen wäre. Außerdem bedanke ich mich bei allen Mitarbeitern der Arbeitsgerichte, die mir bei der Aktensuche in den Archiven geholfen haben. Für seine Unterstützung danke ich auch Herrn RLAG Brummer, der als mein Ausbilder während der Wahlstage mein Interesse für die Kündigungen wegen MfS-Tätigkeit geweckt hat. Natürlich danke ich allen, die mir selbstlos bei der Endredaktion und der technischen Umsetzung geholfen haben. Nicht zuletzt danke ich meiner Familie die mir stets den Rücken gestärkt hat, vor allem meiner Schwester fürs Babysitten und auch meiner kleinen Tochter Paula, der diese Arbeit gewidmet ist.

Gera, Juni 2002 Dr. Kathrin Winkler

Inhaltsverzeichnis

Literaturverzeichnis

Ascheid, Reiner — Die Kündigungsgründe nach dem Einigungsvertrag, in: von Maydell/Wank, Transformation der Arbeitsrechtsordnung in den neuen Bundesländern, Opladen 1996, S. 87-112.

Battis, Ulrich — Entwicklungstendenzen und Probleme der Einführung des Dienstrechts in den neuen Ländern, in: Neue Justiz (zit. NJ) 1991, S. 89-93.

ders. — Aufbau des öffentlichen Dienstes in den neuen Bundesländern, in: Battis/Jakobs/Jesse, Vergangenheitsbewältigung durch Recht, Berlin 1992.

Battis, Ulrich
Schulte-Trux, Anke — Verlängerung der Geltungsdauer der Kündigungsgründe nach Anlage I, Kapitel XIX, Sachgebiet A, Abschnitt III, Nr. 1 IV Einigungsvertrag, in: Zeitschrift für Tarifrecht (zit. ZTR) 1993, S. 179-185.

Baule, Berward — „Wir sind das Volk". Politische Bedingungsfelder der Freiheitsrevolution in der DDR, in: Konrad Löw (Hrsg.): Ursachen und Verlauf der deutschen Revolution 1989, 2. Auflage, Berlin 1993, S. 141 ff.

Becker, Friedrich u.a. — Gemeinschaftskommentar zum Kündigungsschutzgesetz und zu sonstigen kündigungsschutzrechtlichen Vorschriften, 5. Auflage, Neuwied/Kriftel 1998.

Berkowsky, Wilfried — Kündigungen wegen Stasi-Tätigkeit in der Rechtsprechung, in: Arbeit und Arbeitsrecht (zit. AuA) 1996, S. 125-129.

Bernet, Wolfgang — Vom Staatsdienst zum öffentlichen Dienst, in: Die Öffentliche Verwaltung (zit. DöV) 1991, S. 185-191.

ders. — Zur normativen Regelung des Staatsdienstes in der DDR und zum Rechtsverständnis der Staatsfunktionäre, in: Zeitschrift für das Beamtenrecht (zit. ZBR) 1991, S. 40-47.

Braunert, Ulrich — Zum Beweiswert der Unterlagen des Staatssicherheitsdienstes, in: Arbeit und Arbeitsrecht (zit. AuA) 1993, S. 15-19.

Bundesvorstand des Freien Deutschen Gewerkschaftsbundes (Hrsg.)
Unser Arbeitsgesetzbuch. Eine Einführung, Berlin 1977.

Catenhusen, Hanns-Christian
Die Stasi-Überprüfung im öffentlichen Dienst der neuen Bundesländer. Die arbeits- und beamtenrechtlichen Grundlagen und ihre Umsetzung in der Verwaltungspraxis, Dissertation, Berlin 1999.

Dammann, Klaus — Abwicklung, Warteschleife und Fragebögen in der ehemaligen DDR, in: Demokratie und Recht 1991, S. 242-251.

Dammann, Klaus
Kutscha, Martin — Das Verschweigen einer früheren MfS-Tätigkeit von Beschäftigten im öffentlichen Dienst - ein Pflichtenverstoß mit unabsehbaren Konsequenzen? in: Neue Justiz (zit. NJ) 1999, S. 281-285.

Däubler, Wolfgang — Einigungsvertrag und öffentlicher Dienst, in: Der Personalrat (zit.: PersR) 1990, S. 313-316.

ders. — Die Verlängerung der Sonderkündigungsrechte nach dem Einigungsvertrag - ein Verfassungsverstoß?, in: Zeitschrift für Tarifrecht (zit. ZTR) 1993, S. 135 - 140.

Deutscher Bundestag, Referat Öffentlichkeitsarbeit
Schlussbericht der Enquete-Kommission "Überwindung der Folgen der SED-Diktatur im Prozess der deutschen Einheit", Drucksache 13/11000, 10.06.1998.

Dieterich, Thomas — Fremdrechtsprechung. Arbeitsgerichte im östlichen Teil Deutschlands, in: Neue Zeitschrift für Arbeitsrecht (zit. NZA) 1995, S. 553-557.

Dieterich, Thomas
Hanau, Peter
Schaub, Günther — Erfurter Kommentar zum Arbeitsrecht, 2. Auflage, München 2001.

Dörner, Klemens
Widlak, Harald — Das Arbeitsrecht im Einigungsvertrag, in: Neue Zeitschrift für Arbeits- und Sozialrecht (zit. NZA) Beilage 1 / 1991, S. 43-53.

Engelmann, Roger — Zum Quellenwert der Unterlagen des Ministeriums für Staatssicherheit, in: Henke/Engelmann (Hrsg.), Aktenlage. Die Bedeutung der Unterlagen des Staatssicherheitsdienstes für die Zeitgeschichtsforschung, 2. Auflage, Berlin 1995.

Fenski, Martin
Linck, Rüdiger — Besonderheiten der Beendigung von Arbeitsverhältnissen in den neuen Bundesländern, in: Neue Zeitschrift für Arbeits- und Sozialrecht (zit. NZA) 1992, S. 337-350.

Fricke, Karl Wilhelm — Die Erblast der DDR-Staatssicherheit, in: Außenpolitik 1990, S. 403-411.

ders. — Die Staatssicherheit der früheren DDR und ihre Hinterlassenschaft, in: Außenpolitik 1992, S. 153-163.

Gauck, Joachim — Die Stasi-Akten. Das unheimliche Erbe der DDR, Reinbek, 1991.

ders. — Akten und Gerechtigkeit. Gedanken zum Umgang mit der Vergangenheit, in: Hastedt/Thomä, Plädoyers für Gerechtigkeit, Rostocker Philosophische Manuskripte, Heft 1, 1994.

Gieseke, Jens — Erst braun, dann rot? Zur Frage der Beschäftigung ehemaliger Nationalsozialisten als hauptamtliche Mitarbeiter des MfS, in: Suckut/Süß, Staatspartei und Staatssicherheit. Zum Verhältnis von SED und MfS, Berlin 1997.

Gill, David
Schröter, Ulrich — Das Ministerium für Staatssicherheit. Die Anatomie des Mielke-Imperiums, Berlin 1991.

Goerlich, Helmut — Regimebelastung und Systemnähe - Ihre Bewältigung mit den Mitteln des Verwaltungsrechts im Freistaat Sachsen, in: Heinze (Hrsg.) Festschrift für Wolfgang Gitter zum 65. Geburtstag, Wiesbaden 1995.

Hanau, Peter
Preis, Ulrich — Das Arbeitsrecht in den neuen Bundesländern nach dem 3.10.1990, in: Hanau/Langanke/Preis/Widlak (Hrsg.), Das Arbeitsrecht der neuen Bundesländer, Köln 1991.

Hantel, Peter — Anmerkung zu BAG, Urteil vom 16.10.97 - 8 AZR 762/95, in: Neue Justiz (zit. NJ) 1998, S. 334.

ders. — Tätigkeit für das MfS und die fehlende Verfassungstreue, in: Neue Justiz (zit. NJ) 1995, 169-173.

Helkenberg, Peter — Die Ruhensregelung des Einigungsvertrages, in: Arbeit und Arbeitsrecht (zit. AuA) 1991, S. 105-109.

Hertle, Hans-Hermann — Staatsbankrott. Der ökonomische Untergang des SED-Staates, in: Deutschland-Archiv 1992, S. 1019-1030.

ders. — "Das reale Bild war eben katastrophal". Gespräch mit Gerhard Schürer, in: Deutschland-Archiv 1992, S. 1031-1039.

Herz, Andrea: Das MfS in Thüringen. Ein erster Überblick, hrsg. vom Landesbeauftragten für die Unterlagen des Staatssicherheitsdienstes der ehemaligen DDR, Reihe C Monographien, Erfurt 1994.

dies. Bürger im Visier. Eine Institution schuf den alltäglichen Argwohn - das MfS in Thüringen, hrsg. vom Landesbeauftragten für die Unterlagen des Staatssicherheitsdienstes der ehemaligen DDR, Reihe C Monographien, Erfurt 1996.

Hillermeier, Heinz Stasi-Mitarbeiter im öffentlichen Dienst, in: Landes- und Kommunalverwaltung (zit. LKV) 1995, S. 141-143.

Hoffmann, Dierk
Schmidt, Karl-Heinz
Skyba, Peter: Die DDR vor dem Mauerbau. Dokumente zur Geschichte des anderen deutschen Staates 1949-1961, München 1993.

Holzhauser, Guido Zur gerichtlichen Überprüfung von Kündigungen im öffentlichen Dienst nach dem Einigungsvertrag, in: Neue Justiz (zit. NJ) 1991, S. 494-495.

Jaeckel, Ursula 40 Jahre Staatssicherheit. Ziele, Tätigkeit, Auswirkungen, in: Konrad Löw (Hrsg.): Ursachen und Verlauf der deutschen Revolution 1989, 2. Auflage, Berlin 1993, S. 141 ff.

Jentsch, Hans-Joachim Der Aufbau des Rechtsstaates in Thüringen, in: Heinze (Hrsg.), Festschrift für Wolfgang Gitter zum 65. Geburtstag, Wiesbaden 1995.

Jeske, Joachim Die Übergangsvorschriften für den öffentlichen Dienst der DDR im Einigungsvertrag, in: Zeitschrift für Tarifrecht (zit. ZTR) 1990, S. 451-454.

Kathke, Leonhard — Verfassungstreueprüfung nach der deutschen Wiedervereinigung - dargestellt anhand einiger Beispiele, in: Zeitschrift für das Beamtenrecht (zit. ZBR) 1992, S. 344-354.

Kaufmann, Manfred — Arbeitseinkommen in der DDR, in: Leistung und Lohn, Sonderheft DDR, 1990.

Keller, Berndt
Henneberger, Fred — Beschäftigung und Arbeitsbeziehungen im öffentlichen Dienst der neuen Bundesländer, in: Seibel/ Benz/Mäding, Verwaltungsreform und Verwaltungspolitik im Prozess der deutschen Einigung, 1. Aufl., Baden-Baden 1993.

Koch, Franz-Michael
Pasinski, Karola — EV-Kündigungsregelungen im öffentlichen Dienste (Teil I), in: Arbeit und Arbeitsrecht (zit. AuA) 1992, S. 204-206.

dies. — EV-Kündigungsregelungen im öffentlichen Dienste (Teil II), in: Arbeit und Arbeitsrecht (zit. AuA) 1992, S. 230-233.

Korinth, Michael H. — Nochmals: Außerordentliche Kündigung wegen Stasi-Tätigkeit, in: Arbeit und Arbeitsrecht (zit. AuA) 1995, S. 148-150.

Kreuder, Thomas — Die besonderen Kündigungsgründe nach dem Einigungsvertrag, in: Die Mitbestimmung 1992, S. 85-87.

Kühling, Jürgen — Arbeitsrecht in der Rechtsprechung des Bundesverfassungsgerichts, in: Arbeit und Recht (zit. ArbuR) 1994, S. 126 - 132.

Küttner, Wolfdieter — Personalbuch 2001, 8. Auflage, München 2001.

Kunze, Thomas — Nochmals: Der Beweiswert von Stasi-Unterlagen im Arbeitsgerichtsprozess, in: Deutsch-Deutsche Rechts-Zeitschrift (zit. DtZ) 1994 S. 399-401.

Lakies, Thomas
Kutscha, Martin — Die Entwicklung der Rechtsprechung zur Kündigung wegen mangelnder Verfassungstreue, in: Neue Zeitschrift für Arbeitsrecht (zit. NZA), S. 1079-1084.

Landesbeauftragte (Der) des Freistaates Thüringen für die Unterlagen des Staatssicherheitsdienstes der ehemaligen DDR:
Empfehlungen zur Verfahrensweise bei Personalüberprüfungen. Umgang mit den Auskünften des Bundesbeauftragten für die Unterlagen des Staatssicherheitsdienstes der ehemaligen Deutschen Demokratischen Republik, Erfurt 1994.

ders. — Grundlage zur Bewertung der Tätigkeit des Arbeitsgebietes I der Kriminalpolizei und des Zusammenwirkens mit dem Ministerium für Staatssicherheit der ehemaligen DDR, Erfurt 1994.

Langanke, Annemarie — Die Entwicklung des Arbeitsrechts in der DDR von November 1989 bis zum Oktober 1990 und Probleme der Einführung der neuen Rechtsordnung, in: Hanau/Langanke/Preis/Widlak (Hrsg.), Das Arbeitsrecht der neuen Bundesländer, Köln 1991.

Lansnicker, Frank
Schwirtzek, Thomas — Ehemalige Mitarbeiter des früheren Ministeriums für Staatssicherheit im öffentlichen Dienst – Weiterbeschäftigung und Übernahme?, in: Monatsschrift für Deutsches Recht (zit. MDR) 1991, S. 202-206

dies. — Staatssicherheit und öffentlicher Dienst, in: Deutsch-Deutsche Rechts-Zeitschrift (zit. DtZ) 1993, S. 106-110.

dies. Der Beweiswert von Stasi-Unterlagen im Arbeitsgerichtsprozess, in: Deutsch-Deutsche Rechts-Zeitschrift (zit. DtZ) 1994, S. 162-165.

dies. Höchstrichterliche Entscheidungen zu ausgewählten arbeitsrechtlichen Problemen im Beitrittsgebiet, in: Zeitschrift für Vermögens- und Investitionsrecht (zit. VIZ) 2000, S. 132-138.

Lecheler, Helmut Anmerkung zum Urteil des Bundesverfassungsgerichts vom 24.4.1991, Az.: 1 BvR 1341/90 ("Warteschleifen-Urteil"), in: Die Personalvertretung (zit. PersV) 1991, S. 393 f.

Lindheim, Thomas von Zum Begriff der Zusammenarbeit des inoffiziellen und hauptamtlichen Mitarbeiters mit dem MfS, in: Deutsch-Deutsche Rechts-Zeitschrift (zit. DtZ) 1993, S. 358-361.

Links, Christoph
Hannes Bahrmann Wir sind das Volk. Die DDR im Aufbruch. Eine Chronik, Wuppertal 1990.

Lörcher, Klaus Staatsvertrag contra Völkerrecht? in: Der Personalrat (zit. PersR) 1990, 217-220.

Löw, Konrad Ursachen und Verlauf der deutschen Revolution 1989, 2. Auflage, Berlin 1993.

Majer, Diemut Ein halbierter Rechtsstaat für Ostdeutschland? Unterschiedliche Kriterien bei der Überprüfung von Angehörigen des öffentlichen Dienstes der ehemaligen DDR, in: Kritische Justiz (zit. KJ) 1992, S. 147-167.

Mampel, Siegfried: Das Ministerium für Staatssicherheit der ehemaligen DDR als Ideologiepolizei. Zur Bedeutung einer Heilslehre als Mittel zum Griff auf das Bewusstsein für das Totalitarismusmodell, Berlin 1996.

Müller-Enbergs, Helmut:

Inoffizielle Mitarbeiter des Ministeriums für Staatssicherheit. Richtlinien und Durchführungsbestimmungen, Berlin 1996.

ders. Zum Umgang mit inoffiziellen Mitarbeitern - Gerechtigkeit im Rechtsstaat? Expertise für die Enquete-Kommission "Überwindung der Folgen der SED-Diktatur im Prozess der deutschen Einheit" des Deutschen Bundestages, Berlin.

Neumann, Peter Die MfS-Kündigung, in: Arbeit und Arbeitsrecht (zit. AuA) 1997, S. 50-54.

Oetker, Hartmut Das Kündigungsrecht im Wandel der Arbeits- und Sozialordnung im Zuge der Wiedervereinigung, in: von Maydell/Wank, Transformation der Arbeitsrechtsordnung in den neuen Bundesländern, Opladen 1996, S. 67-86.

ders. Anmerkung zu BAG, Urteile vom 4.11.93 - 8 AZR 43/93 und 8 AZR 127 /93, AP Nr. 17 und 18 EinV Anl. I Kap. XIX.

ders. Anmerkung zum Urteil des Landesarbeitsgerichts Berlin vom 28.03.1991 – 9 Sa 29/91, LAGE Art. 20 EinV Nr. 1, S. 10-43.

Opolony, Bernhard Die Kündigungsgründe des Einigungsvertrages: Das Sonderkündigungsrecht für Arbeitsverhältnisse im öffentlichen Dienst auf dem Gebiet der neuen Bundesländer wegen früherer Betätigung für das Ministerium für Staatssicherheit, die SED oder gesellschaftliche Organisationen nach dem Einigungsvertrag, Dissertation, München 1996.

ders. Das BVerfG zu Kündigungen im öffentlichen Dienst, in: Arbeit und Arbeitsrecht (zit. AuA) 1998, S. 54-56.

Patermann, Andreas — Entlassung von Beamten wegen einer Tätigkeit für das MfS, in: Deutsch-Deutsche Rechts-Zeitschrift (zit. DtZ) 1997, Seite 242-246.

Peglau — Die Einsicht in Prozessakten zu Forschungszwecken, in: Neue Justiz (zit. NJ) 1993, S. 400 ff.

Pieroth, Bodo — Regimebelastung und rechtsstaatlicher öffentlicher Dienst, in: Neue Justiz (zit. NJ) 1992, S. 89 - 92.

Preis, Ulrich — Die Kündigungen von Arbeitsverhältnissen im öffentlichen Dienst der neuen Bundesländer, in: Der Personalrat (zit. PersR) 1991, S. 201-204.

Preis, Ulrich
Stoffels, Markus — Kündigung wegen politischer Betätigung, in: Recht der Arbeit (zit. RdA) 1996, S. 210-223.

Pschollkowski, Gerhard
Kranzusch, Holger — Die "Stasi-Abwicklung" bei der Deutschen Bundespost Telekom und deren personelle Auswirkungen (Teil I), in: Zeitschrift für Tarifrecht (zit. ZTR) 1993, S. 409-415.

Riecker, Ariane
Schwarz, Annett
Schneider, Dirk — Stasi intim. Gespräche mit ehemaligen MfS-Angehörigen, Leipzig 1990.

Roenne, Hans Hubertus von — Überprüfungen der ehemaligen Mitarbeiter der Staatsorgane der DDR in den neuen Ländern. Die Praxis der Entscheidungen über die Übernahme von Personal in den öffentlichen Dienst im Beitrittsgebiet während der Übergangsphase nach 1990 - unter Berücksichtigung der Bereiche der Justiz, der Bildung sowie der Polizei auf Ebene des Innenressorts am Beispiel der Landesverwaltungen in den neuen Ländern und Berlin, Expertise für die Enquete-Kommission "Überwindung der Folgen der SED-

Diktatur im Prozess der deutschen Einheit" des Deutschen Bundestages, Berlin.

Säcker, Franz Jürgen (Hrsg.)
Oetker, Hartmut (Bearb.) Vermögensrecht, Kommentar zu §§ 1-21 Vermögensgesetz, München 1995.

dies. Münchner Kommentar zum Bürgerlichen Gesetzbuch, Ergänzungsband, München 1992.

Schäuble, Wolfgang Der Einigungsvertrag. Vollendung der Einheit Deutschlands in Freiheit, in: Zeitschrift für Gesetzgebung (zit. ZG) 1990, S. 289-307.

Schell, Manfred
Kalinka, Werner: Stasi und kein Ende. Die Personen und Fakten, Frankfurt/Berlin 1991.

Schimmelpfennig, Adam
Der öffentliche Dienst der früheren DDR im Übergang. Ein erster Überblick für Dienststellen und Personalvertretungen, in: Die Personalvertretung (zit. PersV) 1990, S. 469 – 480.

Schlachter, Monika Das Sonderkündigungsrecht des Einigungsvertrages – Systembildung unter dem Einfluss der Verfassung, in: Richterliches Arbeitsrecht. Festschrift für Thomas Dieterich zum 65. Geburtstag, München 1999, S. 549-568.

dies. Justitielle Aufarbeitung am Beispiel der Arbeitsgerichtsbarkeit. Expertise für die Enquete-Kommission "Überwindung der Folgen der SED-Diktatur im Prozess der deutschen Einheit" des Deutschen Bundestages, Jena.

Schlink, Bernhard Vergangenheit als Zumutung? Zum Kündigungsgrund der Unzumutbarkeit weiterer Beschäftigung nach früherer Tätigkeit für das Ministerium für Staatssicherheit nach Kapitel XIX Sachgebiet A Abschnitt II

Nr. 1 Abs. 5 2. Alternative der Anlage I zum Einigungsvertrag, in: Offene Staatlichkeit - Festschrift für Ernst-Wolfgang Böckenförde zum 65. Geburtstag, S. 341-355, Berlin 1995.

Schmidt, Wolfgang — Lehrerüberprüfungen und Stellenreduzierungen in den neuen Bundesländern. Rahmenbedingungen, Instrumentarien, erste Ergebnisse und Auswirkungen, in: Pädagogik und Schulalltag 1992, S. 62-78.

Schmidt-Bleibtreu, Bruno — Der Vertrag über die Schaffung einer Währungs-, Wirtschafts- und Sozialunion zwischen der Bundesrepublik Deutschland und der Deutschen Demokratischen Republik, in: Deutsch-Deutsche Rechts-Zeitschrift (zit. DtZ) 1990, S. 138-142.

Scholz, Uwe R. — Fristlose Kündigung im öffentlichen Dienst wegen Tätigkeit für das frühere Ministerium für Staatssicherheit/Amt für nationale Sicherheit (MfS), in: Betriebs-Berater (zit. BB) 1991, S. 2515-2526.

Schroers, Heinz — Außerordentliche Kündigungen wegen Tätigkeit für das MfS, in: Arbeit und Arbeitsrecht (zit. AuA) 1994, S. 381-383.

Schröter, Ulrich — Die Spannbreite der IM-Tätigkeit: Zur Diskussion über die IM-Kriterien. Vergleichbarkeit des Unvergleichbaren, in: Mechtel/Schröter (Hrsg.), Beiträge zum Umgang mit der Staatssicherheits-Vergangenheit, Berlin 1996.

Schürer, Gerhard — Vorlage für das Politbüro des Zentralkomitees der SED. Analyse der ökonomischen Lage der DDR mit Schlussfolgerungen, abgedruckt in: Deutschland-Archiv 1992, S. 1112-1120.

Stapelfeld, Ait — Zum aktuellen Stand der Rechtsprechung und zur Praxis des Sonderkündigungsrechts im Einigungsvertrag wegen der Tätigkeit für MfS/AfNS, in: Deutsch-Deutsche Rechts-Zeitschrift (zit. DtZ) 1995, S. 186-192.

Stein, Eberhard — Agonie und Auflösung des MfS. Streiflichter aus einem Thüringer Bezirk, hrsg. vom Landesbeauftragten für die Unterlagen des Staatssicherheitsdienstes der ehemaligen DDR, Reihe C Monographien, Erfurt 1995.

Stoltenberg, Klaus — Die historische Entscheidung für die Öffnung der Stasi-Akten. Anmerkungen zum Stasi-Unterlagen-Gesetz, in: Deutsch-Deutsche Rechts-Zeitschrift (zit. DtZ) 1992, S. 65-72.

Suckut, Siegfried: — Generalkontrollbeauftragter der SED oder gewöhnliches Staatsorgan? Probleme der Funktionsbestimmung des MfS in den sechziger Jahren, in: Suckut/Süß, Staatspartei und Staatssicherheit. Zum Verhältnis von SED und MfS, Berlin 1997.

ders. — Wörterbuch der Staatssicherheit. Definitionen zur politisch-operativen Arbeit, Berlin 1995.

Thiel, Wera — Arbeitsrecht in der DDR, Opladen 1997.

Thüringer Innenministerium (Hrsg.) — Personalüberprüfungsausschuss für die Thüringer Polizei. Abschlussbericht, Erfurt 1996.

Thüringer Ministerium für Justiz und Europaangelegenheiten (Hrsg.) — Thüringer Justiz - Fakten und Zahlen, Erfurt.

Wank, Rolf — Das Arbeits- und Sozialrecht nach dem Einigungsvertrag, in: Recht der Arbeit (zit. RdA) 1991, S. 1-16.

Weberling, Johannes — Stasi-Unterlagen-Gesetz. Kommentar, Berlin 1993.

Weichert, Thilo — Überprüfung der öffentlichen Bediensteten in Ostdeutschland, in: Kritische Justiz (zit. KJ) 1991, S. 457-475.

Weisemann, Ulrich — Die arbeitsrechtliche Relevanz der Stasi-Mitarbeit, in: Arbeit und Arbeitsrecht (zit. AuA) 1992, S. 296-300.

Weiß, Hans-Dietrich — Wiedereinführung des Berufsbeamtentums im beigetretenen Teil Deutschlands. Entwicklung und Darstellung des seit dem 3. Oktober 1990 geltenden Beamtenrechts auf der Grundlage des Einigungsvertrages, in: Zeitschrift für Beamtenrecht (zit. ZBR) 1991, S. 1–27.

ders. — Das Übergangsrecht der Arbeitnehmer im öffentlichen Dienst des beigetretenen Teils Deutschlands. Entwicklung und Darstellung des seit dem 3. Oktober 1990 bestehenden Rechtszustandes auf der Grundlage des Einigungsvertrages, in: Die Personalvertretung (zit. PersV) 1991, S. 97-123.

Weiss, Manfred
Kreuder, Thomas — Das "Sonderkündigungsrecht" nach dem Einigungsvertrag, in: Arbeit und Recht (zit. ArbuR) 1994, S. 12-21.

Worzalla, Michael — Arbeitsrecht in den neuen Bundesländern. Sonderregelungen und ausgewählte Probleme, in: Deutsch-Deutsche Rechts-Zeitschrift (zit. DtZ) 1992, S. 306-311.

Zeuner, Albrecht — Zur Kündigung von Arbeitsverhältnissen des öffentlichen Dienstes in den neuen Bundesländern aus Gründen einer Vorbelastung, in: Becker (Hrsg.) Festschrift für Werner Thieme zum 70. Geburtstag, Köln 1993.

A. Untersuchungsgegenstand

I. Einleitung

Mit dem Beitritt der ehemaligen Deutschen Demokratischen Republik zur Bundesrepublik Deutschland stellte sich die Aufgabe, den früheren Staatsdienst in einen rechtsstaatlichen öffentlichen Dienst umzustrukturieren. Dafür war es unter anderem erforderlich, alle Bediensteten auf frühere Verstrickung mit dem ehemaligen Staatssicherheitsdienst der DDR[1] zu überprüfen und diejenigen aus dem Dienst zu entfernen, die wegen solcher Vorbelastung für eine demokratisch-rechtsstaatliche Verwaltung nicht mehr tragbar waren. Die Einigungsvertragsparteien, Bundesrepublik Deutschland und Deutsche Demokratische Republik, entschieden sich zur Bewältigung dieser Aufgaben für Sonderkündigungsvorschriften außerhalb des allgemeinen Kündigungsrechts.

Im Zusammenhang mit der Anwendung dieses Sonderrechts sind vielfach Probleme geschildert worden, und zwar insbesondere von mit zahlreichen Klagen gegen Entscheidungen in diesem Bereich betrauten Rechtsanwälten, Richtern oder Betroffenen. Darüber hinaus ist die Stasi-Überprüfung Thema der öffentlichen Diskussion gewesen. Es gab außerdem zahlreiche höchstrichterliche Entscheidungen zu diesem Themenkreis. Nach nunmehr über zehn Jahren seit dem Inkrafttreten des Einigungsvertrages ist die Stasi-Überprüfung der schon zum Zeitpunkt des Beitritts im öffentlichen Dienst Beschäftigten im wesentlichen abgeschlossen. Zwar haben die vorliegenden Auskünfte des Bundesbeauftragten für die Unterlagen des Staatssicherheitsdienstes der DDR (im folgenden auch BStU oder Gauck-Behörde) nur vorläufigen Charakter. Dass die Akten in der Zukunft noch neue Erkenntnisse in größerem Umfang preisgeben, ist jedoch nicht zu erwarten. Sofern Auskünfte des BStU zu neu eingestellten Beschäftigten ausstehen, liegen diese Fälle außerhalb des Anwendungsbereichs der Sonderkündigungsvorschriften. Bei den Kündigungen wegen MfS-Verstrickung nach Sonderrecht handelt es sich damit um einen weitestgehend abgeschlossenen Problemkreis, der eine rückblickende Betrachtung und Auswertung der Rechtstatsachen erlaubt.

---

[1] Im folgenden auch bezeichnet als: Ministerium für Staatssicherheit, MfS, Stasi.

II. Gegenstand und Aufbau der Arbeit

Ziel der vorliegenden Arbeit ist eine Dokumentation über die Handhabung des Sonderrechts zur Kündigung wegen MfS-Verstrickung in der Praxis des Thüringer Kultusministeriums und der Thüringer Arbeitsgerichtsbarkeit auf der Grundlage einer umfangreichen Datenerhebung. Hintergrund ist dabei die Frage, inwieweit sich das einigungsvertragliche Sonderrecht bewährt hat und die damit angestrebten Ziele der Einigungsvertragsparteien erreicht worden sind.

Die Darstellung und Auswertung der Rechtstatsachen in Kapitel E ist folglich der Schwerpunkt der Arbeit. Zu diesem Zweck wurde umfangreiches Datenmaterial zu Kündigungen wegen MfS-Verstrickung des Thüringer Kultusministeriums und zu den entsprechenden Kündigungsschutzverfahren vor der Thüringer Arbeitsgerichtsbarkeit erhoben. Für die empirische Untersuchung wurden lediglich die Kündigungen und entsprechenden Kündigungsschutzverfahren einer einzelnen Behörde untersucht, die jedoch einen großen und außerdem von der Öffentlichkeit mit viel Aufmerksamkeit bedachten Personalbestand übernommen hatte: die Lehrer. Einbezogen sind die Fälle, in denen (eventuell zusätzlich) wegen Verschweigens der MfS-Verstrickung gekündigt wurde, da in der Praxis die Problematik der falschen Angaben über Stasi-Kontakte untrennbar verbunden war mit der Kündigung wegen Zusammenarbeit mit dem MfS.

Zuvor soll Kapitel B einen Einblick in Struktur und Arbeitsweise des Staatssicherheitsdienstes der ehemaligen DDR vermitteln, um die Einordnung der verschiedenen Formen von MfS-Verstrickung in den konkreten Einzelfällen der Untersuchungsgruppe zu ermöglichen.

Zentrale Vorschrift für die sogenannten "Stasi-Kündigungen" war das einigungsvertragliche Sonderkündigungsrecht nach Art. 20 Abs. 1 Anlage I, Kapitel XIX, Sachgebiet A, Abschnitt III, Nr. 1 Abs. 5 Nr. 2 Einigungsvertrag (im folgenden nur Abs. 5 Nr. 2 EinV). Die Entstehung insbesondere dieser Regelung und das mit ihr verfolgte Ziel ist Gegenstand des Kapitels C.

Kapitel D soll aufzeigen, welche - in einem langen Prozess der Konkretisierung des Sonderrechts durch die höchstrichterliche Rechtsprechung entwickelten - Voraussetzungen an eine rechtmäßige Kündigung wegen MfS-Verstrickung und Verschweigens dieser Verstrickung zu stellen sind. Diese Maßstäbe sind Grundlage bei der anschließenden Auswertung der durch die Untersuchung festgestellten Kündigungsentscheidungen durch den öffentlichen Arbeitgeber und der Entscheidungen der Thüringer Arbeitsgerichtsbarkeit bei der Überprüfung der ausgesprochenen Kündigungen.

B. Struktur und Arbeitsweise des MfS

I. Einleitung

Nach dem Wortlaut der Einigungsvertrags-Vorschrift des Art. 20 I Anl. I Kap. XIX Sachgebiet A Abschn. III Nr. 1 Abs. 5 ist ein wichtiger Grund zur außerordentlichen Kündigung insbesondere dann gegeben, wenn der Arbeitnehmer für das frühere Ministerium für Staatssicherheit/Amt für nationale Sicherheit tätig war und deshalb ein Festhalten am Arbeitsverhältnis unzumutbar erscheint. Zwar wurde teilweise die Auffassung vertreten, die Unzumutbarkeit der Weiterbeschäftigung folge schon allein aus der Tätigkeit für das damalige MfS. Es handele sich bei dieser Vorschrift um einen absoluten Kündigungsgrund.[2] Diese Ansicht hat sich jedoch nicht durchgesetzt. Durch die Entscheidung des BAG vom 11.6.1992[3] wurde ihr eine klare Absage erteilt: Schon der Wortlaut gebiete eine Einzelfallprüfung.

Der Gesetzesanwender stand und steht damit vor der Aufgabe, in jedem Einzelfall die konkreten Umstände, den Umfang der Verstrickung mit dem MfS und die entlastenden Tatsachen gegeneinander abzuwägen. Neben der Betrachtung der aktuellen Position des betreffenden Arbeitnehmers im öffentlichen Dienst ist die Einordnung und die Bedeutung seiner früheren Tätigkeit für die Staatssicherheit in das Gesamterscheinungsbild des MfS ein entscheidendes Kriterium bei der Einzelfallabwägung. Ob also im konkreten Fall eine Weiterbeschäftigung unzumutbar erscheint, kann ohne den Einblick in die Struktur und Arbeitsweise des MfS insgesamt nicht beurteilt werden.

Zunächst soll daher das Ministerium für Staatssicherheit im Gesamten beleuchtet, seine Struktur, Mittel und Methoden dargestellt werden, um zum einen abstrakt den Einsatzbereich von inoffiziellen Mitarbeitern und die Bedeutung von an das MfS weitergegebenen Informationen aufzuzeigen. Zum anderen soll die Beurteilung darüber, wie schwerwiegend die Verstrickung im Einzelfall ist, ermöglicht werden durch ihre Einordnung in die Gesamterscheinung des MfS.

---

[2] Scholz BB 91, 2515 ff.; Weisemann, AuA 92, 296 ff.; ArbG Berlin, NJ 91, 230.

[3] BAG, Urteil vom 11.06.92 - 8 AZR 537/91, AP Art. 20 EV Nr.3.

II. Organisation des MfS

Die Existenz des Ministeriums für Staatssicherheit gründete sich rechtlich auf ein Gesetz der Provisorischen Volkskammer vom 08.02.1950[4]. Es besteht aus einem einzigen Paragraphen. Organisatorisch handelte es sich bei der neugegründeten Einrichtung nur um eine Verselbständigung der zuvor dem Innenministerium unterstellten Hauptverwaltung zum Schutz der Volkswirtschaft.[5] Es kann jedoch davon ausgegangen werden, dass die Bildung des MfS intern bereits vorbereitet war, denn über seine Gründung hatte das Politbüro schon mit Beschluss vom 24. Januar 1950[6] entschieden. Der Ursprung des MfS war also kein Gesetz, sondern charakteristischerweise ein Politbürobeschluss.

Das gegründete Ministerium hatte die Aufgabe, als einheitliches Aufklärungs- und Abwehrorgan mit geheimdienstlichen Mitteln und Methoden die inneren und äußeren Sicherheitsinteressen der DDR zu gewährleisten. Abgesehen von den wenigen gesetzlichen Bestimmungen, die die Zuständigkeiten des MfS beiläufig berührten, wie sie z. B. in der Strafprozessordnung zu finden waren, gab es zu den Kompetenzen, Aufgaben und der Arbeitsweise des Sicherheitsdienstes keine gesetzlichen Regelungen.[7] Es war vorgesehen, die konkreten Aufgaben und Befugnisse durch Richtlinien, Befehle und Dienstanweisungen des zuständigen Ministers zu regeln, die jedoch grundsätzlich nicht veröffentlicht wurden, sondern geheim waren.[8] So wurden z. B. für die Arbeit mit inoffiziellen Mitarbeitern von 1950 bis zur Auflösung des Ministeriums nacheinander fünf Richtlinien erlassen.[9]

Der Gründung des Ministeriums schloss sich ein längerer Aufbauprozess an. Es hatte seinen Sitz in Berlin und war in Hauptverwaltungen, Hauptabteilungen, Selbständige Abteilungen und Arbeitsgruppen mit jeweils spezifischer Zuständigkeit gegliedert. Es wurden sechs Landesverwaltungen, später nach der Auflösung der Länder 1952 15 Bezirksverwaltungen und zusätzlich eine Objektverwaltung „Wismut“ (die jedoch 1982 wieder aufgelöst wurde) mit den Befugnissen einer Bezirksverwaltung installiert. Die Diensteinheiten des

---

[4] GBl.-DDR 1950, S. 95.
[5] Müller-Enbergs, Inoffizielle Mitarbeiter des MfS, S. 19.
[6] Beschluss des Politbüros über das MfS vom 24.01.1950, zit. bei: Hoffmann/Schmidt/Skyba, Die DDR vor dem Mauerbau, S. 55.
[7] Fricke, Außenpolitik 90, 405.
[8] Gill/Schröter, Das Ministerium für Staatssicherheit, S. 31.
[9] Abgedruckt in: Müller-Enbergs, Inoffizielle Mitarbeiter des MfS, S. 159 ff.

Ministeriums und der Bezirksverwaltungen waren nach dem sogenannten Linienprinzip gegliedert. Die Hauptverwaltungen/ selbständigen Abteilungen in der Berliner Zentrale fanden ihre Entsprechung in den Abteilungen/ selbständigen Referaten der Bezirksverwaltungen. Die Auslandsspionage oblag allerdings allein der Zentrale, und zwar der Hauptverwaltung Aufklärung.

Weiterhin wurden bevölkerungsnahe, kreisbezogene Struktureinheiten, die Kreisdienststellen und sogenannte Objektdienststellen, für besonders wichtige Einrichtungen oder Kombinate eingerichtet. Sie unterschieden sich von den Bezirksverwaltungen durch eine grundsätzlich andere Struktur, da sie ein in sich geschlossenes Gebiet total zu kontrollieren hatten. Alles, was für das MfS von Bedeutung war, musste ausgespäht, überwacht und weitergeleitet werden. Die Vorgabe Erich Mielkes[10] lautete, genau zu wissen, „welche feindlichen Kräfte, welche verdächtigen Personen, welche für die gegnerische Beeinflussung und Ausnutzung geeigneten Personen im Verantwortungsgebiet im einzelnen vorhanden“ sind. Jede Diensteinheit sollte „aus ihrem gesamten Aufgaben- und Verantwortungsbereich, sowohl territorial als auch objektmäßig und personenkreismäßig, konkret wissen, „wer ist wer“.“[11] Den Kreisdienststellen oblag also der Großteil der operativen Arbeit: In den Verantwortungsbereichen der Kreisdienststellen arbeiteten über 50 % aller in der DDR tätig gewesenen inoffiziellen Mitarbeiter, obwohl sie nur über etwa 13 Prozent des hauptamtlichen Personalbestandes der Staatssicherheit verfügten; ca. 60 % aller operativen Vorgänge zu einzelnen Personen wurden dort bearbeitet.[12]

Die flächendeckende Bespitzelung der Bevölkerung konnte jedoch nicht allein durch die Dienststellen des MfS und deren enge Zusammenarbeit untereinander bewältigt werden. Zum Arbeitsprinzip der Kreisdienststellen gehörte daher das Zusammenwirken mit anderen staatlichen Organen, gesellschaftlichen Organisationen, Betrieben und Einrichtungen, mit den Staatsanwaltschaften und der Polizei. Diese Arbeitsweise geht anschaulich hervor aus einem Referat Mielkes vom 15.07.1974:
„Die Verantwortlichen in anderen Organen und Einrichtungen sind so zu befähigen, dass sie der KD (Kreisdienststelle) immer selbständiger und weitgehend lückenlos die politisch-operativ relevanten Informationen übermitteln, die bei der Lösung ihrer Aufgaben erarbeitet werden. Es ist darauf hinzuwirken, dass sie diesen Informationsbedarf (der KD) in eigene Weisungen

---

[10] Erich Mielke: Er wurde am 01.11.1957 zum Minister für Staatssicherheit ernannt und übte dieses Amt bis 1989 aus. Seit 1976 war er außerdem Mitglied des Politbüros der DDR.
[11] Referat Mielkes, zit. in Müller-Enbergs, Inoffizielle Mitarbeiter des MfS, S. 47.
[12] Gill/Schröter, Das Ministerium für Staatssicherheit, S. 63.

umsetzen, die den Pflichten und Aufgaben sowie den üblichen Gepflogenheiten in diesen Organen entsprechen und Voraussetzungen dafür schaffen, dass die daraufhin von ihren Mitarbeitern erarbeiteten Informationen an bestimmten Stellen ihrer Einrichtung zusammenfließen und ausgewertet werden. Diese Knotenpunkte muss die KD wiederum inoffiziell in der Hand haben."[13]

Zwar hatten die Kreisdienststellen keine Weisungsbefugnis gegenüber den Leitern anderer Einrichtungen, dennoch funktionierte die Kooperation über Jahrzehnte hinweg nahezu reibungslos. Sie war nicht auf bloße Informationsweiterleitung beschränkt, sondern erstreckte sich auch auf „politisch-operatives Zusammenwirken".[14] Dass von der Leitung der zur Zusammenarbeit aufgeforderten Einrichtung nicht verweigert wurde, den von den Organen des MfS gestellten Anforderungen zu entsprechen, ist unter anderem auch darauf zurückzuführen, dass die Kreisdienststellen in der Regel durch inoffizielle Mitarbeiter über die Situation und damit auch über die Probleme, Schwachpunkte, Versäumnisse und Mängel der Arbeit der Leitungen und auch z. B. über den Stand der im Wirtschaftssystem der DDR außerordentlich wichtigen "Planerfüllung" bestens informiert waren. Sie konnten den „Verweigerern" daher - vor allem auch über die direkte Verbindung zu den Ersten Sekretären der SED[15]-Kreisleitungen, die im Kreisgebiet nahezu unumschränkt herrschten - in vielfältiger Form Unannehmlichkeiten bereiten, welche bis hin zum Verlust der beruflichen Stellung reichten.

III. Stellung des MfS im System / Verhältnis zur SED

Trotz aller Macht und trotz des Einflusses, den die Staatssicherheit hatte, war sie keine Instanz oberhalb aller Befehle und Weisungen. Das MfS war zwar nach der Wende im Verhältnis zu anderen Institutionen in den Medien und der öffentlichen Diskussion überrepräsentiert, jedoch ist die DDR bei weitem nicht als eine Art „Diktatur der Stasi" zu verstehen. Anleitende und kontrollierende Macht war ganz eindeutig die Parteiführung der SED. Die Stasi bezeichnete sich selbst als „Schild und Schwert" der Partei".[16] Im „Studienmaterial zur Geschichte des Ministeriums für Staatssicherheit" der Juristischen Hochschule des MfS in Potsdam/Eiche wird die Stasi aussagekräftig beschrieben:

---

[13] Zit. in: Gill/Schröter, Das Ministerium für Staatssicherheit, S. 62.

[14] Herz, Bürger im Visier, S. 88 – veranschaulicht am Beispiel von Ausreisewilligen.

[15] Sozialistische Einheitspartei Deutschlands.

[16] Fricke, Außenpolitik 90, 403.

„Das Ministerium für Staatssicherheit entstand als ausführendes Organ der Diktatur des Proletariats. Als solches organisierte es seine Tätigkeit unter Führung der SED auf der Grundlage der Beschlüsse der SED sowie im Rahmen der Gesetze der Volkskammer und der Beschlüsse der Regierung der DDR.“[17]

Das MfS sammelte die Informationen nicht aus reinem Selbstzweck, sondern um sie systematisiert und analysiert an die SED-Führung und die regionalen Parteileitungen weiterzuleiten.[18] Auch in der Definition der „Hauptaufgabe des MfS“ im Wörterbuch der Staatssicherheit[19] wird die Funktion des Geheimdienstes als Instrument der Partei deutlich. Dort wird die Begriffserläuterung wie folgt zusammengefasst:
„Insgesamt muss die Erfüllung der Hauptaufgabe des MfS zu Arbeitsresultaten führen, die geeignet sind, der Partei rechtzeitig strategische und taktische Informationen über den Gegner zur Verfügung zu stellen, den Feind in seinen Ausgangsbasen im Operationsgebiet aufzuklären, zu stören und zu bekämpfen, feindliche Machenschaften gegen die DDR zu verhindern, innere Feinde zu entlarven und die Sicherheit der DDR unter allen Lagebedingungen zu gewährleisten sowie Schäden und Schadenshandlungen durch Vorbeugung, höhere Wachsamkeit, Disziplin und Ordnung zu verhindern.“[20]

Die SED-Führung in den Bezirken bzw. Kreisen wurde regelmäßig von den Leitern der Kreisdienststellen bzw. der MfS-Bezirksverwaltungen mit Informationen und Einschätzungen versorgt, wobei allerdings die Quellen nicht bekannt gegeben worden sind.[21] Der Sicherheitsapparat war integraler Bestandteil der Diktatur der SED und hatte mit konspirativen und repressiven Methoden für die Stabilität eines Regimes zu sorgen, das angesichts der politisch-ökonomischen Defizite nicht auf breite Zustimmung der Bevölkerung zurückgreifen konnte.[22]

---

17 Zit. in: Gill/Schröter, Das Ministerium für Staatssicherheit, S. 17.

18 Jaeckel, 40 Jahre Staatssicherheit, S.148; bestätigt durch den Leiter einer MfS-Bezirksverwaltung in: RieckerSchwarz/Schneider, Stasi intim, S. 212 f.

19 Das Wörterbuch der politisch-operativen Arbeit ist eine von Erich Mielke persönlich autorisierte Definitionssammlung, die an der Juristischen Hochschule des MfS entstanden und 1985 in der 2. Auflage erschienen war. Veröffentlicht in: Suckut, Wörterbuch der Staatssicherheit.

20 Suckut, Wörterbuch der Staatssicherheit, Stichwort „Hauptaufgabe“.

21 Herz, Bürger im Visier, S. 85; zitiert wird auf S. 86 eine Quelle aus der BV Gera: „Zur Informierung der Partei- und Staatsorgane wurden im Zeitraum vom 1.1. bis 30.6.89 .... 160 Parteiinformationen und 171 schriftliche Parteiinformationen gefertigt und übergeben.“

22 Roger Engelmann, Zum Quellenwert der Unterlagen des Ministeriums für Staatssicherheit, S. 25.

Innerhalb des MfS waren Parteiapparat und Sicherheitsapparat nahezu miteinander verschmolzen. Die hauptamtlichen Mitarbeiter waren sämtlich Mitglied der SED. Die Parteiarbeit spielte in jeder Dienststelle in Form von Versammlungen, Parteiaufträgen und Selbstverpflichtungen eine wichtige Rolle. Daher sind Aussagen von SED-Funktionären, das Ausmaß der Bespitzelung der Bevölkerung sei ihnen unbekannt gewesen, nicht glaubhaft. Im Gegenteil übte die Parteiführung zuweilen sogar Kritik an der Arbeitsweise des MfS, die ihr also offensichtlich geläufig war:
Auf einer Kreisdelegiertenkonferenz im MfS 1962 beanstandete Hermann Matern, Mitglied des Politbüros und Vertrauensmann Walter Ulbrichts, der an dieser Beratung teilnahm, die Arbeit des MfS in größter Offenheit. Seine Ausführungen, die als stenographische Mitschrift erhalten sind, wurden vom Zentralkomitee im Januar 1963 an die Bezirksverwaltungen des MfS und die Abteilungen für Sicherheitsfragen bei den Bezirksleitungen der SED weitergeleitet. Kritisiert wurden Kompetenzüberschreitungen sowie Gesetzesverletzungen in der Ermittlungs- und Untersuchungsarbeit des Ministeriums; wie z. B. Festnahmen ohne richterlichen Haftbefehl, Hausdurchsuchungen ohne Anordnung des Staatsanwalts, Drängen der Inhaftierten zum Verzicht auf Rechtsmittel.[23]

Die kritischen Stimmen unter den Entscheidungsträgern setzten sich aber nicht durch. Es wurden keine nachhaltigen Änderungen angestrebt, da der Erhalt der Macht mehrheitlich als wichtiger als die Achtung der Menschenwürde eingestuft wurde. Die Parteiführung ließ dem MfS erheblichen Handlungsspielraum, den die Mitarbeiter eigenverantwortlich im Sinne der Machterhaltung der SED, wenn wohl auch gelegentlich mit „Übereifer“[24], ausfüllten.

Die Unterordnung der MfS-Dienststellen unter die SED-Führung wird außerdem deutlich aus dem Aufbau der sogenannten Einsatzleitungen, die auf der Grundlage eines Beschlusses des Nationalen Verteidigungsrates der DDR auf Bezirks- und Kreisebene gebildet worden waren und im Spannungs-, Ausnahme- oder Kriegszustand die gesamtstaatliche Leitung im Territorium wahrnehmen sollten. Die Einsatzleitungen traten nicht nur in Ausnahmesituationen, sondern regelmäßig zusammen, um alle Fragen der inneren und äußeren Sicherheit zu beraten.[25] Vorsitzende dieser Einsatzleitung waren die 1. Sekretäre der SED-Kreis- bzw. –Bezirksleitungen. Die Leiter der MfS-Bezirksverwaltungen und -Kreisdienststellen waren neben den Leitern der

---

[23] Suckut, Generalkontrollbeauftragter der SED oder gewöhnliches Staatsorgan?, S. 152 f.
[24] Ebd., S. 166.
[25] Fricke, Außenpolitik 90, 404.

Wehrbezirks- bzw. Wehrkreiskommandos, den Leitern der Bezirkspolizei bzw. der Volkspolizeikreisämter und den Vorsitzenden der Räte des Bezirkes bzw. des Kreises Mitglieder der Einsatzleitungen und damit dem Vorsitz der SED-Leitungen unterstellt.[26]

Festzuhalten bleibt also: Die Stasi war zwar hinsichtlich der Wahl ihrer Mittel und Methoden unabhängig von parteilichen Vorgaben, jedoch bestimmte die SED-Führung die Aufgaben und Ziele - jede Änderung der Parteilinie musste selbstverständlich von den MfS-Verantwortlichen sofort nachvollzogen werden.[27] Nach den Aussagen eines ehemaligen Majors der Staatssicherheit[28] konnten neben Mielke, dem Minister für Staatssicherheit, auch Erich Honecker und Egon Krenz direkte Weisungen erteilen.

IV. Die hauptamtlichen Mitarbeiter des MfS[29]

Der erste Mitarbeiterstamm setzte sich zusammen aus Mitarbeitern der in das Ministerium für Staatssicherheit umgewandelten Hauptverwaltung zum Schutz der Volkswirtschaft, Mitarbeitern der bereits einschlägig tätigen Abteilungen K 5 der Polizei und aus Kommunisten, die aufgrund der illegalen KPD-Arbeit auf eine längere konspirative Tradition zurückblicken konnten.

Die These, die SED-Führung habe nicht davor zurückgeschreckt, für ihren Geheimdienst auf Personal der Gestapo oder anderer NS-Organisationen zurückzugreifen, kann nicht als bestätigt angesehen werden. Auch wenn es gewisse Parallelen zum Nationalsozialismus auf anderen Gebieten, z. B. der Sprache gibt, die - im „Wörterbuch für die politisch–operative Arbeit“[30] dokumentiert – eine eintönige, arme Parteisprache mit der Vorliebe für Kampf-Vokabular, superlative Attribute und Abkürzungen war[31], so kann solches im Personalbereich nicht festgestellt werden. Dahingehende Nachforschungen von

---

[26] Herz, Bürger im Visier, S. 80 f.
[27] Gauck, Die Stasi-Akten, S. 72.
[28] Interview in Riecker/Schwarz/Schneider, Stasi intim, S. 131.
[29] Die inoffiziellen hauptamtlichen Mitarbeiter werden besprochen unter: V. Die inoffiziellen Mitarbeiter
[30] Suckut, Wörterbuch der Staatssicherheit.
[31] Suckut, Wörterbuch der Staatssicherheit, S. 28 f.

Jens Gieseke[32] in den nun zur Verfügung stehenden Unterlagen des MfS haben ergeben, dass es unter den Mitarbeitern lediglich ehemalige Wehrmachtssoldaten, Hitlerjungen und auch in der Spätphase des Zweiten Weltkriegs in jugendlichem Alter beigetretene NSDAP-Mitglieder gab. Mitarbeiter, die ihre NS-Belastungen bei der Einstellung verschwiegen hatten, wurden fast immer aus dem Ministerium entfernt. Die Untersuchungen Giesekes führten aber nicht zu dem Ergebnis, dass es eine personelle Kontinuität zwischen Naziterror-Organisationen und dem hauptamtlichen Apparat des MfS gab. Erst recht konnte eine entsprechende kaderpolitische Strategie zur Rekrutierung von Geheimpolizeispezialisten aus Institutionen des Hitler-Regimes nicht festgestellt werden.[33]

Die Mitarbeiterzahl des Ministeriums stieg ständig an. So wurden im Jahre 1973 bereits ca. 53.000, 1983 ca. 85.000 hauptamtliche Mitarbeiter beschäftigt. Die Anzahl zum Zeitpunkt der Auflösung des MfS 1989 wird auf 99.000 geschätzt.[34] Das personelle Wachstum der Staatssicherheit stand im Gegensatz zu dem in der Öffentlichkeit erzeugten Eindruck, dass sich das politische System der DDR kontinuierlich stabilisiert hätte. Während die Führungsriege ihr Staatswesen im östlichen Lager gerne als eine Art Musterland präsentierte und auch die Bundesrepublik die DDR mit dem Grundlagenvertrag offiziell anerkannte, verdoppelte sich zwischen 1972 und 1989 die Zahl der hauptamtlichen Stasi-Mitarbeiter. Dieser Widerspruch kann damit erklärt werden, dass der Rückhalt der SED in der Bevölkerung von Beginn der siebziger Jahre an zunehmend schwand und das MfS diese Defizite durch intensive Arbeit gegen die zunehmende Zahl der Andersdenkenden auszugleichen hatte.[35]

Auf dem Gebiet des heutigen Freistaats Thüringen begann das MfS seine Arbeit 1950 mit insgesamt etwa 150 Mitarbeitern. Diese Zahl stieg bereits 1952 auf 600. Nach Auflösung der Länder 1952 entstanden aus der Thüringer MfS-Verwaltung drei Bezirksverwaltungen; Gera, Erfurt und Suhl. Darüber hinaus gab es in dem Gebiet der ehemaligen Thüringer Bezirke (also ohne Altenburg, Schmölln und Artern) 32 Kreisdienststellen und die Objektdienststelle Carl-

---

[32] Gieseke, Erst braun, dann rot? Zur Frage der Beschäftigung ehemaliger Nationalsozialisten als hauptamtliche Mitarbeiter des MfS.

[33] Gieseke, ebd., S. 129 ff.

[34] Gill/Schröter, Das Ministerium für Staatssicherheit, S. 37; andere Angaben: Henke/Engelmann, Aktenlage, S. 20 (91.000 hauptamtliche Mitarbeiter 1989); Schell/Kalinka, Stasi und kein Ende S. 24 (mindestens 105.000 Mitarbeiter).

[35] Schell/Kalinka, Stasi und kein Ende, S. 18.

Zeiss Jena. Insgesamt beschäftigte das MfS allein in Thüringen 1989 ca. 6.500 hauptamtliche Mitarbeiter.[36]

Der durchschnittliche Monatsverdienst eines hauptamtlichen Stasi-Mitarbeiters betrug 1.900,00 Mark, ein Oberstleutnant verdiente 2.800 Mark, ein Generalmajor 4.312 Mark[37] - verglichen mit dem Durchschnittsverdienst von 975 Mark[38] relativ hohe Einkommen. Hinzu kommen finanzielle Zuwendungen im Rahmen von Auszeichnungen[39] und Jubiläen[40]. An die Zivilbeschäftigten des MfS wurde ein monatlicher Sicherheitszuschlag von 100-200 Mark gezahlt.[41]

Darüber hinaus genossen die hauptamtlichen Mitarbeiter eine Reihe indirekter Vorteile: So bekamen sie schneller eine Wohnung, ein Telefon, ein Auto oder ein Wochenendgrundstück; Familienangehörige wurden wohlwollend gefördert. Mitarbeiter in oberen Diensträngen hatten zudem die Möglichkeit, in speziellen Geschäften einzukaufen oder Dienstwagen und Chauffeur auch für private Zwecke zu nutzen.[42] Es gab außerdem eine MfS-eigene Sparkasse, die mit ihren Zweigstellen in den untergeordneten Stasi-Verwaltungen für den reibungslosen Zahlungsverkehr sorgte und den Mitarbeitern – auch den inoffiziellen – Kredite z. B. für Hausbau gewährte.[43]

Eine Anstellung beim MfS hatte aber nicht nur Vorteile. Hauptamtliche Mitarbeiter hatten erhebliche Eingriffe in ihr Privatleben hinzunehmen; das MfS wurde zu ihrem Lebensmittelpunkt. Sie mussten sich verpflichten, keine Kontakte ins nichtsozialistische Ausland zu unterhalten und darüber hinaus mit keiner Person im Haushalt zu leben, die solche unterhielt. Es gab praktisch keinen Privatbereich, der von der Kontrolle durch das MfS ausgespart blieb. So wurden Verwandte und Freunde bespitzelt, eine Eheschließung bedurfte der Genehmigung[44] und je nach Sicherheitsstufe musste sogar der Lebenspartner von der Stasi akzeptiert werden.[45]

---

[36] Herz, Das MfS in Thüringen, S. 12.
[37] Gauck, Die Stasi-Akten, S. 62.
[38] Nettolohn/-gehalt eines Durchschnittsbeschäftigten 1988 laut: Kaufmann, Leistung und Lohn 90, 19.
[39] Schell/Kalinka, Stasi und kein Ende, S. 95: Die Verleihung des „Kampforden für Volk und Vaterland“ bewirkte danach eine finanzielle Zuwendung von 1000 bis 2000 Mark.
[40] Ebd.: Für runde Geburtstage ab 50 waren zwischen 300 und 600 Mark vorgesehen.
[41] Ebd. S. 95 f.
[42] Gauck, Die Stasi-Akten, S. 62 f.
[43] Schell/Kalinka, Stasi und kein Ende, S. 94.
[44] Schell/Kalinka, Stasi und kein Ende, S. 24.
[45] Interview in Riecker/Schwarz/Schneider, Stasi intim, S. 81.

Bei der Auswahl der Mitarbeiter wurden außerordentlich strenge Maßstäbe angelegt, womit zwei Zielrichtungen verfolgt wurden. Zum einen sollte sichergestellt sein, dass in den eigenen Reihen nur aus Sicht des MfS „zuverlässige" Personen tätig sind, zum anderen wurde den Mitarbeitern ein Elitebewusstsein vermittelt, was sich im Sinne des Gesamtauftrages als sehr nützlich erweisen konnte.[46] Das MfS behielt sich alleiniges Auswahlrecht vor, d. h. auf Selbstbewerber wurde von vornherein verzichtet - sie wurden als Eindringungsversuch des „Gegners" betrachtet[47], was - wie die gesamte konkrete Verfahrensweise der Mitarbeitergewinnung - in der Dienstanweisung 1/73 festgelegt war. Zuständig für die Personalvorüberprüfung und den gesamten Einstellungsprozess waren die Bezirksabteilungen Kader/Schulung. Über den zu Werbenden wurden vorschriftsmäßig umfangreiche Informationen zur persönlichen Situation, politischen Einstellung, Rolle und Stellung in der Gesellschaft, Verhalten am Arbeitsplatz und im Freizeitbereich eingeholt. Die Überprüfungen erfolgten unter strengster Geheimhaltung; weder der Kandidat durfte etwas bemerken, noch kannten die Personen, von denen man sich Informationen beschaffte, das Ziel, welchem die Erkundungen dienten.

Überprüft wurden auch die Angehörigen sowie die weiteren Verwandten, also Eltern, Geschwister, Kinder, Ehepartner oder Verlobte bzw. eheähnliche Lebenspartner. Weiterhin wurden einbezogen die Großeltern, Onkel, Tanten, Cousins und Cousinen und wiederum deren Ehegatten. Außerdem war der gleiche Personenkreis des Ehegatten des Kandidaten zu überprüfen. Führte diese Prozedur zu positiven Ergebnissen und zu genügend Hinweisen für eine generelle Bereitschaft, wurden Werbungsgespräche mit dem Kandidaten geführt, dem es jedoch völlig freistand, das Angebot des MfS abzulehnen oder anzunehmen. In der Regel suchte man sehr junge Leute aus. Häufig kamen die Kandidaten aus Familien, in denen zumindest ein Elternteil beim MfS beschäftigt war. Das vereinfachte das Überprüfungsverfahren, und es bestand eine überdurchschnittliche Wahrscheinlichkeit, dass der Geworbene positiv auf den Werbungsversuch reagierte. Für viele andere wurde die Ableistung des Wehrdienstes in dem formal zum MfS gehörenden Wachregiment „Feliks Dzierzynski" zum Ausgangspunkt einer Laufbahn im MfS, wo sie während der Zeit als Wachsoldat formal zum Staatssicherheitsdienst gehörten. Oftmals waren

---

[46] Gill/Schröter, Das Ministerium für Staatssicherheit, S. 68.
[47] Herz, Bürger im Visier, S. 20 f.

sie schon in der Schulzeit durch Stasi-Offiziere wegen staats- und parteikonformer Haltung für den Wehrdienst in diesem Bereich ausgewählt.[48]

Wegen des allzeit großen Bedarfs an geeigneten Kandidaten waren alle Mitarbeiter dazu angehalten, „die zielgerichtete und perspektivische Suche, Auswahl und Aufklärung von Kandidaten"[49] zu unterstützen. Dafür waren „auch zuverlässige inoffizielle Mitarbeiter, der Freundes- und Bekanntenkreis, ... Ehepartner und Kinder, geeignete Personen in Schlüsselpositionen, Kontakte zu Schulen, einschließlich der BBS (Berufsbildende Schulen), ... für die Suche und Auswahl von Kandidaten zu nutzen."[50] Für die Gewinnung von zukünftigen Mitarbeitern aufgrund einer vorangegangenen inoffiziellen Tätigkeit erließ Mielke sogar eine gesonderte Dienstanweisung, die Dienstanweisung Nr. 7/85 zur Arbeit mit Perspektivkadern.[51]

Die Ausbildung der Mitarbeiter erfolgte innerhalb des MfS. Sie wurde koordiniert von der Abteilung Kader/Schulung - je nach erwünschtem Einsatzprofil. Das Ministerium verfügte dazu über eine eigene Hochschule in Potsdam/Eiche, die dienstrechtlich der Abteilung Kader/Schulung unterstellt war und die in der DDR keine offizielle Erwähnung fand, also völlig abgeschirmt wurde.[52] Es gab zahlreiche Studiengänge, ausgerichtet auf verschiedene Arten von Diensteinheiten und für unterschiedliche Dienststellungen. Des weiteren gab es spezielle Ausbildungsgänge für die sogenannten „operativen" MfS-Mitarbeiter. Operative Mitarbeiter des MfS waren diejenigen, die vor allem Personeninformationen sammelten und auswerteten, die Beobachtungsakten von Betroffenen geführt und Maßnahmepläne zu deren Beobachtung erstellt haben.[53] In der Regel fungierten sie auch als „Führungsoffiziere", d. h. sie betreuten die inoffiziellen Mitarbeiter[54], stellten also die Verbindung zwischen MfS und den

---

[48] Landesbeauftragter des Freistaates Thüringen für die Unterlagen des Staatssicherheitsdienstes der ehemaligen DDR, Empfehlungen zur Verfahrensweise bei Personalüberprüfungen, S. 22; Gill/Schröter, Das Ministerium für Staatssicherheit, S. 71.

[49] Vortrag OSL Regner, Leiter der Abt. KuSch, Bezirksverwaltung Gera vom 7.3.1979, abgedruckt in: Herz, Bürger im Visier, S. 21.

[50] Ebd.

[51] Gill/Schröter, Das Ministerium für Staatssicherheit, S. 71.

[52] Mampel, Das Ministerium für Staatssicherheit der ehemaligen DDR als Ideologiepolizei, S. 21 Fn. 1.

[53] Landesbeauftragter des Freistaates Thüringen für die Unterlagen des Staatssicherheitsdienstes der ehemaligen DDR, Empfehlungen zur Verfahrensweise bei Personalüberprüfungen, S. 12 f.

[54] Näher dazu unter V. Die Inoffiziellen Mitarbeiter des MfS.

inoffiziellen Mitarbeitern dar.[55] Operative Mitarbeiter wurden ausgebildet im Planen und Führen von Beobachtungsvorgängen und inoffiziellen Mitarbeitern, im Bewerten und Einordnen von Einzelinformationen und MfS-gerechten Analysieren.[56]

Von der gesamten Mitarbeiterzahl dieses riesigen Apparates war nur ein Teil[57] tatsächlich „politisch-operativ" tätig. Das MfS beschäftigte Mitarbeiter auch in technischen Diensteinheiten, z. B. bei der Post- und Telefonkontrolle. Es gab zahlreiche andere Einsatzbereiche, angefangen von Verwaltungen, Archiven, rückwärtigen Diensten über medizinische Einrichtungen bis hin zur Hausmeisterstelle. Gleichgültig aber, welcher Abteilung ein Mitarbeiter angehörte, unterstand er einem militärischen Organ und war damit zu militärischer Disziplin verpflichtet.

V. Die inoffiziellen Mitarbeiter des MfS

„Das Ministerium für Staatssicherheit ist beauftragt, alle Versuche, den Sieg des Sozialismus aufzuhalten oder zu verhindern – mit welchen Mitteln und Methoden es auch sei -, vorbeugend und im Keime zu ersticken. ... Die staatsfeindliche Tätigkeit mit Hilfe von Agenten unter Anwendung raffiniert getarnter, hinterhältiger Methoden fordert von den Organen für Staatssicherheit, die Abwehr durch Ausschöpfung aller operativer Möglichkeiten zu organisieren. Das Hauptmittel in diesem Kampf sind die inoffiziellen Mitarbeiter ...." [58]

Um über die Einstellung der Bevölkerung im Bilde zu sein, oppositionelle Bestrebungen zu erkennen und zu verhindern und schlussendlich eine flächendeckende Überwachung[59] zu erreichen, bediente sich das MfS der sogenannten inoffiziellen Mitarbeiter. Insgesamt sollen im Laufe der DDR-Geschichte etwa 600.000 Personen als IM gearbeitet haben.[60] Im Jahre 1989

---

[55] Müller-Enbergs, Inoffizielle Mitarbeiter des MfS.
[56] Herz, Bürger im Visier, S. 26 f.
[57] Laut Schell/Kalinka, Stasi und kein Ende, S. 48: ca. 22.000 Mitarbeiter
[58] Aus der Präamel zur Richtlinie 1/58 für die Arbeit mit inoffiziellen Mitarbeitern im Gebiet der DDR, abgedruckt in: Müller-Enbergs, Inoffizielle Mitarbeiter des Ministeriums für Staatssicherheit, S. 195.
[59] Müller-Enbergs, Inoffizielle Mitarbeiter des Ministeriums für Staatssicherheit, S. 12 Fn.12: Seit 1985 ist eine flächendeckende Überwachung angestrebt worden.
[60] So Müller-Enbergs, Inoffizielle Mitarbeiter des Ministeriums für Staatssicherheit, S. 7.

waren ca. 174.000 inoffizielle Mitarbeiter registriert.[61] Ihre wichtigste Aufgabe war das Beschaffen von operativ-bedeutsamen Informationen mit konspirativen Mitteln. Daneben wurden sie auch als verlängerter Arm des MfS für die Umsetzung von verschiedenen Maßnahmen eingesetzt. Wie vorstehendes Zitat zeigt, hatten die IM für das MfS eine sehr große Bedeutung; Mielke bezeichnete sie auch als „Hauptwaffe im Kampf gegen den Feind"[62]. Dies schlägt sich nieder in dem feingesponnenen Regelwerk aus Richtlinien und Durchführungsbestimmungen zur Arbeit mit IM und zur Aktenführung über diese Arbeit.

Die inoffizielle Form der Zusammenarbeit mit dem Staatssicherheitsdienst geriet nach der friedlichen Revolution und den ersten Einblicken in die Archive der MfS-Dienststellen in den Mittelpunkt der öffentlichen Diskussion um die DDR-Geschichte und die Schuldigen. Diese Situation beschreibt aussagekräftig Joachim Gauck[63]:
„Selbstverständlich ist es viel wichtiger, über die Schuld der tatsächlichen Machthaber nachzudenken, über das Politbüro, über das Zentralkomitee, über die Bezirksleitungen der SED. Über die tatsächlichen Machtzentralen spricht in diesem Lande freilich kaum noch jemand. Statt dessen beschäftigen wir uns mit dem Drittwichtigsten, nämlich den Helfern der Staatssicherheit."[64]

Gerade bei dem Thema der inoffiziellen Mitarbeiter sind öffentliche Debatten geprägt von Klischees, Übersteigerungen, pauschalen und vordergründigen Urteilen wie auch von Versuchen des Verharmlosens. Die Bezeichnung „IM" für inoffiziellen Mitarbeiter, an der sich die Diskussion festmacht, ist zur Kennzeichnung jedoch wenig geeignet, den sie ist selbst nur ein Oberbegriff[65]. Dahinter verbergen sich die im Hinblick auf Zielrichtung und Intensität

---

[61] Müller-Enbergs, Inoffizielle Mitarbeiter des Ministeriums für Staatssicherheit, S. 59.
[62] Präampel zur Richtlinie 1/79 für die Arbeit mit Inoffiziellen Mitarbeitern (IM) und Gesellschaftlichen Mitarbeitern für Sicherheit (GMS), abgedruckt in: Müller-Enbergs, Inoffizielle Mitarbeiter des Ministeriums für Staatssicherheit, S. 305 und in: Gill/Schröter, Das Ministerium für Staatssicherheit, S. 414.
[63] Seit dem 3.10.90 Sonderbeauftragter der Bundesregierung für die personenbezogenen Unterlagen des ehemaligen Staatssicherheitsdienstes der DDR.
[64] Gauck, Akten und Gerechtigkeit. Gedanken zum Umgang mit der Vergangenheit, S. 14.
[65] Zusammenfassende Definition aus: Müller-Enbergs, Inoffizielle Mitarbeiter des MfS, S. 12 f.: Inoffizielle Mitarbeiter waren Personen, die mit dem Staatssicherheitsdienst in der Regel eine Vereinbarung getroffen hatten, konspirativ für ihn zu arbeiten. Zu ihren Aufgaben gehörten das Beschaffen von Informationen, die Unterstützung bei der „Feindbekämpfung", die Einflussnahme auf gesellschaftliche Entwicklungen und logistische Hilfestellungen.

unterschiedlichsten Formen der MfS-Zusammenarbeit. Es muss daher unbedingt differenziert werden.

1. MfS-Kategorisierung der IM

Das MfS klassifizierte die inoffiziellen Mitarbeiter je nach geplantem Einsatz in Funktionstypen. In den Jahren von 1945 bis 1989 änderten sich die Kategorien mehrfach. Die zuletzt gültige Richtlinie 1/79[66] unterteilt entsprechend der „unterschiedlichen Funktionen der IM, den vorrangig durch sie zu bewältigenden politisch-operativen Aufgaben und den daraus resultierenden verschiedenartigen objektiven und subjektiven Anforderungen“[67] in sechs verschiedene Kategorien von inoffiziellen Mitarbeitern. Die Zuordnung zu einer Kategorie bzw. die Umkategorisierung wurde in der Akte vermerkt und wird in der Auskunft des BStU mitgeteilt. Die genaue und richtliniengetreue Abgrenzung war in der Praxis nicht durchgängig einzuhalten; die Grenzen waren fließend.[68]

Der Kategorie „IM zur politisch-operativen Durchdringung und Sicherung des Verantwortungsbereichs (IMS)“ wurde der größte Anteil aller IM, nämlich im Jahr 1988 ca. 53 %[69], zugeordnet. Der IMS ist also eine Art Standardtyp. Die Arbeit der IMS sollte laut Richtlinie „der umfassenden, sicheren Einschätzung und Beherrschung der politisch-operativen Lage im Verantwortungsbereich und der Weiterführung des Klärungsprozesses Wer ist wer? dienen.“[70] Sie wurden also in allen Bereichen des gesellschaftlichen Lebens gewonnen und hatten flächendeckend Informationen darüber zu beschaffen, wer wann was warum tat. Sie hatten Personeneinschätzungen vorzunehmen, Berichte über Verstöße gegen Ordnung, Disziplin und Sicherheit zu erstatten.[71] Das „Erarbeiten von Informationen und Hinweisen“ - wie es in der Richtlinie 1/79 heißt - bedeutete allerdings mehr, als dass der IM in seinem Umfeld nur passiv „Augen und

---

[66] Richtlinie 1/79 für die Arbeit mit inoffiziellen Mitarbeitern (IM) und gesellschaftlichen Mitarbeiter für Sicherheit (GMS), abgedruckt in: Gill/Schröter, Das Ministerium für Staatssicherheit, S. 414 ff. und in: Müller-Enbergs, Die Inoffiziellen Mitarbeiter des MfS, S. 305 ff.

[67] Richtlinie 1/79 ebd., unter: 2. Die Funktionen der IM und die Anforderungen an ihre Tätigkeit

[68] Gill/Schröter, Das Ministerium für Staatssicherheit, S. 107.

[69] Müller-Enbergs, Inoffizielle Mitarbeiter des MfS, S. 65.

[70] Richtlinie 1/79 ebd. unter: 2. Die Funktionen der IM und die Anforderungen an ihre Tätigkeit

[71] Gauck, Die Stasi-Akten, S. 64.

Ohren offen halten“ sollte. Es waren die vom jeweiligen IM zu gewinnenden Informationen in Einsatz- und Entwicklungskonzeptionen aufzuschlüsseln und der IM entsprechend zu beauftragen.[72] Zusätzlich waren IMS auch zum Lösen von Teilaufgaben der operativen Fahndung, Ermittlung und Beobachtung, in der Bearbeitung operativer Vorgänge und zum Mitwirken bei Aktionen einzusetzen.[73]

Ein weiterer IM-Funktionstyp war der IM für einen besonderen Einsatz (IME). Diese Kategorie teilte sich nochmals in drei Untergruppen, den IM in Schlüsselpositionen, den Experten-IM und den IM-Beobachter. IM in Schlüsselpositionen begleiteten laut Richtlinie verantwortliche Positionen in staatlichen und wirtschaftlichen Organen, Betrieben, Einrichtungen und gesellschaftlichen Organisationen. Sie hatten operativ bedeutsame Informationen über die Lage in ihrem Verantwortungsbereich zu erarbeiten und dafür zu sorgen, dass Mittel und Methoden des MfS wirksam wurden. Durch ihre Stellung als Entscheidungsträger in ihrem Verantwortungsbereich hatten sie die Möglichkeit z. B. zur Schaffung von Scheinarbeitsplätzen für andere IM oder konnten bestimmte Personen in gewünschte Positionen bringen.

Experten-IM wurden – wie sich aus dem Begriff bereits ergibt – Personen mit besonderem Fachwissen eingestuft, mit dem sie dem MfS zur Verfügung standen.

IM-Beobachter sollten zur operativen Beobachtungen und Ermittlungen eingesetzt werden. Im Verhältnis zu den IMS waren sie höher eingestuft und mit komplizierteren Aufgaben betraut.[74]

Eine weitere Kategorie bildeten IM der Abwehr mit Feindverbindung bzw. zur unmittelbaren Bearbeitung im Verdacht der Feindtätigkeit stehender Personen (IMB). Sie hatten Zugang zu oppositionellen Gruppen oder vertrauliche Beziehungen zu Personen, die für das MfS von besonderem Interesse waren, z. B. kritischen Intellektuellen, Künstlern, Kirchenmitarbeiter, unangepassten Jugendlichen.

Die IMK waren laut Richtlinie inoffizielle Mitarbeiter zur Sicherung der Konspiration und des Verbindungswesens. Sie leisteten eher einen logistischen

---

[72] Gill/Schröter, Das Ministerium für Staatssicherheit, S. 99.
[73] Richtlinie 1/79 ebd. unter: 2. Die Funktionen der IM und die Anforderungen an ihre Tätigkeit.
[74] Gauck, Die Stasi-Akten, S. 64.

Beitrag für das MfS, in dem sie ihre oder die von ihnen verwaltete Wohnung oder Zimmer für konspirative Treffs zur Verfügung stellten. Andere hielten ihr Telefon als „Decktelefon" oder ihre offizielle Anschrift als „Deckadresse" zum Aufrechterhalten konspirativer Verbindungen bereit.

Gesellschaftliche Mitarbeiter für Sicherheit (GMS) werden in der Richtlinie von den IM getrennt aufgeführt. In der Praxis bereitete aber die Unterscheidung zwischen IM und GMS Probleme, und schließlich wurden den GMS der gleiche Rang wie den IM eingeräumt und die Aktenführung angeglichen. Jedoch durften die GMS durchaus Mitglied der SED sein[75], was für die IM unerwünscht war[76], wohl weil man die durch SED-Mitgliedschaft nach außen getragene Systemkonformität als Hindernis bei der Informationsbeschaffung ansah. GMS werden in der Richtlinie beschrieben als „Bürger der DDR mit einer auch in der Öffentlichkeit bekannten staatsbewussten Einstellung und Haltung, die sich für eine vertrauensvolle Zusammenarbeit mit dem MfS bereit erklärten und entsprechend ihren Möglichkeiten und Voraussetzungen an der Lösung unterschiedlicher politisch-operativer Aufgaben mitarbeiten."[77] Das Einsatzspektrum war ähnlich. Ihre Mitarbeit sollte laut Richtlinie eine wirksame Ergänzung des Informationsaufkommens zur ständigen Einschätzung und Beherrschung der politisch-operativen Lage darstellen und der umfassenden Durchsetzung der vorbeugenden und schadensverhütenden Arbeit des MfS dienen.

Als FIM wurden IM bezeichnet, die im Auftrag des MfS andere, ihnen übergebene IM und GMS „führen", also anleiten, instruieren, konspirativ treffen und kontrollieren sollten. Ihr Einsatz war vorgesehen zur komplexen Sicherung von Bereichen, Territorien und Objekten. Es war geplant, mit diesem Funktionstyp die Führungsoffiziere zu entlasten, in dem sie einen Teil ihrer Arbeit übernehmen sollten, was aber dazu führte, dass sie sich von hauptamtlichen Führungsoffizieren kaum noch unterschieden. Ihr Anteil an den inoffiziellen Mitarbeitern betrug zuletzt drei Prozent.[78]

In der Richtlinie ist der Einsatz hauptamtlicher IM (HIM) vorgesehen. Dieser Mitarbeitertyp wird beschrieben als zuverlässiger und überprüfter IM, mit dem

---

[75] Müller-Enbergs, Die Inoffiziellen Mitarbeiter des MfS, S. 67 f.

[76] Richtlinie 1/68 für die Zusammenarbeit mit GMS und IM im Gesamtsystem der Sicherung der DDR, abgedruckt in: Müller-Enbergs, Inoffizielle Mitarbeiter des MfS, S. 261.

[77] Richtlinie 1/79 ebd. unter 7. Grundsätze für die Zusammenarbeit mit GMS und ihre Gewinnung.

[78] Müller-Enbergs, Die Inoffiziellen Mitarbeiter des MfS, S. 73 f.

auf Grund seiner besonderen Fähigkeiten und Voraussetzungen eine Vereinbarung über einen langfristigen Einsatz abgeschlossen und der für diese Tätigkeit fortlaufend vom MfS finanziell und sozial versorgt wurde. Ihre hauptamtliche Tätigkeit für das MfS war nach außen nicht erkennbar. Für sie wurde ein Scheinarbeitsverhältnis geschaffen und ein funktionssicheres Verbindungssystem hergestellt. Der Kategorie des HIM war nur eine kleine Gruppe zugeordnet. Sie wurde geschaffen für IM mit besonders zeitintensiver Arbeit für das MfS, wie z. B. die FIM.

Eine Sonderstellung nehmen die inoffiziellen kriminalpolizeilichen Mitarbeiter, IKM, und die kriminalpolizeilichen Kontaktpersonen, KK, ein. Es handelt sich bei diesen Personen nicht um Mitarbeiter des MfS, sondern um Bürger, die sich der "inoffiziellen Zusammenarbeit" mit einer kriminalpolizeilichen Abteilung, dem Kommissariat I der Deutschen Volkspolizei zur Verfügung stellten (IKM) bzw. die mit dieser Diensteinheit "vertraulich zusammenarbeiteten" (KK). Diese Zusammenarbeit einer bestimmten Abteilung der Kriminalpolizei mit geheimen Informanten zur Überwachung und Kontrolle der eigenen Bevölkerung war kaum bekannt. Die Arbeitsweise der K I ähnelte hinsichtlich der Mittel und Methoden der des MfS und unterschied sich wesentlich von den übrigen Dienstzweigen der Deutschen Volkspolizei. Der Aufgabenbereich dieser Abteilung der Kriminalpolizei erstreckte sich unter anderem auf die Verhinderung des ungesetzlichen Grenzübertritts, auf politische Straftaten, Bearbeitung von Personengruppen in Religionsgemeinschaften und wurde in den 80er Jahren auf das Erfassen von Personen für die Zuführung in "Internierungslager" erweitert. Die K I stand unter wesentlichem Einfluss des MfS, die Zusammenarbeit zwischen beiden Organen war in Richtlinien geregelt.[79]

Es bestand eine enge Verflechtung zwischen dem MfS und dem Kommissariat I. Die Archivierung operativer Materialien der K I erfolgte grundsätzlich beim MfS. Deshalb werden diese Akten vom Stasi-Unterlagen-Gesetz miterfasst. Inoffizielle Mitarbeiter der K I werden dort hinsichtlich der Aktenverwendung den MfS-Mitarbeitern gleichgesetzt.[80]

---

[79] Umfassend und mit Quellenangabe: Landesbeauftragter des Freistaates Thüringen für die Unterlagen des Staatssicherheitsdienstes der ehemaligen DDR, Grundlage zur Bewertung der Tätigkeit des Arbeitsgebietes I der Kriminalpolizei und des Zusammenwirkens mit dem Ministerium für Staatssicherheit der ehemaligen DDR.
[80] § 6 Abs. 5 Nr. 2 StUG.

2. Die Rekrutierung der IM

Die Gewinnung von inoffiziellen Mitarbeitern war in zahlreichen Bestimmungen geregelt, die nach den Erfahrungen und Überprüfungen der Praxis mehrfach überarbeitet wurden. Nur selten kam es zu einer spontanen Anwerbung aus der Situation heraus; grundsätzlich verlief die Phase von der Auswahl bis zur Verpflichtung des IM nach einem festgelegten Verfahren.[81] Auch für diesen Bereich war die Richtlinie 1/79 die letztgültige. Danach sollte die Auswahl der zu Werbenden auf der Grundlage eines konkreten Anforderungsbildes erfolgen. Mit dieser Festlegung stimmte die Praxis jedoch nicht immer überein, da dort oft die Realisierung von quantitativen Kennziffern im Vordergrund stand und die Verwendungsmöglichkeit erst nachträglich geprüft wurde.[82] Die Auswahl von IM-Kandidaten lag allein im Ermessen des einzelnen Führungsoffiziers. Als Ausgangsmaterial konnten laut Richtlinie planmäßig Ergebnisse aller operativen Arbeitsprozesse genutzt werden. Der Führungsoffizier hatte über den Ausgewählten eine Akte, den sogen. „IM-Vorlauf" anzulegen, der die Personalien, die vorgesehene Einsatzrichtung und Kategorie beinhalten sollte. Der Kandidat wurde dann dem zuständigen Leiter vorgeschlagen, der den Werbungsvorschlag bestätigen musste. Eigenbewerbern stand das MfS auch betreffend der inoffiziellen Mitarbeit äußerst skeptisch gegenüber. Sie sollten nach gründlicher Überprüfung ihrer Person und ihrer Beweggründe nur herangezogen werden, wenn die „Gefahr feindlichen Eindringens in den IM-Bestand auszuschließen" und ihr Einsatz objektiv erforderlich war.[83]

Der Auswahl eines IM-Kandidaten folgte ein umfangreicher Prüfungsprozess. Neben der Abfrage aller zur Verfügung stehenden Datenspeicher wurde der bisherige Lebensweg durchleuchtet, Überzeugungen, Einstellung, Umgang, Gewohnheiten ermittelt, um Anhaltspunkte für die Eignung, Zuverlässigkeit und die Gewinnungsmöglichkeiten des Betreffenden zu erhalten. Dabei waren zur Einschätzung der Gewinnungsmöglichkeiten neben den individuellen Interessen und Bedürfnissen und eventuellen materiellen, geistigen und sozialen Anreizen der IM-Kandidaten vor allem auch kompromittierendes Material zu sammeln. Diese „zielstrebige konspirative Aufklärung und Überprüfung" - wie die Richtlinie die lange Liste der zu erforschenden Umstände überschreibt - blieb dem Kandidaten verborgen. Zur Informationssammlung wurden vorwiegend IM eingesetzt, die allerdings von deren Zweckrichtung nichts wussten.

---

[81] Herz, Bürger im Visier, S. 75.
[82] Müller-Enbergs, Die Inoffiziellen Mitarbeiter des MfS, S. 95 f.
[83] Richtlinie 1/79 ebd., unter 4.1. Die ständige Entwicklung von IM-Vorläufen.

Es kam in der Vorlaufphase manchmal auch schon zu einer ersten Kontaktaufnahme – in der Richtlinie 1/79 als selbständiger Arbeitsschritt aufgeführt. Sie konnte direkt durch einen Mitarbeiter des MfS erfolgen oder aber in legendierter Form, z. B. durch Vorladung zu einer staatlichen Stelle wie Volkspolizei oder Wehrkreiskommando. Gemäß der Richtlinie sollte dieser Kontakt dem Herstellen eines Vertrauensverhältnisses dienen, auf die Bereitschaft des Kandidaten zur inoffiziellen Mitarbeit positiv einwirken und - soweit möglich - sollten auch schon erste Aufträge vergeben werden. Es wurde die Gesprächs- und Auskunftsbereitschaft des Kandidaten getestet.

Nach Abschluss der Überprüfung des Kandidaten hatte der Führungsoffizier die Ergebnisse des IM-Vorlaufs auszuwerten und bei der positiven Beurteilung der Erfolgsaussichten eines Anwerbungsversuchs einen Vorschlag zur Werbung vorzulegen, der unter anderem einen Plan zur Werbung enthalten musste. Zeichnete sich aber in diesem Stadium schon ab, dass der Kandidat aufgrund seiner Überzeugungen niemals eine Bereitschaftserklärung zur Mitarbeit unterschreiben würde, wurde der Vorgang archiviert.[84] Der Werbungsvorschlag bedurfte je nach vorgesehener IM-Kategorie der Bestätigung eines mittleren leitenden Kaders, des Leiters der Abteilung oder sogar des Leiters der Dienststelle. Wurde die Bestätigung erteilt, war der Weg frei für die Durchführung der Anwerbung.

Das Werbungsgespräch musste laut Richtlinie als „Höhepunkt des Gewinnungsprozesses“ gründlich geplant und die geeignete Strategie entwickelt werden, um es zum Erfolg zu führen. Die Leiter der Diensteinheiten hatten dies zu sichern; bei bedeutsamen und komplizierten Werbungen sogar durch ihre persönliche Teilnahme. Natürlich konnte der Kandidat die Bereitschaft zur Mitarbeit verweigern. So hat etwa jeder Dritte den Werbungsversuch des MfS zurückgewiesen, was für den Betreffenden in der Regel ohne Folgen blieb.[85] Natürlich muss dabei berücksichtigt werden, dass der zu Werbende psychologisch geschultem MfS-Personal gegenüberstand und es für ihn gerade bei einer legendierten Vorladung eine völlig überraschende Situation war.[86] Nicht zu unterschätzen sind auch die Methoden der Staatssicherheit bei der Anwerbung. Die Richtlinie 1/79 bezeichnet als „Werbegrundlage“ neben der positiven gesellschaftlichen Überzeugung des Kandidaten zum einen seine persönlichen Bedürfnisse und Interessen und zum anderen sogenannte

[84] Gauck, Die Stasi-Akten, S. 57.
[85] Müller-Enbergs, Die Inoffiziellen Mitarbeiter des MfS, S. 13.
[86] Herz, Bürger im Visier, S. 76.

„Rückversicherungs- und Wiedergutmachungsbestrebungen“, die mit Hilfe kompromittierenden Materials ausgelöst werden sollen.

Was die persönlichen Bedürfnisse und Interessen anbetrifft, so konnte das MfS durch seine Verbindungen in alle Teile der Gesellschaft durchaus nachhelfen, d..h. dem IM-Kandidaten Probleme schaffen, zu deren Lösung dann der Führungsoffizier im Werbungsgespräch seine Hilfe anbot. Nachfolgender Aktenauszug zeigt deutlich, wie das MfS unerkannt für seine Ziele den Betreffenden Steine in den Weg legen konnte.
„Der Kandidat wurde uns bekannt durch die aktive Beteiligung an den Veranstaltungen der Studentengemeinde ... während seines Studiums. Durch die aktive Mitwirkung in ... wurde er im Vorlauf-Operativ <Kutte> erfasst und operativ bearbeitet. Durch eine Reihe eingeleiteter Maßnahmen wurde sein beruflicher Einsatz im Bereich ... verhindert. Da auch weitere Bewerbungen im Bezirk fehlschlugen, stand der Kandidat noch im März 1969 ohne eine feste Arbeit in finanziellen Schwierigkeiten. Nach erfolgter Analysierung der vorhandenen Unterlagen im Vorgang und zur Person wurde beschlossen, den Kandidaten unter Ausnutzung seiner Schwierigkeiten bei der Aufnahme einer Arbeit und der daraus resultierenden gedrückten moralischen Haltung anzusprechen und bei entsprechend positiver Reaktion gegenüber unserem Organ aus dem Vorgang heraus zu werben. ... Im Verlauf dieses Gespräches wurde der Kandidat zur Zusammenarbeit mit unserem Organ verpflichtet, da eingeschätzt werden konnte, dass die von ihm gemachten Angaben unseren Ermittlungen entsprachen. ... Unter Wahrung der Konspiration wurde über den 1. Sekretär der SED-Kreisleitung ... eine Einstellung im VEB ... erreicht.“[87]

Unter „kompromittierendem Material“, das zur Entwicklung von Rückversicherungs- und Wiedergutmachungsbestrebungen eingesetzt werden sollte, verstand die Richtlinie 1/79 „bisher nicht geahndete Gesetzesverletzungen, Anzeichen ungerechtfertigter persönlicher Bereicherung, Verletzungen von Pflichten, Begünstigung von Fehlverhalten und Schädigungen, Übertretungen moralischer und politisch-ideologischer Normen, Verheimlichung belastender persönlicher Verbindungen, Fälschungen u. ä.“. Der Wunsch des Kandidaten, durch eine Zusammenarbeit mit der Stasi Straffreiheit zu erreichen oder aber zu sichern, dass Dritte darüber keine Kenntnis erhielten, bezeichnete die Richtlinie als „Rückversicherungsbestrebungen“.[88] Die Richtlinie sah einen differenzierten Einsatz solchen Materials im Werbungsgespräch vor. Wenn schon die gezielt hervorgerufene

[87] Gauck, Die Stasi-Akten, S. 55 f.
[88] Gill/Schröter, Das Ministerium für Staatssicherheit, S. 109.

Vermutung, das MfS sei in Besitz von ihn belastenden Materials, den Kandidaten zur Mitarbeit bereit machte, so konnte auf den direkten Einsatz verzichtet werden. Eine ausgewählte, teilweise Anwendung des kompromittierenden Materials sollte dem Kandidaten Impulse zur selbständigen Stellungnahme geben. Bei „in ihrer feindlichen Einstellung verhärteten Kandidaten" sollte die kompakte Anwendung den Ernst der Lage bewusst machen.

Die Tatsache, dass das MfS keinen zur Mitarbeit zwingen konnte, bedeutet also nicht, dass es nicht zahlreiche Möglichkeiten gab, um Druck auf die zur inoffiziellen Mitarbeit Ausgewählten auszuüben, ihnen zu drohen und Angst vor persönlichen Konsequenzen hervorzurufen. In der Praxis soll es jedoch kaum wahrgemachte Drohungen gegeben haben[89]. Aber auch ohne die Anwendung solcher Methoden konnte schon die unmittelbare Konfrontation mit der sonst unsichtbaren und deshalb unheimlichen Staatssicherheit den Kandidaten einschüchtern und zu einer Verpflichtung zur Zusammenarbeit bewegen.

Die Verpflichtung war in „würdiger Weise" durchzuführen. Sie hatte grundsätzlich schriftlich zu erfolgen. Erst die Richtlinie 1/79 ließ in Ausnahmefällen eine mündliche Verpflichtung zu.[90] Typischerweise wurde der gesamte Text[91] von dem geworbenen IM selbst niedergeschrieben und unterschrieben, wobei der Wortlaut teilweise oder vollständig vorgegeben wurde und der Begriff Ministerium für Staatssicherheit enthalten war.[92] Der IM bekam einen Decknamen, den er sich selbst aussuchen konnte.[93] Wurde nach außen auf einen Decknamen verzichtet, um den Geworbenen nicht zu verschrecken, teilte man ihm für die interne Kommunikation einen Decknamen zu.[94] Es erfolgte eine Belehrung über die unbedingte Geheimhaltungspflicht - teilweise unter Hinweis auf strafrechtliche Folgen bei Verstoß. Es gab aber kein DDR-Gesetz mit diesbezüglichen Regelungen, so dass dieser Hinweis nur eine leere Drohung war.[95] Tatsächlich brach das MfS den Kontakt ohne weitere Folgen sofort ab, wenn sich der IM Dritten offenbarte, also "dekonspirierte".[96] Den Ablauf des Werbegesprächs hatte der Führungsoffizier Punkt für Punkt in einem Bericht

---

[89] Herz, Bürger im Visier, S. 75.
[90] Müller-Enbergs, Inoffizielle Mitarbeiter des MfS, S. 106 f.
[91] Beispiele für Verpflichtungstexte in: Gill/Schröter, Das Ministerium für Staatssicherheit, S. 111 f.
[92] Herz, Bürger im Visier, S. 77.
[93] Ebd.
[94] Gauck, Die Stasi-Akten, S. 58.
[95] Gill/Schröter, Das Ministerium für Staatssicherheit, S. 112.
[96] Gauck, Die Stasi-Akten, S. 37; Müller-Enbergs, Inoffizielle Mitarbeiter des MfS, S. 13.

niederzulegen und ihn auszuwerten. Dieser Bericht befindet sich bei den Akten und gibt Aufschluss über die „Werbegrundlage“ und die eventuell nur mündliche Form der Verpflichtung.

3. Die inoffizielle Tätigkeit für das MfS

Nach erfolgreicher Werbung wurde die Vorlauf-Akte als Personalakte (Teil I) weitergeführt und eine weitere Akte, die Arbeitsakte (Teil II), auch Berichtsakte genannt, angelegt. In ihr taucht nur noch der Deckname des IM auf und sie enthält die schriftlichen Berichte des IM, Zusammenfassungen des Führungsoffiziers über die mündlichen Berichte des IM, Treffberichte des Führungsoffiziers und seine Personeneinschätzungen über den IM.[97]

Die "Treffs", d. h. die konspirative Zusammenkünfte zwischen Führungsoffizier und inoffiziellem Mitarbeiter, sollten gründlich vorbereitet werden und hatten - bis auf Ausnahmefälle - in konspirativen Wohnungen oder konspirativen Objekten stattzufinden. Üblich waren Treffftermine im Abstand von ca. drei bis sechs Wochen.[98] Die Führungsoffiziere hatten nach der Richtlinie nun die Aufgabe, die IM politisch-ideologisch zu erziehen und zu befähigen, was durch klug abgestimmte Arbeit mit Lob und Anerkennung sowie Kritik zu erreichen war. Die Bereitschaft des IM zur Erfüllung politisch-operativer Aufgaben sollte gestärkt, Bedenken und Pflichten- oder Interessenkollisionen beseitigt werden. Der IM-führende Mitarbeiter hatte dem IM gegenüber Vorbild zu sein, auf Einwände und Bedenken des IM gegenüber Aufträgen, Verhaltenslinien oder anderen Forderungen mit der erforderlichen Sachlichkeit, mit Verständnis und Einfühlungsvermögen, aber auch mit angemessener Konsequenz zu reagieren. Bei persönlichen Problemen und Wünschen des IM waren gemeinsam Möglichkeiten der Hilfe zu beraten, um das Vertrauen des IM zum MfS zu festigen, ohne jedoch nichterfüllbare Versprechungen abzugeben.

Je nach den realen Möglichkeiten des IM sollten individuelle Einsatzrichtungen ausgearbeitet werden. Der Informationsbedarf des MfS wurde in konkrete Aufträge übersetzt, wobei der IM in die Ausarbeitung der Vorgehensweise und die Erarbeitung von Legenden einbezogen werden sollte. Dem IM wurden jedoch nur die für den Auftrag erforderlichen Informationen mitgeteilt, ohne dass er den Gesamtzusammenhang überblicken konnte.[99] Der IM hatte über die

---

[97] Gauck, Die Stasi-Akten, S. 59; Herz, Bürger im Visier, S. 77.
[98] Herz, Bürger im Visier, S. 78.
[99] Gill/Schröter, Das Ministerium für Staatssicherheit, S. 114.

Arbeitsergebnisse und über die Nichterfüllung der Aufträge und der Gründe dafür, über sein Vorgehen und eventuelles Abweichen von den vereinbarten Verhaltensrichtlinien zu berichten. Die Berichterstattung erfolgte während des Treffs zunächst mündlich. Die IM-führenden Mitarbeiter hatten diesen Bericht auf Widersprüche, Unklarheiten bzw. Lücken zu untersuchen und diese durch konkrete Fragestellung oder weiterführende Aufträge zu beseitigen. Es sollte aber vom IM noch ein schriftlicher Bericht angefertigt werden[100] oder es wurden mit Einwilligung des IM mündliche Berichte auf Tonband mitgeschnitten und dann maschinenschriftlich zu den Akten genommen.[101] Der Inhalt der Berichte hatte sich an den „8-W-Fragen" zu orientieren: wann, wo, was, wie, womit, warum, wer, wen. Im Zusammenhang mit der Berichterstattung sollten die Führungsoffiziere die Möglichkeiten zur allseitigen Abschöpfung des IM bewusst nutzten.

Mit der Verpflichtung für das MfS hatte die Überprüfung des IM kein Ende gefunden. So sollte durch gezielte Fragen der Wahrheitsgehalt der abgelieferten Berichte ständig überprüft werden. Bei Anzeichen von Unehrlichkeit wurden durch zuverlässige IM Vergleichsinformationen beschafft und der in Verdacht geratene an seinem Arbeitsplatz, im Wohngebiet und in seiner Freizeit kontrolliert.[102] Je nach Bedeutung des IM wurden zur Überprüfung andere Diensteinheiten herangezogen, wie z. B. Postkontrolle und Postzollfahndung, operative Ermittlungen durchgeführt und Bewährungssituationen geschaffen.

VI. Die Methoden des MfS

In der Gesamttätigkeit der Stasi nahm die Spionagesicherung nur einen Bruchteil ein - wie bereits erwähnt, oblag die Auslandsspionage der Hauptverwaltung Aufklärung (HVA) in der Zentrale in Berlin. Nur 4.000 von insgesamt 33.000 hauptamtlich Beschäftigten in der Zentrale arbeiteten für die HVA, was deutlich werden lässt, dass das Schwergewicht der Tätigkeit des Sicherheitsdienstes in der Herrschaftssicherung im Inneren lag.[103] Der Arbeitsbereich der Spionagesicherung soll bei der nachfolgenden Übersicht über die Mittel und Methoden des MfS außer Betracht bleiben und nur das Verhalten

[100] Müller-Enbergs, Inoffizielle Mitarbeiter des MfS, S. 128.
[101] Landesbeauftragter des Freistaates Thüringen für die Unterlagen des Staatssicherheitsdienstes der ehemaligen DDR, Empfehlungen zur Verfahrensweise bei Personalüberprüfungen, S. 15.
[102] Gill/Schröter, Das Ministerium für Staatssicherheit, S. 115.
[103] Fricke, Außenpolitik 90, 406.

gegenüber der eigenen Bevölkerung dargestellt werden. Dies bedeutet jedoch keine Aussparung der HVA an sich, da sie trotz ihrer relativen Eigenständigkeit integraler Bestandteil des MfS war und es zwischen ihr und den anderen Abteilungen zahlreiche Formen der Zusammenarbeit und gegenseitigen Unterstützung gab.[104] Allerdings richtete sich der Hauptvorwurf und die Proteste der DDR-Bürger, die wiederum entscheidend die Fassung der Kündigungsvorschrift des Abs. 5 Nr. 2 EinV als politisches Signal bedingt haben, gerade gegen die Spitzeltätigkeit die eigene Bevölkerung betreffend.[105] Die Auslandsspionage hat daher in dem hier besprochenen Zusammenhang wenig Relevanz.

1. „Operativ bedeutsam“ und „feindlich-negativ“

Welche Informationen konkret vom Staatssicherheitsdienst als "operativ bedeutsam" angesehen wurden, war im Detail über die Jahrzehnte hinweg nicht einheitlich, sondern abhängig von der politischen und gesellschaftlichen Entwicklung des Landes. Während der gesamten Zeit aber sah die Stasi in Übereinstimmung mit der politischen Führung den Feind, den Urheber von feindlich-negativen Phänomenen, im Westen. Die Ursache für oppositionelle Tendenzen war nach offizieller Lesart die gezielte Einwirkung des imperialistischen Gegners jenseits der Westgrenze.[106] Diese Einwirkung auf die Bürger der DDR erfolgte nach Meinung des MfS durch „feindliche Manipulation“ bzw. „politisch-ideologische Diversion (PID)“, also durch Angriffe auf ideologischem Gebiet, und führten zu politischer Untergrundtätigkeit (PUT).[107] Es war Aufgabe des MfS, „vorrangig alle subversiven Angriffe des Gegners, insbesondere auf ... die ideologischen Grundlagen der Weltanschauung der Arbeiterklasse vorbeugend zu verhindern, rechtzeitig aufzudecken und wirksam zu bekämpfen ... .“[108] Der Schutz der Parteiideologie gehörte also zu den Aufgaben des Staatssicherheitsdienstes, was ihn zu einer Art „Ideologiepolizei“[109] machte. Die Bekämpfung von PID und PUT und damit vieler derjenigen, die mit den politischen und wirtschaftlichen Lebensbedingungen in der DDR unzufrieden waren, war das Ziel der Tätigkeit

---

[104] Fricke, Außenpolitik 92, 156.
[105] Siehe dazu ausführlich Kapitel C.
[106] Suckut, Wörterbuch der Staatssicherheit, S. 24.
[107] Mampel, Das Ministerium für Staatssicherheit der ehemaligen DDR als Ideologiepolizei, S. 41.
[108] Suckut, Wörterbuch der Staatssicherheit, Stichwort: Sicherheitspolitik, sozialistische.
[109] Mampel, Das Ministerium für Staatssicherheit der ehemaligen DDR als Ideologiepolizei.

des MfS. Zur PUT wurden nach der Dienstanweisung 2/85 bereits schon Diskussionen negativen und feindlichen Inhalts gezählt, wenn sie über längere Zeit und in Personenkreisen, die das MfS zu den Zielgruppen der gegnerischen PID zählte, stattgefunden hatten. Weiterhin wurde PUT definiert als Verfassen und Verbreiten von politisch-ideologisch unklaren Schriften, Ersuchen auf Übersiedlung in die BRD oder Missbrauch legaler Möglichkeiten, um die Ideologie des Gegners zu verbreiten und Mängel, Schwierigkeiten und Entwicklungsprobleme der DDR aufzubauschen.[110] Das MfS war interessiert an allen Informationen, die Anzeichen von PID oder PUT sein konnten. Kurzum bestand für jeden, der mehr oder minder öffentlich unangepasst war, die Gefahr, von der Stasi „bearbeitet" zu werden. Die interne Kategorisierung politisch-negativer Kräfte durch die Geraer Bezirksverwaltung des MfS in: Übersiedlungsersuchende, Demonstrativtäter, Rückkehrer, Nichtwähler, Wehrdienstverweigerer, kirchlich gebundene Kräfte, Verbindungen zu ausgereisten DDR-Bürgern usw. zeigt die Schwerpunkte auf.[111] Hatte sich aber jemand in irgend einer Weise für den Staatssicherheitsdienst der PID oder PUT verdächtig gemacht, interessierten sich die operativen Mitarbeiter für jede noch so scheinbar belanglose Information über diese Person.

2. Abteilung 26 und Abteilung M

Wichtige Informationsquellen für das MfS waren die Kommunikationsmittel Post und Telefon. Für die Überwachung von Post und Telefon war die jeweilige Bezirksverwaltung zuständig, die dafür spezielle Abteilungen hatte; die Abteilung 26 organisierte die Telefonüberwachung.[112] Daneben war sie zuständig für das Einbauen von Abhöranlagen und für das Installieren von Videokameras.[113] Wurde im Rahmen von Personenüberwachungen die Telefonkontrolle festgelegt, beauftragte die entsprechende vorgangsführende Dienststelle die Abteilung 26. Diese nahm die notwendigen Schaltungen vor und leitete die schriftlich protokollierten Gespräche an die auftraggebende Dienststelle weiter. Neben der gezielten Personenabhörung wurde systematisch besonders der grenzüberschreitende Telefonverkehr überwacht.[114]

---

[110] Suckut, Wörterbuch der Staatssicherheit, S. 17.
[111] Herz, Das MfS in Thüringen, S. 15.
[112] Herz, Bürger im Visier, S. 39.
[113] Gill/Schröter, Das Ministerium für Staatssicherheit, S. 146.
[114] Herz, Bürger im Visier, S. 39.

Die Brief- und Postkontrolle war Aufgabe der Abteilungen M im Ministerium und in den Bezirksverwaltungen. Hier gab es eine enge Zusammenarbeit mit der Deutschen Post, die in allen Bezirksstädten Räumlichkeiten zur Verfügung stellte und die MfS-Mitarbeiter durch zweckmäßige Eingliederung zu tarnen hatte.[115] Ebenfalls wurde die personenbezogene Postkontrolle von der Diensteinheit angeordnet, die den Betroffenen „bearbeitete“. Die Mitarbeiter der Abteilungen M suchten die privaten Postein- und –ausgänge anhand von Listen heraus, öffnete und kopierte sie. Daneben wurde nach anderen Suchkriterien die gesamte Post aus dem In- und Ausland überprüft.[116] Neben der Informationsgewinnung diente die Post- und Paketkontrolle auch der Aufbesserung des Staatshaushaltes: Von 1986 bis 1989 entnahm das MfS nach eigenen Angaben unter anderem 6.933.292 DM, 446.528 Deviseneinheiten anderer Länder und 203.011 DDR-Mark.[117]

3. Sicherheitsüberprüfungen

Bei der Überwachung der eigenen Bevölkerung gab es mehrere „Stufen“ der Beschäftigung mit dem Einzelnen. Die unterste Stufe bildeten Sicherheitsüberprüfungen. Sie waren Aufgabe der Kreisdienststellen.[118] Die Zielsetzung und die Durchführung solcher Überprüfungen sind in zahlreichen Vorschriften der Richtlinie 1/82[119] festgeschrieben. Sicherheitsüberprüfungen wurden bei einer heute nicht mehr bestimmbaren Zahl von Personen aus allen Bereichen der Gesellschaft durchgeführt, um laut Richtlinie sicherzustellen, „dass nur zuverlässige Personen in sicherheitspolitisch bedeutsamen Positionen der DDR im In- und Ausland eingesetzt werden bzw. sicherheitspolitisch bedeutsame Erlaubnisse und Genehmigungen insbesondere für Reisen nach nichtsozialistischen Staaten und Westberlin nur an solche Personen erteilt werden, die diese nicht missbrauchen und dem Gegner keine Anhaltspunkte für subversive Aktivitäten bieten.“

Es war genau festgelegt, wer einer Sicherheitsüberprüfung zu unterziehen war. So betraf dies Personen, die durch Leiter staatlicher Einrichtungen bzw. gesellschaftlicher Organisationen zur Überprüfung vorgeschlagen wurden, weil

---

115 Gill/Schröter, Das Ministerium für Staatssicherheit, S. 141 f.
116 Herz, Bürger im Visier, S. 40.
117 Gill/Schröter, Das Ministerium für Staatssicherheit, S. 145.
118 Herz, Das MfS in Thüringen, S. 14.
119 Richtlinie zur Durchführung von Sicherheitsüberprüfungen, Nr. 1/82, abgedruckt in: Gill/Schröter, Das Ministerium für Staatssicherheit, S. 295-321.

sie für eine leitende Position vorgesehen waren, für deren Besetzung nach staatlichen Anordnungen die Zustimmung des MfS erforderlich war. Desgleichen wurden Personen, die sich auf solche Stellen bewarben, überprüft. Ein dritter Kreis waren Antragsteller bestimmter Erlaubnisse und Genehmigungen, z. B. für den Erwerb einer Jagdwaffe, Bewerbung zu einem bestimmten Studium, wie beispielsweise der Rechtswissenschaft, oder für eine Dienst- bzw. Besuchsreise ins westliche Ausland.[120] Am Ende einer jeden Sicherheitsüberprüfung war eine Entscheidung darüber zu treffen, ob dem vorgesehenen Einsatz bzw. der Bewerbung oder der Erteilung der beantragten Erlaubnis bzw. Genehmigung zugestimmt werden kann. Die Entscheidungen waren „immer im Interesse der erfolgreichen Durchsetzung der Politik der Partei- und Staatsführung zu treffen."[121] Die sicherheitspolitischen Anforderungen sind dezidiert in der Richtlinie aufgelistet; sie unterscheiden sich je nach Art der zu besetzenden Position oder beantragten Genehmigung/Erlaubnis. Um die für die Einschätzung der jeweils konkreten Anforderungen erforderlichen Informationen zu erarbeiten, wurden alle internen und offiziellen Datenspeicher abgefragt, zielgerichtet personenbezogen IM und GMS im Arbeits-, Wohn- und Freizeitbereich eingesetzt und staatliche bzw. gesellschaftliche Institutionen nach Hinweisen befragt. Darüber hinaus dienten auch die Abschnittsbevollmächtigten und deren freiwillige Helfer als Informanten.

Davon, dass sich das MfS mit ihm beschäftigt hatte, wusste der Betroffene nichts. Die Entscheidung des MfS wurde nicht offiziell mitgeteilt, sondern einem vertrauenswürdigen staatlichen Leiter oder Funktionär der entscheidungstragenden Behörde anvertraut, der wiederum für die Umsetzung des Ergebnisses der Überprüfung zu sorgen hatte. Bei negativem Ergebnis sollte die Nichtzustimmung des MfS so erfolgen, dass weder von der entscheidungstragenden Behörde noch vom Überprüften Rückschlüsse auf eingesetzte operative Kräfte, Mittel und Methoden der Stasi gezogen werden konnten. Zu diesem Zweck wurden entsprechende Legenden und Argumente für die ablehnende Entscheidung mitgeliefert.[122]

Die erarbeiteten Informationen waren abschließend noch unter anderen Gesichtspunkten zu überprüfen, nämlich ob Anhaltspunkte für die Einleitung einer Operativen Personenkontrolle, eines Operativen Vorgangs vorliegen, ob der Überprüfte als IM oder GMS geworben werden sollte, vielleicht sogar als

---

[120] Gill/Schröter, Das Ministerium für Staatssicherheit, S. 124.
[121] Richtlinie Nr. 1/82, in: Gill/Schröter, Das Ministerium für Staatssicherheit, S. 313.
[122] Gauck, Die Stasi-Akten, S. 22; Gill/Schröter, Das Ministerium für Staatssicherheit, S. 124.

hauptamtlicher Mitarbeiter in Frage kam oder als Vertrauensperson für offizielle Kontakte geeignet war.

4. Operative Personenkontrolle (OPK) und Operativer Vorgang (OV)

Zu den Überwachungsformen OPK und OV wurden im MfS sogenannte Operativakten angelegt, die Kontrollziel, Maßnahmepläne und Auswertung der Bearbeitung dokumentieren. Dem zu bearbeitenden Bürger bzw. Vorgang wurde ein Deckname zugeordnet.[123] Die Durchführung, Mittel, Methoden, Aktenführung und der Abschluss einer OPK sind in zahlreichen Vorschriften der Richtlinie 1/81[124], eines OV in der Richtlinie 1/76[125] geregelt.

Eine OPK war einzuleiten, wenn operativ bedeutsame Anhaltspunkte vorlagen, „die eine gezielte Kontrolle von Personen begründen und erfordern." Operativ bedeutsame Anhaltspunkte waren laut Richtlinie dann gegeben, „wenn im Ergebnis der politisch-operativen und rechtlichen Bewertung von überprüften und in der Regel bereits verdichteten Informationen auf feindlich-negative Handlungen oder Einstellungen bekannter Personen bzw. deren Missbrauch durch den Gegner geschlussfolgert werden" konnte. Aus dieser Definition ergibt sich, dass bereits eine Abweichung von der offiziellen Verhaltens- oder Denklinie ausreichen konnte, um in das Fadenkreuz der Stasi zu gelangen. In der Praxis waren wohl die Leistungskapazität der Diensteinheit und eine Einschätzung über die Angriffspunkte der feindlich-negativen Personen weitere Kriterien zur tatsächlichen Einleitung einer OPK.[126] Eine solche OPK wurde im Durchschnitt weniger als ein Jahr lang durchgeführt; den zahlenmäßigen Umfang verdeutlicht ein Beispiel aus dem Bezirk Gera, wo im April 1989 628 OPK-Akten geführt worden sind.[127]

Die operativ bedeutsamen Anhaltspunkte, die Ausgangspunkt für eine OPK waren, erhielt das MfS beispielsweise aus Hinweisen der IM und GMS. Weitere Quellen waren natürlich die Sicherheitsüberprüfungen, die Anhaltspunkte für eine erforderliche eingehendere Überprüfung hervorbringen konnten. Auch

---

[123] Gauck, Die Stasi-Akten, S. 22.
[124] Richtlinie über die Operative Personenkontrolle, abgedruckt in: Gill/Schröter, Das Ministerium für Staatssicherheit, S. 322-345.
[125] Richtlinie zur Bearbeitung Operativer Vorgänge, abgedruckt in: Gill/Schröter, Das Ministerium für Staatssicherheit, S. 346-402.
[126] Herz, Bürger im Visier, S. 50.
[127] Ebd.

durch die allgemeine Kontrolle des Post- und Telefonverkehrs und weiterhin aus Hinweisen über „besondere Vorkommnisse“ durch die SED, die Polizei oder die örtlichen Ratsverwaltungen konnte die Stasi auf Personen aufmerksam werden.[128] Nicht zuletzt gerieten im Rahmen von bereits eingeleiteten OPK und OV weitere Personen, die in Kontakt mit dem Beobachteten standen, in das Blickfeld der operativen Mitarbeiter des MfS. In bestimmten, für die Partei- und Staatsführung sensiblen Bereichen, wie z. B. Kirche, Kunst und Kultur, Armee, wissenschaftlich-technische Intelligenz, überließ man es nicht dem Zufall, sondern suchte gezielt nach Anhaltspunkten.[129]

Für jede OPK wurde zunächst ein sogenannter Maßnahmeplan erstellt, der ausgehend von dem operativ bedeutsamen Anhaltspunkt, die abzufragenden Datenspeicher, zu nutzenden Möglichkeiten anderer Einrichtungen und alle anzuwendenden operativen Mittel aufführen sowie die Aufgabenstellung der einzusetzenden vorhandenen oder noch zu werbenden IM/GMS abstecken sollte. Weiterhin hatte der Maßnahmeplan Termine zur Bearbeitung zu enthalten und war vom verantwortlichen Leiter zu genehmigen. In Sachstandsberichten waren die Ergebnisse und die noch zu beschaffenden Informationen niederzulegen.[130] In den Akten finden sich z. T. sogar graphische Darstellungen zur Strategie der Informationsgewinnung und der Abstimmung der einzusetzenden operativen Mittel, wobei über den Einsatz von IM/GMS hinaus auch die Anordnung von Post- und Telefonkontrolle und selbst heimliche Hausdurchsuchung sowie die Installation von Abhöranlagen in Frage kamen.[131]

Nachdem alle Informationen zusammengetragen waren, wurde eine Auswertung vorgenommen und je nach Ergebnis die OPK abgeschlossen oder eingestellt. Eine Einstellung kam laut Richtlinie in Frage, wenn nachgewiesen wurde, dass die Anhaltspunkte zur Einleitung der OPK nicht bedeutsam oder entfallen waren. Für den Betroffenen hatte dies zunächst keine unmittelbaren Folgen, abgesehen von der Verunsicherung durch die vielleicht doch nicht hundertprozentig konspirative Vorgehensweise; jedoch waren umfangreiche Informationen persönlicher Art in den Speichern und Personendatenbanken des MfS erfasst und jederzeit wieder aktivierbar.[132]

---

[128] Herz, Das MfS in Thüringen, S. 14 f.
[129] Gill/Schröter, Das Ministerium für Staatssicherheit, S. 128.
[130] Herz, Bürger im Visier, S. 51.
[131] Gauck, Die Stasi-Akten, S. 23.
[132] Herz, Bürger im Visier, S. 52.

Um die OPK abzuschließen, war eine Entscheidung über die Verwertung der operativ-bedeutsamen Informationen zu treffen. Dabei gab es folgende Alternativen: Anlegen eines Operativen Vorgangs, Einleiten eines strafrechtlichen Ermittlungsverfahrens durch das MfS bei politischen Straftaten bzw. Übergabe von Materialien über Straftaten der allgemeinen Kriminalität an die dafür zuständigen Organe, Übergabe von Material an leitende Partei- und Staatsfunktionäre zur öffentlichen Auswertung, Herauslösen von Personen aus sicherheitspolitisch bedeutsamen Objekten oder Anlegen eines IM-Vorlaufes.
Die höchste Stufe der "Bearbeitung" der eigenen Bevölkerung war der Operative Vorgang. Während sich die OPK vornehmlich als Informationssammlung darstellt, gehörten Eingriffe zum gängigen Arbeitsinhalt des OV. Es wurden vor allem auch Personengruppen im Wege des OV bearbeitet, eine OPK betraf dagegen in der Regel einzelne Personen.[133] Voraussetzung für eine Eröffnung eines OV war das Vorliegen eines Verdachtes auf Verletzung bestimmter, in den Zuständigkeitsbereich des MfS fallenden Straftatbestände[134] durch eine oder mehrere bekannte oder unbekannte Personen. Solche Verdachte waren beispielsweise durch eine OPK zu erarbeiten.[135] Des weiteren waren zur Verdachtsbegründung geeignet die Ergebnisse der Post- und Telefonkontrolle, Zollfahndung, Aussagen Inhaftierter, Mitteilungen von staats- und wirtschaftsleitenden Organen und Bürgern. Ähnlich wie bei der OPK enthalten die Akten von OV zunächst den aufzustellenden Operativplan, der Ziel, Maßnahmen und die vorgesehenen Mittel aufführte. Laut Richtlinie war auch für den OV der Einsatz von IM das Hauptinstrument. Die Kontaktaufnahme des IM zu der von ihm zu bearbeitenden Person(engruppe) wurde langfristig geplant, wobei nach Möglichkeit eine Situation zu schaffen war, in der die Initiative zur Kontaktaufnahme oder –aufrechterhaltung nicht vom IM, sondern von dem oder den zu Bearbeitenden auszugehen schien. Eine andere in der Richtlinie 1/76 beschriebene Methode zur Arbeit mit IM war das „Herausbrechen“ von Personen aus feindlichen Gruppen, um diese für eine inoffizielle Zusammenarbeit zu werben und dadurch in die Gruppe einzudringen. Am Ende eines OV stand wie bei der OPK die Einstellung oder der Abschluss, wobei es zur Einstellung dann kam, wenn die Verdachtsgründe nachweisbar widerlegt waren oder keine Möglichkeit zur Klärung der

---

[133] Herz, Bürger im Visier, S. 54.
[134] Richtlinie 1/76: "Verbrechen gemäß erstem oder zweitem Kapitel des StGB - Besonderer Teil oder einer Straftat der allgemeinen Kriminalität, die einen hohen Grad an Gesellschaftsgefährlichkeit hat und in enger Beziehung zu den Staatsverbrechen steht bzw. für deren Bearbeitung entsprechend dienstlicher Bestimmungen und Weisungen das MfS zuständig ist."
[135] Herz, Das MfS in Thüringen, S. 17.

Verdachtsgründe bestand. Zu den Abschlussarten, die schon zur OPK genannt wurden, kommen die Überwerbung und die Anwendung von Maßnahmen der Zersetzung hinzu.

Zersetzungsmaßnahmen waren insbesondere anzuwenden, wenn aus politischen und politisch-operativen Gründen keine strafrechtlichen Maßnahmen in Frage kamen oder auch zusätzlich zur Strafverfolgung sowie zur „vorbeugenden Bekämpfung staatsfeindlicher Tätigkeit“, also unterhalb der Schwelle strafrechtlicher Relevanz. Weiterhin wurde Zersetzung angewandt gegen Personen(gruppen), von denen Aktivitäten zur Verbreitung der politisch-ideologischen Diversion und anderer subversiver Maßnahmen gegen die DDR ausgehen. Auf den ersten Blick passt dies nicht so recht zu den Voraussetzungen der Eröffnung eines OV – Verdacht auf Straftaten. Betrachtet man jedoch gerade das politische Strafrecht der DDR näher, so stößt man auf einen Katalog mit breitem Ermessensspielraum; Gummiparagraphen wie z. B. § 220, Öffentliche Herabwürdigung, hätten eine Verurteilung schon bei einem politischen Witz oder dem Tragen eines Aufnähers „Schwerter zu Pflugscharen“ ermöglicht.[136] In der Praxis wurde zwar in den achtziger Jahren das politische Strafrecht selten angewandt; es gab jedoch dem MfS die Rechtfertigung, gegen jeden missliebigen Bürger im Rahmen von OV vorzugehen.

Maßnahmen der Zersetzung waren zu richten auf “das Hervorrufen sowie die Ausnutzung und Verstärkung solcher Widersprüche bzw. Differenzen zwischen feindlich-negativen Kräften ..., durch die sie zersplittert, gelähmt, desorganisiert und isoliert und ihre feindlich-negativen Handlungen einschließlich deren Auswirkungen vorbeugend verhindert, wesentlich eingeschränkt oder gänzlich unterbunden werden.“[137] Die in der Richtlinie aufgelisteten Formen der Zersetzung reichen von systematischer Diskreditierung des öffentlichen Ansehens über die systematische Organisation beruflicher und gesellschaftlicher Misserfolge zur Untergrabung des Selbstbewusstseins bis hin zum Erzeugen von Misstrauen, Rivalitäten und inneren Konflikten in den bearbeiteten Gruppen. Um dies zu erreichen, waren neben dem gezielten Einsatz von IM auch anonyme Briefe, kompromittierende Fotos von stattgefundenen oder vorgetäuschten Begegnungen, gezielte Verbreitung von Gerüchten usw. zu verwenden. Die geeignete Zersetzungsmaßnahme war zu bestimmen anhand der gründlichen Analyse des in vielen kleinen Teilinformationen gesammelten

---

[136] Gill/Schröter, Das Ministerium für Staatssicherheit, S. 132.

[137] Richtlinie zur Bearbeitung Operativer Vorgänge, abgedruckt in Gill/Schröter, Das Ministerium für Staatssicherheit S. 346 ff. (389).

Wissens über Persönlichkeit, Charakter und Schwächen der einzelnen Personen sowie der Widersprüche und Rivalitäten in der Personengruppe.

War der Abschluss des OV greifbar, gehörte zur Planung auch das „Herauslösen“ der eingesetzten IM, damit die Tatsache ihres Einsatzes und der Art und Weise des Einsatzes gegenüber den bearbeiteten Personen, ihrer Umgebung sowie der Öffentlichkeit konspiriert und geheimgehalten wurde. Diese Maßnahmen dienten aber nicht nur dem Schutz des IM, sondern sicherten auch die Geheimhaltung der Methoden des MfS und sollten darüber hinaus das Vertrauen des IM zum Staatssicherheitsdienst festigen.

VII. Zusammenfassung

Aus vorstehenden Ausführungen wird deutlich, dass der Staatssicherheitsdienst nicht etwa nur gegen Rädelsführer der DDR-feindlichen Opposition vorging, sondern die gesamte Bevölkerung kontrollierend und disziplinierend im Auge hatte. Die DDR-Bürgerkomitees haben die Sicherheitsdoktrin des MfS auf folgende Formel gebracht: 1. Jeder ist ein potentielles Sicherheitsrisiko. 2. Um sicher zu sein, muss man alles wissen. 3. Sicherheit geht vor Recht.[138]

Bei alledem darf jedoch das Maß und Spektrum möglicher individueller Sanktionen über Betriebe und die SED nicht vergessen werden[139]; die Disziplinierung andersdenkender Bürger funktionierte auch ohne das Eingreifen des MfS. Dennoch ist die Einschätzung des Einigungsvertrages über die besondere Bedeutung des MfS berechtigt und das Herausgreifen gerade der Tätigkeit für das MfS als wichtiger Grund für eine außerordentliche Kündigung gerechtfertigt: Den die SED repräsentierenden Parteisekretär im Betrieb zum Beispiel kannte jeder, die Gehilfen des MfS dagegen arbeiteten getarnt, oft unter Ausnutzung des persönlichen Vertrauens, und ihre Schnüffeltätigkeit ging bis in die Intimsphäre der Menschen hinein.

Wichtig ist jedoch - vor allem im Hinblick auf die Mittel und Methoden des Staatssicherheitsdienstes bei der Werbung - zu erkennen, dass die eindeutige Grenzziehung zwischen Opfer und Täter nicht immer möglich ist. Außerdem ist zu bedenken, dass die amtlichen Richtlinien und Durchführungsbestimmungen

---

[138] Fricke, Außenpolitik 90, 406.
[139] Herz, Das MfS in Thüringen, S. 14.

nicht die Lebenswirklichkeit widerspiegeln.[140] Sie geben nur einen gewünschten Zustand wieder, beschreiben die Rolle, die den inoffiziellen Mitarbeitern zugedacht war. Ob im Einzelfall ein solcher richtliniengemäßer Ideal-IM vorlag, kann erst nach Studium der konkreten Akte beurteilt werden. Dabei dürfen die in den MfS-Akten enthaltenen Aussagen, Bewertungen und Beurteilungen nicht unkritisch zugrundegelegt werden, sondern müssen im Zusammenhang mit dem Gesellschaftssystem gesehen werden, das viele DDR-Bürger in ein Doppelleben führte, und sie daran gewöhnte, "das eine zu sagen und das andere zu denken".[141] Selbst wenn ein Führungsoffizier einem IM "festen Klassenstandpunkt" oder "staatsbewusste Haltung" bescheinigt hat, kann daraus kein verlässlicher Schluss auf die damalige Einstellung des Betreffenden gezogen werden. Möglich ist nämlich, dass der IM nur zum Schein bestimmte, von ihm erwartete Äußerungen tätigte, um sich nicht selbst verdächtig zum machen. Schließlich stellt eine weitere Hürde bei der Auswertung der Akten der Sprachgebrauch des totalitären Staates dar, der sich rechtsstaatlich Denkenden nicht ohne weiteres erschließt und erst übersetzt werden muss, um den Bedeutungsgehalt zu erfahren.[142]

---

[140] Ascheid, Die Kündigungsgründe nach dem Einigungsvertrag, S. 94; Battis, Aufbau des öffentlichen Dienstes in den neuen Bundesländern, S. 82 f.

[141] Battis, Aufbau des öffentlichen Dienstes in den neuen Bundesländern, S. 82 f.

[142] Maier, KJ 92, 165 f.

C. Entstehung der einigungsvertraglichen Sonderkündigungsrechte

I. Einleitung

Der Weg zum Einigungsvertrag ist gekennzeichnet von einer rasanten Entwicklung der gesellschaftlichen und politischen Situation. Während noch am 7. Oktober 1989, dem 40. Jahrestag der DDR, die politische Führung der DDR Normalität demonstrierte und zu den Feierlichkeiten die Lage im Land - wenn auch gewaltsam - unter Kontrolle hielt, war bereits knapp ein Jahr später mit dem Einigungsvertrag[143] die DDR als Rechtssubjekt untergegangen.

Vom heutigen Standpunkt aus betrachtet ist das Sonderkündigungsrecht nach dem Einigungsvertrag wegen MfS-Verstrickung nur unter Berücksichtigung der damaligen gesellschaftlichen und politischen Hintergründe verständlich. Ohne das Einbeziehen der geschichtlichen Ereignisse und Diskussionen insbesondere um den Staatssicherheitsdienst würde die Vorschrift des Abs. 5 Nr. 2 EinV aus ihrem Zusammenhang herausgelöst. Ergänzend werden die allgemeinen Entwicklungen auf dem Gebiet des Kündigungsrechts in diesem Zeitraum dargestellt und anschließend die Entstehung und Zielvorstellung des Kündigungsrechts wegen MfS-Mitarbeit aufgezeigt.

II. Gesellschaftliche und politische Hintergründe

1. Sommer bis November 1989

Die Situation in der DDR zum Ende der 80er Jahre war geprägt von einer maroden Wirtschaft, einer sich zunehmend verschlechternden Versorgungslage und dem sichtbaren Verfall der Städte.[144] Die Hoffnung, dass die politische Führung nach dem Beispiel der sowjetischen Perestroika den Weg der Reformen einschlagen würde, hatte sich mit der Bekanntgabe des Ergebnisses der Wahl vom 07.05.1989 endgültig zerschlagen. Die Manipulation der Wahlergebnisse[145]

---

[143] Vertrag zwischen der Bundesrepublik Deutschland und der Deutschen Demokratischen Republik über die Herstellung der Einheit Deutschlands vom 31.August 1990, BGBl. II 1990, 889.

[144] Schürer, Deutschland-Archiv 92, 1112 ff.; Hertle, Deutschland-Archiv 92, 1019 ff. und 1031 ff.

[145] Vgl. dazu Stein, Agonie und Auflösung des MfS. Streiflichter aus einem Thüringer Bezirk, S. 10 f: Aus den Unterlagen der Kreisdienststelle Erfurt geht danach hervor, dass die Zahl der Gegenstimmen statt der veröffentlichten 413 tatsächlich 948 betragen hatte. Die

verhinderte das öffentliche Warnungszeichen gegen den unveränderten Kurs der Machthaber. Immer mehr DDR-Bürger stellten den Antrag auf Ausreise. Allein im Bezirk Erfurt waren bis zum 30. Juni 1989 5.212 Anträge auf ständige Ausreise erfasst. Der Staatssicherheitsdienst, der viele Ausreiseantragsteller als feindlich-negative Personen bearbeitete, hatte zeitweise sogar den Auftrag, sie durch persönliche Gespräche zur Rücknahme der Anträge zu bewegen; die Erfolgsrate ging jedoch gegen Null.[146] Die Mitarbeiter des MfS mussten sich angesichts der immer weiter steigenden Zahl darauf beschränken, „Demonstrativhandlungen" zu verhindern. Viele Ausreisewillige, die seit Monaten oder oft auch Jahren auf „gepackten Koffern saßen", verliehen durch öffentlichkeitswirksame, z. T. spektakuläre[147] Aktionen ihrem Anliegen Nachdruck. Die immer zahlreicheren oppositionellen christlichen, ökologischen oder Frauen-Gruppen und Arbeitskreise, häufig an kirchliche Einrichtungen angebunden,[148] hatten steigenden Zulauf. Sie waren zwar durchsetzt von inoffiziellen Mitarbeitern des MfS und es bestanden durch die gewonnenen Informationen über Strukturen und geplante Aktionen Angriffspunkte für gezielte Zersetzungsmaßnahmen, zumindest aber Schutz vor unangenehmen Überraschungen. In Anbetracht der Untätigkeit der SED-Führung konnte jedoch die „Symptombekämpfung" durch den Sicherheitsdienst die Entwicklung auf längere Sicht nicht aufhalten. Die gespannte Situation erreichte ihren Höhepunkt in der Massenflucht im Sommer 1989.

Neben der Ausreise kam es immer häufiger zu einer zweiten Form des Protests: Vor allem in Berlin, Leipzig und Dresden versammelten sich Menschen zu Protestdemonstrationen, die durch die Sicherheitskräfte gewaltsam unter zahlreichen Festnahmen aufgelöst wurden. Am 9. Oktober 1989 zogen in Leipzig ca. 70.000 Demonstranten erstmals ohne gewaltsames Eingreifen der Sicherheitskräfte friedlich durch die Innenstadt. In den folgenden Wochen breiteten sich die Demonstrationen auf das ganze Land aus und die Zahl der Demonstranten stieg allein in Leipzig bis auf 200.000.

Auf diese Ereignisse reagierten die Machthaber im Lande zunächst gar nicht. Sie waren von der jahrelang überhörten und unterdrückten Kritik an ihrer Politik

---

Anzahl der Nichtwähler im Kreis Gotha war mehr als zehnmal so hoch wie die veröffentlichte Zahl.

[146] Stein, Agonie und Auflösung des MfS. Streiflichter aus einem Thüringer Bezirk, S. 9 f.

[147] So kam es im Juli 1989 in Erfurt zu einer Besetzung des Domes durch vier Ausreisewillige unter Mitnahme eines Kindes. 1988 wurde in Weimar eine Kirche durch Polizeikräfte geräumt, in der sich eine Gruppe Ausreisewilliger verschanzt hatte.

[148] Baule, „Wir sind das Volk", S. 40.

wohl überrascht und völlig gelähmt. Weniger überrascht, jedoch - zumindest auf den ersten Blick - nicht handlungsfähiger war der Staatssicherheitsdienst. Mit dem Schweigen der Führungsriege der SED gab es auch für das MfS als „Schild und Schwert der Partei" keine konkreten Anweisungen und Ziele. Man versuchte aber Einfluss zu nehmen, die Lage stabil zu halten und vor allem Gewalt zu verhindern; dazu wurden in den Oppositionsgruppen eigene Leute platziert.[149] Die Fälle Ibrahim Böhme[150] und Wolfgang Schnur[151] zeigen dies. Inwieweit die Stasi tatsächlich Einfluss auf den Ablauf der „Wende" genommen hat, liegt allerdings noch im Dunkeln.

Am 11. Oktober 1989 erfolgte ein Aufruf des Politbüros zum sachlichen Dialog, aber selbst mit der Ablösung Erich Honeckers durch seinen „Kronprinzen" Egon Krenz am 24. Oktober konnte die Bevölkerung nicht mehr von der Straße gebracht werden. Die Demonstranten äußerten zahlreiche Forderungen. Neben freien Wahlen und Reisefreiheit wurde mehr und mehr die Stasi zum Thema von Spruchbändern und Chorrufen[152]. Die Angst vor dem Geheimdienst schlug um in Volkszorn. Mit Nachdruck wurde die Auflösung dieser Behörde, die jahrzehntelang das Volk bespitzelt hatte, gefordert. In den Dienststellen des MfS prägten erhöhte Dienstbereitschaft und Verhaltensregeln für drohende Auseinandersetzungen den Alltag.[153]

Am 13. November 1989 trat das Politbüro der SED endgültig zurück. Besonderes Aufsehen erregte der Auftritt des Ministers für Staatssicherheit Mielke in der Volkskammersitzung, der mit Verwunderung die zahlreichen Unmutsäußerungen auf seine verharmlosende Darstellung der Staatssicherheit zur Kenntnis nahm und verzweifelt ausrief: „Aber ich liebe Euch doch alle!"[154] Der einst starke Mann an der Spitze des MfS, von den Mitarbeitern als Held und Persönlichkeit verehrt[155], nun ein seniler Greis – ein rufschädigendes

---

[149] Aussagen eines ehemaligen Offiziers der Bezirksverwaltung des MfS in Erfurt, in: Stein, Agonie und Auflösung des MfS. Streiflichter aus einem Thüringer Bezirk, S. 34 f.

[150] Vorsitzender der DDR-SPD, später als IM enttarnt.

[151] Vorsitzender der Partei „Demokratischer Aufbruch": Er wurde kurz vor der Volkskammerwahl im März 1990 als Stasispitzel enttarnt.

[152] Beispielsweise „Stasi in die Produktion"; „Egon mach' die Stasi dicht, eher glaubt das Volk Dir nicht"; „Rechtssicherheit ist die beste Staatssicherheit".

[153] Herz, Bürger im Visier, S. 109.

[154] Links/Bahrmann, Wir sind das Volk, S. 103.

[155] Angaben des ehemaligen Leiters der Bezirksverwaltung des MfS in Leipzig, in: Riecker/Schwarz/Schneider, Stasi intim, S. 207.

Medienereignis, das bei vielen Mitarbeitern geradezu Fassungslosigkeit auslöste.[156]

2. 17. November 1989 bis zur Volkskammerwahl im März 1990

In der Regierungserklärung des ehemaligen Ersten Sekretär der SED-Bezirksleitung Dresden und neuen Ministerpräsidenten Hans Modrow am 17. November 1989 wurde die Umwandlung des bisherigen MfS in ein „Amt für nationale Sicherheit" angekündigt.[157] Das neue Amt sollte allerdings – wenn auch mit wesentlich weniger Personal – mit denselben Mitarbeitern und unter der Leitung eines Stellvertreters Mielkes, Generalleutnant Wolfgang Schwanitz, weitergeführt werden.[158] Man wollte künftig nur noch der Volkskammer rechenschaftspflichtig sein und lediglich dem Schutz der DDR-Verfassung dienen.[159] Es folgte ein erheblicher Personalabbau vor allem zu Lasten der Kreisdienststellen, die schrittweise aufgelöst werden sollten.

Das neue AfNS versuchte nach außen einen radikalen Wandel vorzutäuschen, wollte sich nun auch an der Aufdeckung und Verfolgung von Amtsmissbrauch und Korruption beteiligen und bezeichnete sich sogar als eine „basisdemokratische Vereinigung".[160] Der Versuch, sich der erwarteten Veränderung im Lande anzupassen, schlug fehl; die Bevölkerung erhob gegen die Weiterführung des MfS als AfNS starke Proteste und unterbrach den Umstrukturierungsvorgang durch Besetzungen der Dienststellen in vielen Städten.[161] Die Befürchtung, die hauptamtlichen Mitarbeiter könnten in den Gebäuden mit der Vernichtung von Akten beginnen, war berechtigt. Zunächst gab es die zentrale Weisung, die Personendossiers über die Exponenten der Bürgerbewegung, die bis Ende Oktober angefertigt worden waren, zu vernichten und kein Material gegen „Andersdenkende" mehr anzulegen.[162] Nach welchen Maßgaben weitere Unterlagen, Tonträger und Videofilme vernichtet worden sind, ist nicht bekannt. Die erste Bezirksverwaltung wurde am 4. Dezember in Erfurt von engagierten Bürgern besetzt, als Rauchschwaden auf die Vernichtung

---

[156] Stein, Agonie und Auflösung des MfS. Streiflichter aus einem Thüringer Bezirk, S. 19.
[157] Links/Bahrmann, Wir sind das Volk, S. 113.
[158] Gill/Schröter, Das Ministerium für Staatssicherheit, S. 177.
[159] Stein, Agonie und Auflösung des MfS. Streiflichter aus einem Thüringer Bezirk, S. 19.
[160] Ebd., S. 23.
[161] Herz, Bürger im Visier, S. 109.
[162] So Günter Siegel, ehem. Leiter der Kreisdienststelle Mühlhausen, in Stein, Agonie und Auflösung des MfS. Streiflichter aus einem Thüringer Bezirk, S. 24.

von Akten schließen ließen.[163] Die Besetzungen der Dienststellen verliefen zumeist friedlich[164], überwiegend wird berichtet, die Tore der gut gesicherten Stasi-Objekte öffneten sich von selbst[165] oder Vertreter der Demonstranten wurde zu Gesprächen eingelassen[166]. Inwieweit dies Verdienst der Bürgerbewegungen oder des Sicherheitsdienstes war, dessen Mitarbeiter unter den Besetzern zum Teil in vorderster Reihe waren,[167] ist im Nachhinein nicht mehr nachvollziehbar. Jedenfalls kann man davon ausgehen, dass die jeweiligen Dienststellen des MfS durch ihre Informanten und durch Telefonüberwachung rechtzeitig von geplanten Belagerungen oder Besetzungen durch die Bürgerbewegung Kenntnis hatten.

Es begann die Zeit der Bürgerkomitees, die in den Städten aus den Mitgliedern der verschiedenen Bürgerinitiativen und Parteien gebildet wurden und die sich die Sicherung der Akten und die Kontrolle der Arbeit des AfNS zum Ziel gesetzt hatten. In den Dienststellen des MfS/AfNS und an ihren Ausgängen wurden sogenannte Bürgerwachen postiert. Die Bürgerkomitees arbeiteten bei der Überwachung des MfS mit der Volkspolizei zusammen, um ihre Arbeit einem gewissen staatlichen Schutz zu unterstellen. Diese „Sicherheitspartnerschaft“ wurde ausgerechnet mit dem früheren „Partner des politisch-operativen Zusammenwirkens" geschlossen[168], was nach kritischen Stimmen den teilweise geordneten Rückzug und das Verwischen von Spuren mit ermöglichte.[169] Es kam zu einem „Katz´- und Maus-Spiel“ um die Sicherung des Materials: Die Bürgerkomitees hatten keine Kenntnis von der zu kontrollierenden Materie und es gab einen Mangel an ehrenamtlichen Wachkräften. Aufgebrochene Siegel ließen Aktenentwendungen vermuten. Vielerorts behalfen sich die Bürger mit unorthodoxen Maßnahmen, um die

---

[163] Stein, Agonie und Auflösung des MfS. Streiflichter aus einem Thüringer Bezirk, S. 3.

[164] Eine Ausnahme bildete die Besetzung der Berliner Zentrale, wo die eingelassenen Demonstranten randalierten und Akten entwendeten. Der Verdacht einer gezielten Provokation von Stasi-Mitarbeitern, die den Tumult für eigene Zwecke ausgenutzt haben sollen, konnte nicht ausgeräumt werden. Vgl. dazu Fricke, Außenpolitik 90, 410; Gauck, Die Stasi-Akten, S. 79.

[165] Gauck, Die Stasi-Akten, S. 77 für die Bezirksverwaltung des MfS in Rostock.

[166] Stein Agonie und Auflösung des MfS. Streiflichter aus einem Thüringer Bezirk, S. 28 für die Bezirksverwaltung Erfurt.

[167] So z. B. der Rechtsanwalt Wolfgang Schnur, der als einer der Ersten die BV Leipzig betrat; er wurde später als IM enttarnt, vgl. Fußnote 151.

[168] Gill/Schröter, Das Ministerium für Staatssicherheit, S. 184.

[169] Gauck, Die Stasi-Akten, S. 80.

Aktenvernichtung sicher zu stoppen; Fenster und Türen wurden zugeschweißt oder zugemauert, Eingänge und Zufahrten verbarrikadiert[170]

Auch der Zentrale Runde Tisch in Berlin, der am 7. Dezember erstmals zusammentrat, forderte die Auflösung des AfNS unter ziviler Kontrolle. Unter dem Eindruck dieser Widerstände gegen die AfNS-Pläne, fasste die Regierung Modrow endlich am 14. Dezember 1989 den Beschluss, das „Amt für Nationale Sicherheit“ aufzulösen. An seine Stelle sollte ein Verfassungsschutzorgan der DDR und ein Nachrichtendienst treten, worauf nach anhaltender öffentlicher Kritik am 12. Januar 1990 ebenfalls verzichtet wurde.[171]

Überrascht war man beim Staatssicherheitsdienst sicherlich nicht nur über den Hass und die Entschlossenheit der Bevölkerung, sondern auch darüber, dass sich die Partei und andere Staatsorgane so schnell abwandten. Dies zeigt auch der „Aufruf zum Handeln“, den die Bezirksverwaltung in Gera noch am 09.12.1989 per Fernschreiben an die Staatsführung, sämtliche Bezirksverwaltungen, die Polizeibehörden aller Bezirke und den Rundfunk der DDR startete. Es wird in diesem Schreiben davor gewarnt, das Machtinstrument AfNS aus der Hand zu geben und unter dem Hinweis, dass nach der geforderten Auflösung des Sicherheitsdienstes der durch eine Minderheit geschürte Volkszorn auch auf die anderen bewaffneten Organe der DDR gelenkt werden würde, um diese zu zerschlagen, ein aktives Eingreifen aller bewaffneter Organe gefordert.[172] Die mit diesem „Hilferuf“ gewünschte Solidarisierung mit dem MfS blieb aus. In der Umbruchsgesellschaft der damaligen DDR war der Sicherheitsdienst schnell deutlich isoliert; alle anderen Institutionen distanzierten sich. Die SED benannte sich zu ihrem „Wendeparteitag“ um in SED-PDS, zu deren neuen Outfit das alte „Schild und Schwert“ nicht mehr passte.[173] Ebenso versuchten die Funktionäre der Blockparteien, sich auf den Zug Wendebewegung zu retten. Auch der Volkspolizei der DDR, gelang durch „Flucht nach vorn“ der Wandel vom Unterdrückungsinstrument zum Sicherheitspartner der Demonstranten und Bürgerkomitees. Die Stasi aber wurde immer mehr zum Inbegriff des

---

[170] Beispiele in: Stein, Agonie und Auflösung des MfS. Streiflichter aus einem Thüringer Bezirk, S. 32 für Erfurt; Gill/Schröter, Das Ministerium für Staatssicherheit, S. 189 für Cottbus.

[171] Fricke, Außenpolitik 90, 410.

[172] „heute wir – morgen ihr“ teilweise abgedruckt in: Herz, Bürger im Visier, S. 108; siehe auch Fricke, Außenpolitik 90, 410.

[173] Stein, Agonie und Auflösung des MfS. Streiflichter aus einem Thüringer Bezirk, S. 23.

Unrechtscharakters des totalitären Staates DDR, während sich andere aus ihrer Verantwortung stehlen konnten.[174]

Bei der Staatssicherheit musste man sich schließlich mit der Auflösung der Institution abfinden. Das Tauziehen um die Akten und den Besitz des Ministeriums und seiner Dienststellen sowie die transparente und zügige Auflösung des Geheimdienstes hatte damit jedoch kein Ende gefunden. Die Regierung Modrow stand mehrfach von Seiten des Zentralen Runden Tisches und der Bürgerkomitees in der Kritik wegen des zögerlichen Herangehens an die Auflösung des MfS/AfNS.[175] Das bekannt werden der von der Regierung Modrow geplanten weitgehenden finanziellen Leistungen für ausscheidende Mitarbeiter des MfS stieß auf großen Widerstand in der Bevölkerung.[176] Daraufhin wurden die diesbezüglichen Festlegungen wiederholt geändert; dennoch bewegten sich die Übergangsgelder bei mehreren tausend Mark, teilweise wurden auch fünfstellige Summen gezahlt.[177] Vor Ort war der Prozess der Auflösung geprägt von Verdunklungsaktionen, Verschleierung der Eigentumsverhältnisse[178] und Konflikten zwischen den Bürgerkomitees und den gesandten Regierungsbeauftragten, die durchgängig Mitglieder der SED waren und in einigen Fällen darüber hinaus sogar Mitarbeiter des MfS.[179] Schwierigkeiten bereitete auch die Entlassung der hauptamtlichen Mitarbeiter des Sicherheitsapparates, da gleichzeitig das Herauslösen aus dem Gesundheitswesen des MfS, aus dem MfS-eigenen Sparkassensystem organisiert und darüber hinaus die Wohnungen von der Wohnungsverwaltung der Staatssicherheit auf die kommunalen Wohnungsverwaltungen überschrieben werden mussten; die Entlassungen waren bis zum 31. März 1990 abgeschlossen.[180] Parallel dazu kam es indes gegenläufig zu Einstellungen

---

[174] Opolony, Die Kündigungsgründe des Einigungsvertrages, S. 40; Stein Agonie und Auflösung des MfS. Streiflichter aus einem Thüringer Bezirk, S. 23.
[175] Fricke, Außenpolitik 90, 410; Gill/Schröter, Das Ministerium für Staatssicherheit, S. 179.
[176] Gill/Schröter, Das Ministerium für Staatssicherheit, S. 179.
[177] Ebd., S. 206.
[178] Fricke, Außenpolitik 92, 160; Stein, Agonie und Auflösung des MfS. Streiflichter aus einem Thüringer Bezirk, S. 32.
[179] Gauck, Die Stasi-Akten, S. 81, Gill/Schröter, Das Ministerium für Staatssicherheit, S. 190; So bestätigte sich das Misstrauen des Bürgerkomitees in Erfurt gegen den Regierungsbeauftragten Schenk, der später als Offizier im besonderen Einsatz des MfS enttarnt wurde. (Stein, Agonie und Auflösung des MfS. Streiflichter aus einem Thüringer Bezirk, S. 31 f.).
[180] Gill/Schröter, Das Ministerium für Staatsicherheit, S. 204.

ehemaliger MfS-Mitarbeiter in den öffentlichen Dienst der DDR,[181] z. B. in die Volkspolizei[182] und die Deutsche Post[183].

Aus heutiger Sicht völlig unverständlich erscheint die vom Zentralen Runden Tisch in Berlin gebilligte Zerstörung sämtlicher elektronischer Datenträger des ehemaligen MfS. Damit wurden wichtige Dokumente, unter anderem die komplette IM-Kartei zerstört und die Aufdeckung der MfS-Arbeit außerordentlich erschwert, weshalb heute darüber spekuliert wird, ehemalige getarnte Mitarbeiter des Staatssicherheitsdienstes hätten diese Entscheidung forciert.[184] Die Mitglieder des Runden Tisches fürchteten, durch den mit Hilfe der elektronischen Datenträger möglichen schnellen Zugriff zu den personenbezogenen Daten angesichts des allgemeinen Umbruchs und rapiden Autoritätsverfalls staatlicher Instanzen sowie vermuteter Aktivitäten von Nachrichtendiensten anderer Länder den Schutz der persönlichen Daten der Bürger nicht gewährleisten zu können.[185]

Die spätere Säuberung der ostdeutschen Verwaltung wurde erschwert durch eine Verordnung der Übergangsregierung Modrow[186], die den Staatsbediensteten ermöglichte, ihre Personalakten eigenhändig zu verändern. Nach dieser "Personalaktenwäsche", die zunächst unbemerkt von der Öffentlichkeit stattfand, waren politische Vorbelastungen nicht mehr aus den Personalunterlagen ablesbar.[187]

Neben der Diskussion über die Auflösung des MfS wurden vor allem die unterschiedlichen Meinungen über das Ob und Wie der Überwindung der deutschen Teilung immer mehr zum beherrschenden Thema. Nachdem sich auch politisch tragende Kräfte in der DDR zu dem Ziel der staatlichen Einheit bekannten, wurde bereits mit dem Kabinettbeschluss vom 7. Februar 1990 durch Bildung des Kabinettausschusses „Deutsche Einheit“ mit den Vorarbeiten zu den späteren Staatsverträgen mit der DDR begonnen.[188] Unter den Befürwortern einer Vereinigung beider deutscher Staaten war die Frage des verfassungsrechtlichen Weges - schneller Beitritt zum Geltungsbereich des

---

[181] Weiß, ZBR 91, 19.
[182] Ebd.
[183] Pschollkowski/Kranzusch, ZTR 93, 409 f.
[184] Gill/Schröter, Das Ministerium für Staatsicherheit, S. 187.
[185] Gill/Schröter, Das Ministerium für Staatsicherheit, S. 222 f.
[186] Verordnung vom 22.02.90 betreffend "Arbeit mit Personalunterlagen".
[187] Keller/Henneberger, Beschäftigung und Arbeitsbeziehungen im öffentlichen Dienst der neuen Bundesländer, S. 180 und 199; Weiß, ZBR 91, 19.
[188] Weiß, ZBR 91, 12.

Grundgesetzes nach Art. 23 GG a. F. oder gemeinsame neue Verfassung nach Art. 146 GG a. F. - umstritten.[189] Mit dem Ergebnis[190] der Volkskammerwahl vom 18. März 1990 trafen die Wähler der DDR die Entscheidung für eine schnelle staatliche Einheit.[191]

3. Die Zeit bis zum Beitritt am 03.10.1990

Die Wahlen waren überschattet von Stasi-Enthüllungen. Kurz vor dem Urnengang wurde bekannt, dass der Vorsitzende des Demokratischen Aufbruchs, Wolfgang Schnur, schwerwiegend in die Tätigkeit des MfS verstrickt gewesen ist.[192] Durch dieses Ereignis sensibilisiert, forderten nach der Wahl weite Teile der Öffentlichkeit eine Überprüfung der gewählten Abgeordneten. Die Vorgehensweise bei der Abgeordnetenüberprüfung und die verzögerte Offenlegung der MfS-Verflechtungen waren jedoch unbefriedigend,[193] was dem Vertrauen in die neu gewählte Volkskammer schadete.

Mit dem Antritt der neuen, demokratisch legitimierten Regierung war die Hoffnung der Bürgerkomitees verbunden, die Probleme im Rahmen der Auflösung des MfS würden nun behoben werden; diese Hoffnungen erfüllten sich jedoch nicht.[194] Zwar sah sich die Regierung unter Ministerpräsidenten Lothar de Maizière dem Auflösungsbeschluss der Übergangsregierung Modrow verpflichtet; der neue Innenminister Peter Michael Diestel, der mit der Leitung aller weiteren Maßnahmen betraut wurde, erhob die Zerschlagung des Staatssicherheitsdienstes zu seinem Programm.[195] In der Umsetzung dieser Aufgabe stand Innenminister Diestel zum einen wegen „zögerlicher und lascher Auflösung", zum anderen wegen der Personalpolitik des Staatlichen

---

[189] Schäuble, ZG 90, 292; Schmidt-Bleibtreu, DtZ 90, 142.

[190] Das Wahlbündnis „Allianz für Deutschland" aus Ost-CDU, Demokratischem Aufbruch und der DSU, das sich auf den Weg des Art. 23 GG festgelegt hatte, errang einen deutlichen Wahlsieg.

[191] Weiß, ZBR 91, 11; seitens der DDR-SPD wurde die Erarbeitung einer gemeinsamen Verfassung noch vor der Einheit gefordert.

[192] Wolfgang Schnur trat nach den Enthüllungen seiner inoffiziellen Tätigkeit für das MfS als IM „Torsten" zurück; ihm wurde später deswegen auch die Anwaltszulassung entzogen; vgl. Fußnoten 151 und 167.

[193] Näher dazu Gill/Schröter, Das Ministerium für Staatssicherheit, S. 234 f.

[194] Gill/Schröter, Das Ministerium für Staatssicherheit, S. 190.

[195] Gauck, Die Stasi-Akten, S. 82 f.

Auflösungskomitees in der Kritik.[196] Das Misstrauen der Bürgerkomitees gegenüber dem unter der neuen Regierung konstituierten staatlichen Auflösungskomitee war groß, nicht zuletzt deshalb, weil einige Mitglieder des staatlichen Komitees versuchten, die Kontrollbefugnisse der Bürgerkomitees einzuschränken, was die Befürchtung nährte, es könnte die weitere Aufdeckung der Strukturen und Arbeitsweise des MfS behindert werden.[197] Außerdem befanden sich unter den „Auflösern“, z. T. in leitenden sogar Positionen, zahlreiche Mitarbeiter des alten Staatsapparates und ehemalige Stasi-Mitarbeiter.[198] Die Bürgerkomitees konnten noch durchsetzen, dass ein Vertreter einen Sitz in der Regierungskommission für die Auflösung der Staatsicherheit bekam und ein parlamentarischer Kontrollausschuss - wenn auch mit erheblicher Verzögerung erst im Juni 1990 - gebildet wurde. Nach der Konstituierung des Volkskammersonderausschusses zur Auflösung des MfS/AfNS[199] stellten die Bürgerkomitees ihre Arbeit ein, da sie in diesem Ausschuss eine Fortsetzung ihrer Arbeit sahen.[200]

Im Laufe des Jahres 1990 forcierte der wirtschaftliche Verfall der ehemaligen DDR ein enormes Tempo im Wiedervereinigungsprozess. Der erste entscheidende Schritt zur Rechtsvereinheitlichung und damit zur staatlichen Einheit war mit dem am 30.06.1990 in Kraft getretenen Vertrag über die Schaffung einer Währungs-, Wirtschafts- und Sozialunion zwischen der Bundesrepublik Deutschland und der Deutschen Demokratischen Republik (im folgenden „Staatsvertrag“) vollzogen. Völkerrechtlich ebnete der erfolgreiche Abschluss der Zwei-plus-Vier-Gespräche den Weg zur staatlichen Einheit.

Ab Mitte Juli 1990 stand der Termin für den Beitritt fest und die Verhandlungen zum Einigungsvertrag[201], der die Rechtsanpassung mit dem Zeitpunkt des Beitritts vollenden sollte, gingen in die entscheidenden Runden. Neben den Streitpunkten des Abtreibungsverbots und der Hauptstadtfrage war man auch hinsichtlich der Behandlung der Unterlagen des ehemaligen MfS/AfNS uneins. Die Volkskammer hatte zu diesem Problem am 24. August 1990 ein Gesetz[202]

---

[196] Ebd., S. 84 f.

[197] Gill/Schröter, Das Ministerium für Staatssicherheit, S. 255.

[198] Gauck, Die Stasi-Akten, S. 83.

[199] Vorsitzender dieses Volkskammersonderausschusses war Joachim Gauck.

[200] Gill/Schröter, Das Ministerium für Staatssicherheit, S. 190 f. Der Sonderausschuss bezog viele Mitglieder der Bürgerausschüsse in seine Arbeit vor Ort ein (ebd. S. 282).

[201] Vertrag zwischen der Bundesrepublik Deutschland und der Deutschen Demokratischen Republik über die Herstellung der Einheit Deutschlands vom 31. August 1990 (BGBl. II, S. 889).

[202] GBl. DDR I S. 1419 und 1421.

verabschiedet, wonach die Unterlagen in Sonderarchiven der neuen Länder archiviert und aufgearbeitet werden sollten; in den Entwürfen zum Einigungsvertrag wurde dagegen die Übernahme der Stasi-Akten durch das Bundesarchiv festgeschrieben.[203] Diese Missachtung des Volkskammerwillens rief starke Proteste hervor[204], die zwar ihr Ziel, das Gesetz vom 24. August 1990 in den Einigungsvertrag einzubeziehen, nicht erreichten, unter deren Druck jedoch der ursprüngliche Vertragstext abgeändert wurde.[205] Der Einigungsvertrag stellte in seiner endgültigen Fassung die Akten in die Verwahrung durch einen auf Vorschlag des Ministerrats der DDR zu berufenden Sonderbeauftragten[206] und überließ eine umfassende Regelung dem gesamtdeutschen Gesetzgeber, der dieser Aufgabe mit dem Stasi-Unterlagen-Gesetz[207] vom 20. Dezember 1991 nachgekommen ist. Mit diesem Regelungswerk ist die endgültige Entscheidung für die Öffnung der Akten und ihrer weitgehenden Nutzung gefallen, womit der Hauptgrundsatz des Volkskammergesetzes vom August 1990 übernommen wurde.[208]

III. Die kündigungsrechtliche Entwicklung

1. Rechtslage in der DDR

Das Recht der Kündigungen zu Beginn des gesellschaftlichen Wandels war geprägt durch das in der Verfassung der DDR verankerte Recht auf Arbeit[209]. Es galt - mangels eines Beamtenrechts auch für den Staatsdienst - das Arbeitsgesetzbuch, welches einen sehr weitgehenden Kündigungsschutz bot, der allerdings durch die tatsächliche Praxis noch übertroffen wurde.[210] Eine fristgemäße Kündigung war gem. § 54 II AGB möglich bei Änderung der

---

[203] Gill/Schröter, Das Ministerium für Staatssicherheit, S. 288.

[204] Mitglieder der Bürgerbewegungen besetzten einen Seitenflügel des Archivs in der ehemaligen MfS-Zentrale, um eine Korrektur des Vertragstextes zu erreichen.

[205] Gill/Schröter, Das Ministerium für Staatssicherheit, S. 288; Weberling, Stasi-Unterlagen-Gesetz, Einf. Rnr. 11.

[206] Der Vorsitzende des Sonderausschusses der Volkskammer, Joachim Gauck, wurde auf Vorschlag der Regierung der DDR durch die Volkskammer gewählt und durch die Bundesregierung zum Sonderbeauftragten für die Stasi-Unterlagen berufen.

[207] Gesetz über die Unterlagen des Staatssicherheitsdienstes der ehemaligen Deutschen Demokratischen Republik vom 20. Dezember 1991, BGBl. I S. 2272.

[208] Stoltenberg, DtZ 92, 66.

[209] Art. 24 der Verfassung der DDR vom 6. April 1968 in der Fassung des Gesetzes zur Ergänzung und Änderung der Verfassung vom 7. Oktober 1974 - GBl. I Nr. 47 S. 432.

[210] Langanke, Die Entwicklung des Arbeitsrechts in der ehemaligen DDR von November 1989 bis zum Oktober 1990 und Probleme der Einführung der neuen Rechtsordnung, S. 23.

Produktion, der Struktur oder des Stellenplanes und wenn der Werktätige für die vereinbarte Arbeitsaufgabe nicht mehr geeignet war.[211] Diese fristgemäße Kündigung wie auch die Beendigung des Arbeitsvertrages auf Initiative des Betriebes durch einen Auflösungsvertrag setzten u. a. voraus, dass dem Werktätigen ein Änderungsvertrag oder ein Überleitungsvertrag[212] angeboten wurde und der Werktätige diesen abgelehnt hat.[213] Die fristlose Kündigung besaß den Charakter einer Erziehungsmaßnahme und war dem Betrieb vorbehalten. Sie konnte als stärkste Disziplinarmaßnahme erst nach vorheriger Ausschöpfung milderer Mittel ausgesprochen werden (§ 56 AGB).[214] Kündigungen hatten schriftlich unter gleichzeitiger Angabe der Gründe zu erfolgen (§ 54 IV AGB).

Neben dem Arbeitsvertrag basierten Dienstverhältnisse von Staatsfunktionären auch auf anderen Rechtsgründen. Sie konnten durch Wahl mit anschließender Ernennung und durch Ernennung allein entstehen und wurden aufgelöst durch Abberufung oder Entziehung der Funktion bzw. auf Antrag des Bediensteten durch Entbindung von der Funktion.[215]

2. Rechtslage nach dem Staatsvertrag[216]

Die gesellschaftliche und wirtschaftliche Entwicklung, die der friedlichen Revolution im Herbst 1989 folgte, bedurfte der Anpassung des auf Planwirtschaft ausgerichteten Kündigungsrechts. Diese dringende Änderung der Gesetzeslage wurde erst im Zuge der Wirtschafts- Währungs- und Sozialunion auf der Grundlage des Staatsvertrages mit Wirkung zum 01.07.1990 vorgenommen: Das Kündigungsschutzgesetz der Bundesrepublik Deutschland

[211] Oetker, Das Kündigungsrecht im Wandel der Arbeits- und Sozialordnung im Zuge der Wiedervereinigung, S. 70.
[212] Vertrag zwischen bisherigem Betrieb, Arbeitnehmer und neuem Betrieb, der den nahtlosen Übergang in ein neues Arbeitsrechtsverhältnis sichert.
[213] Bundesvorstand des FDGB, Unser Arbeitsgesetzbuch, S. 26.
[214] Langanke, Die Entwicklung des Arbeitsrechts in der ehemaligen DDR von November 1989 bis zum Oktober 1990 und Probleme der Einführung der neuen Rechtsordnung, S. 25.; Oetker, Das Kündigungsrecht im Wandel der Arbeits- und Sozialordnung im Zuge der Wiedervereinigung, S. 70.
[215] Schimmelpfennig, PersV 90, 469.
[216] Vertrag über die Schaffung einer Währungs-, Wirtschafts- und Sozialunion vom 18.05.1990.

wurde in Kraft gesetzt[217] und das AGB-DDR in zahlreichen Punkten geändert.[218] Die Vorschriften zur Abberufung änderten sich nur unwesentlich.[219] Aufgehoben wurden alle dirigistischen, dem Prinzip des demokratischen Zentralismus verpflichteten, auf Erziehung und ideologische Beeinflussung der Arbeitnehmer gerichteten Regelungen.[220] Für den öffentlichen Dienst verpflichtete der Staatsvertrag die DDR, den Personalbestand erheblich zu verringern.[221] Über die tatsächlichen Gegebenheiten wie Beschäftigtenzahlen, Bezahlsystem, Vor- und Ausbildung der Staatsbediensteten hatte die Bundesregierung zwar keine genauen Kenntnisse, die personelle Überbesetzung des Staatsapparates war jedoch offensichtlich.[222]

3. Rechtslage nach dem Einigungsvertrag[223]

Mit dem Einigungsvertrag wurde der Prozess der raschen und umfassenden Rechtsangleichung abgeschlossen. Zwischen den zwei möglichen Wegen, nämlich der ausdrücklichen Benennung der überzuleitenden Vorschriften in einer Positivliste oder der generellen Überleitung des Bundesrechts unter Aufführung von Ausnahmen und Übergangsregelungen, haben sich die Vertragspartner für die letztere Variante entschieden, um im Beitrittsgebiet den stabilen Grundstein der rechtsstaatlichen Ordnung zu legen und ein Nebeneinander zweier unterschiedlicher Rechtsordnungen zu vermeiden.[224] Der Einigungsvertrag ist in erster Linie ein völkerrechtlicher Vertrag; der Bundestag

---

[217] Mit § 32 des Gesetzes über die Inkraftsetzung von Rechtsvorschriften der Bundesrepublik Deutschland in der Deutschen Demokratischen Republik vom 21.06.1990, GBl. I Nr. 34 S. 357 ff., wurde das KSchG in Kraft gesetzt. Nach dem ÄG/AGB wurde in § 54 II AGB für Kündigungen durch den Arbeitgeber auf das KSchG verwiesen.

[218] Gesetz zur Änderung und Ergänzung des Arbeitsgesetzbuches vom 22.06.1990, GBl.-DDR Nr. 35, S. 371 ff. (ÄG/AGB).

[219] Nr. 32 bis 34 der Anlage zu § 1 ÄG/AGB, GBl. I Nr. 35.

[220] Thiel, Arbeitsrecht in der DDR, S. 190.

[221] Art. 26 Abs.3 Satz 2 Staatsvertrag: „Die Gebietskörperschaften in der DDR unternehmen bei Aufstellung und Vollzug der Haushalte alle Anstrengungen zur Defizitbegrenzung. Dazu gehören bei den Ausgaben: ... die nachhaltige Absenkung der Personalausgaben im Öffentlichen Dienst, ... ".

[222] Weiß, ZBR 91, 3 und 5 f.

[223] Vertrag zwischen der Bundesrepublik Deutschland und der Deutschen Demokratischen Republik über die Herstellung der Einheit Deutschlands, vom 31. August 1990, BGBl. II 1990 Nr. 35, S. 889 ff.

[224] Schäuble, ZG 90, 299.

hat durch Gesetz vom 23.09.1990[225] mit Zustimmung des Bundesrates die Zustimmung beschlossen. Seit dem Wirksamwerden des Beitritts der ehemaligen DDR am 03.10.1990 gilt das Recht des Vertrages gemäß seines Art. 45 II als Bundesrecht.

Der Einigungsvertrag selbst besteht aus 45 Artikeln, einem Protokoll und drei Anlagen. Artikel 8 regelt die grundsätzliche Einführung von Bundesrecht im Beitrittsgebiet und damit die Ersetzung von DDR-Recht vorbehaltlich der in der Anlage I aufgeführten Ausnahmen und Anpassungsregelungen.[226] Nach Artikel 9 gilt DDR-Recht als Landesrecht fort, sofern die Materie nicht durch Bundesrecht geregelt ist. Als Bundesrecht gilt das in Anlage II aufgeführte DDR-Recht fort.[227]

Im Bereich des Kündigungsrechts war der Kern der Vorschriften bereits durch den Staatsvertrag in Kraft getreten, so dass sich die Rechtslage mit dem Beitritt nicht entscheidend änderte.[228] Die Ausnahmen und Anpassungen zum übergeleiteten Bundesrecht für den Bereich des Arbeitsrechts finden sich in Anlage I Kapitel VIII des Vertrages. Ausgenommen wurden unter anderem Vorschriften, die wegen ihrer unterschiedlichen Behandlung einzelner Arbeitnehmergruppen aufgrund der Entscheidung des BVerfG zu § 622 II BGB[229] verfassungsrechtlich bedenklich erschienen.[230] Andere Vorschriften waren erst nach Ablauf einer Frist anzuwenden, da erforderliche Strukturen noch geschaffen werden mussten.[231] Entsprechend der Anlage II Kapitel VIII Sachgebiet A des Vertrages blieben - überwiegend befristet - einzelne Vorschriften des AGB in der Fassung des ÄG/AGB vom 22.06.1990 in Kraft. So blieb es bis zum 31.12.1990 bei dem umfangreichen Sonderkündigungsschutz für Schwangere, Mütter und Väter nach § 58 I b AGB und unbefristet für Kämpfer gegen den Faschismus und die Verfolgten nach § 58 I a AGB. Bezüglich der Kündigungsfristen galt § 55 ABG, der eine

---

[225] Gesetz zu dem Vertrag vom 31. August 1990 zwischen der Bundesrepublik Deutschland und der Deutschen Demokratischen Republik über die Herstellung der Einheit Deutschlands und der Vereinbarung vom 18. September 1990 vom 23. September 1990, BGBl. II 1990 Nr. 35, S. 885 ff.

[226] Denkschrift zum Einigungsvertrag, BT-Drucks. 11/7760 zu Art. 8; Schäuble, ZG 90, 299.

[227] Denkschrift zum Einigungsvertrag, BT-Drucks. 11/7760 zu Art. 9.

[228] Oetker, Das Kündigungsrecht im Wandel der Arbeits- und Sozialordnung im Zuge der Wiedervereinigung, S. 80.

[229] BVerfG, Beschluss vom 30.5.90 - 1 BvL 2/83 u.a., NZA 90, 721.

[230] Einzelheiten bei: Dörner/Widlak, NZA Beilage 1/91, 44 ff.; Wank, RdA 91, 5 ff.

[231] So z. B. das Heimarbeitsgesetz, Anlage I Kap. VIII Sachgeb. A, Abschn. III Nr. 8.

einheitliche Regelung für alle Arbeitnehmer vorsieht, unbefristet fort.[232] Mit der Neufassung des § 622 BGB im Oktober 1993 wurde er aufgehoben.[233] Bis zum 31.12.1991 wurde die Abberufung als Beendigungsmöglichkeit von Dienstverhältnissen aufrechterhalten. Weitergehende Erleichterungen des auch in der Wirtschaft notwendigen Stellenabbaus sowie Regelungen zur Kündigung von systembelasteten Beschäftigten sah der Einigungsvertrag nicht vor.

Sonderregelungen wurden nur für den Bereich des öffentlichen Dienstes getroffen. Hier stellte sich die Frage nach dem Umgang mit den Staatsbediensteten der ehemaligen DDR. Dazu waren zwei extreme Auffassungen denkbar, und zwar zum einen, dass keinem ehemaligen Staatsbediensteten der Schritt in den öffentlichen Dienst und schon gar nicht in die Beamtenschaft gewährt werden darf, und auf der anderen Seite, dass die Staatsbediensteten ohne weitere Bedingungen in den öffentlichen Dienst übernommen werden sollen.[234]

Gegen die Übernahme der DDR-Staatsbediensteten sprachen zahlreiche Überlegungen: Schon allein die fehlenden Detailkenntnisse über den Staatsdienst der DDR und die dadurch nicht kalkulierbaren Personalkosten legten für den Vertragspartner Bundesrepublik einen kompletten Neuanfang nahe.[235] Den Aufbau einer rechtsstaatlichen Verwaltung mit ehemaligen DDR-Staatsdienern zu wagen, begegnete weiteren Bedenken: War doch den Bediensteten die Doktrin eingepflanzt, nicht der Öffentlichkeit, sondern dem Staate zu dienen und seine Macht zu verwirklichen.[236] Außerdem war zu befürchten, dass alte Funktionäre ihre alten Freunde bevorzugen, frühere Gegner erneut unterdrücken und vor allem nicht das nötige demokratische Bewusstsein aufbringen.[237] Darüber hinaus wurden die Staatsdiener in erster Linie nach politischer Zuverlässigkeit rekrutiert[238]; kritische, nicht konforme Bürger waren ausgeschlossen und würden es bei Übernahme der alten Kader wieder sein. Es war den Bürgern der ehemaligen DDR, die die friedliche Revolution vollbracht haben, schwerlich zuzumuten, in der Verwaltung auf alte Funktionäre und ehemalige Stasi-Mitarbeiter zu treffen. Dass eine ständige Präsenz solcher regimebelasteter Beschäftigter im öffentlichen Dienst den Eindruck der

---

[232] Worzalla, DtZ 92, 306.
[233] KündFrG vom 7.10.1993, BGBl. I S. 1668.
[234] Bernet, DöV 91, 185.
[235] Weiß, ZBR 91, 15; Weiß PersV 91, 162.
[236] Bernet, DöV 91, 186.
[237] Weichert, KJ 91, 458.
[238] Bernet, ZBR, 91, 42.

Kontinuität erwecken und zu einem Vertrauensverlust gegenüber den neuen Kräften in Staat und Gesellschaft führen würde, war absehbar.[239]

Andererseits konnte man nicht völlig auf den Rückgriff der Beschäftigten des Repressionsstaates verzichten, sollte die Verwaltung und die öffentliche Sicherheit nicht stillstehen.[240] Zu berücksichtigen war auch das Interesse der Betroffenen an ihrer Arbeitsplatzsicherheit. Ihnen drohte bei Nichtübernahme Berufseinschränkung oder Arbeitslosigkeit. Die Gruppe der Staatsbediensteten, der über 2 Millionen[241] Beschäftigte zugeordnet wurden, durfte von einem gesellschaftlichen Neuanfang nicht ausgegrenzt werden.

Diese und mehr Fragen stellten sich dem Kabinettsausschuss „Deutsche Einheit", der bereits am 07.02.1990 gebildet wurde und der den Grundstein für die Erarbeitung der beiden Staatsverträge mit der DDR gelegt hat.[242] Der Arbeitsgruppe, die sich mit dem Thema „Öffentlicher Dienst, Dienstrecht" beschäftigte, diente von Anfang an Art. 33 GG als Grundlage ihrer Überlegungen.[243] Zu Beginn war die Entwicklung zur staatlichen Einheit innerhalb eines dreiviertel Jahres nicht absehbar, deshalb hielt man die Schaffung eines „Dienstrechtsanpassungsgesetzes" für erforderlich, das den Staatsdienst der DDR nach dem Vorbild des öffentlichen Dienstes der Bundesrepublik Deutschland umstrukturieren sollte. Die ersten Entwurfsüberlegungen gingen davon aus, dass die bestehenden Arbeitsrechtsverhältnisse beendet werden sollten.[244] Politische Überlegungen unter dem Blickwinkel der Verwaltungskontinuität und der Interessen der Betroffenen führten aber bereits im März 1990 zur neuen Arbeitsvorgabe für den Ausschuss, unter möglichst weitgehender Fortführung der bestehenden Arbeitsverhältnisse ein rechtsstaatlich-orientiertes öffentliches Dienstrecht der DDR zu konzipieren.[245] Der Entwurf des „Dienstrechtsanpassungsgesetzes"[246] beinhaltet die Fortführung der Arbeitsverhältnisse auf der Grundlage des AGB in der Fassung des ÄG/AGB, sieht aber zugleich zur Korrektur eine Ruhensregelung und Sonderkündigungsgründe vor, um den unausweichlichen Personalabbau durchführen und sich von unqualifiziertem und regimebelasteten

---

239 Hillermeier, LKV 95, 141; Weichert, KJ 91, 458.
240 Weichert, KJ 91, 458 f.
241 Nach Weiß, ZBR, 91, 6 waren es 2.123.054 Angestellte.
242 Weiß, ZBR, 91, 12.
243 Weiß, PersV 91, 99.
244 Ebd., 99 f.
245 Weiß, ZBR 91, 15; PersV 91, 103.
246 Auszüge abgedruckt in Weiß, PersV 91, 104 ff.

Personal trennen zu können. Er wurde später Bestandteil des ersten Arbeitsentwurfs[247] des in Aussicht genommenen Einigungsvertrages.

Dementsprechend trifft auch der Einigungsvertrag für alle Angehörigen des öffentlichen Dienstes die Grundsatzentscheidung, wonach die Beschäftigungsverhältnisse „im Interesse der Verwaltungskontinuität und der Beschäftigten“[248] aufrecht erhalten werden, allerdings unter der Voraussetzung, dass die betreffende Einrichtung fortgeführt wird. Das „Ob“ der Fortgeltung von Arbeitsverhältnissen richtete sich also zunächst nach einer Organisationsentscheidung über die Überführung oder aber Abwicklung der Beschäftigungsstelle.[249] Im Falle der Abwicklung traten die Arbeitsverhältnisse der dort Beschäftigten gem. Art. 13 II S. 2 in eine „Warteschleife“, d. h. die Rechte und Pflichten aus dem Arbeitsverhältnis kamen zum Ruhen und es wurde ein „Wartegeld“ gezahlt. Sie waren nach Ablauf von sechs - bzw. ab dem 50. Lebensjahr neun - Monaten kraft Gesetz beendet, sofern keine andere Weiterbeschäftigungsmöglichkeit bestand.[250] Bei einer Entscheidung zugunsten der Überführung der Beschäftigungsstelle regelt Absatz 1 der Anlage I Kap. XIX Sachgebiet A Abschnitt III Nr. 1 die grundsätzliche Fortgeltung der früheren Arbeitsbedingungen mit den Maßgaben des Vertrages.

Zu diesen Maßgaben des Vertrages gehören zusätzliche Sonderkündigungsmöglichkeiten für den öffentlichen Dienst. Sie sollten zum einen auch für die überführten Einrichtungen den nötigen Personalabbau sozial verträglich und zugleich finanzierbar gestalten[251] und zum anderen die Trennung von ungeeignetem oder regimebelasteten Beschäftigten erleichtern.[252] Ersteres Ziel verfolgten Nr. 2 und 3 der Anlage I Kap. XIX Sachgeb. A Abschnitt III Nr. 1 Absatz 4 (im folgenden Abs. 4 EinV). Die ordentliche Kündigung war danach im öffentlichen Dienst zulässig, wenn der Arbeitnehmer wegen mangelnden Bedarfs nicht mehr verwendbar ist oder die bisherige Beschäftigungsstelle ersatzlos aufgelöst wird oder bei Verschmelzung, Eingliederung oder wesentlicher Änderung des Aufbaues der Beschäftigungsstelle die bisherige oder eine anderweitige Verwendung nicht mehr möglich ist.

---

[247] Der erste Arbeitsentwurf datiert vom Juni 1990: Lörcher, PersR 90, 217.
[248] BT-Drucks. 11/7817, S. 179.
[249] Däubler, PersR 90, 313; Langanke, Die Entwicklung des Arbeitsrechts in der ehemaligen DDR von November 1989 bis zum Oktober 1990 und Probleme der Einführung der neuen Rechtsordnung, S. 29; Weiß, PersV 91, 114.
[250] Kap. XIX Sachgebiet A Abschnitt III Nr. 1 Abs. II; weitere Ausführungen dazu in: Däubler, PersR 90, 313 ff.; Jeske, ZTR 90, 451 ff.
[251] Dörner/Widlak, NZA Beilage 1/91, 50.
[252] Weiß, PersV 91, 117.

Diese Kündigungsgründe entsprechen der betriebsbedingten Kündigung des § 1 II KSchG.

Weitere Gründe einer ordentlichen Kündigung sind mangelnde fachliche Qualifikation oder mangelnde persönliche Eignung des Arbeitnehmers, Abs. 4 Nr. 1 EinV. Da sich der öffentliche Dienst im Beitrittsgebiet an den Maßstäben des Art. 33 GG zu orientieren hatte, sollten diese Kündigungsvorschriften dem Dienstherrn eine nachträgliche Überprüfung des Personals ermöglichen und so die pauschale Übernahme von Staatsdienern korrigieren. Alle in Abs. 4 EinV geregelten ordentlichen Kündigungsmöglichkeiten waren zunächst befristet auf zwei Jahre „um zu verdeutlichen, dass es sich um eine Übergangsregelung handelt, die nur während des Anpassungsprozesses der öffentlichen Verwaltung erforderlich ist“[253]. Innerhalb dieser Frist konnte jedoch der Personalabbau nicht im ausreichenden Umfang bewältigt werden, da die erforderlichen Strukturen nicht rechtzeitig geschaffen werden konnten.[254] Die Geltungsdauer dieser Sonderkündigungsvorschriften wurde daher bis zum 31. Dezember 1993 verlängert.[255]

Der Einigungsvertrag sieht darüber hinaus in der Anlage I Kap. XIX Sachgeb. A Abschnitt III Nr. 1 Absatz 5 (im folgenden Abs. 5 EinV) unbefristet die Möglichkeit einer außerordentlichen Kündigung vor:
„Ein wichtiger Grund für eine außerordentliche Kündigung ist insbesondere dann gegeben, wenn der Arbeitnehmer
1. gegen die Grundsätze der Menschlichkeit oder Rechtsstaatlichkeit verstoßen hat, insbesondere die im Internationalen Pakt über bürgerliche und politische Rechte vom 19. Dezember 1966 gewährleisteten Menschenrechte oder die in der Allgemeinen Erklärung der Menschenrechte vom 10. Dezember 1948 enthaltenen Grundsätze verletzt hat oder
2. für das frühere Ministerium für Staatssicherheit/Amt für nationale Sicherheit tätig war
und deshalb ein Festhalten am Arbeitsverhältnis unzumutbar erscheint.“

Sowohl für die außerordentlichen als auch für die ordentlichen Sonderkündigungen gilt, dass sie weder Sanktion für früheres Fehlverhalten noch Ausdruck eines Unwerturteils über moralische Schuld sein können. Dies ergibt sich aus anerkannten arbeitsrechtlichen Grundsätzen: Kündigungen sind

---

[253] Erläuterungen zu den Anlagen des Einigungsvertrags, BT-Drucks. 11/7817 S. 180.
[254] BR-Drucks. 210/92.
[255] Gesetz zur Verlängerung der Kündigungsmöglichkeiten in der öffentlichen Verwaltung nach dem Einigungsvertrag vom 20. August 1992, BGBl. I S. 1546.

ihrer Natur nach zukunftsbezogen. Als Dauerschuldverhältnis kommt eine Beendigung des Arbeitsverhältnisses nur in Betracht, wenn Gründe einer Fortsetzung des Vertragsverhältnisses entgegenstehen. Für eine Kündigung - auch nach Sonderrecht -ist also eine negative Zukunftsprognose, eine Auswirkung der Vergangenheit auf die künftige Vertragsentwicklung erforderlich.[256]

IV. Entwicklung des Abs. 5 EinV und Zielvorstellung

Auf die anstehenden Regelungen zum öffentlichen Dienst im Beitrittsgebiet blieb das politisch zentrale Thema der Bewältigung des "Stasi-Syndroms" nicht ohne Auswirkung. Die oben beschriebenen Ereignisse, das Ringen um die Auflösung des MfS und Sicherung der Akten beherrschten die Medien und waren überall in der Diskussion. Unter dem Eindruck ständig neuer Enttarnungen von ehemaligen Stasi-Mitarbeitern und Enthüllungen über das Ausmaß der Bespitzelung der eigenen Bevölkerung schob sich die Frage nach der Säuberung des Staatsdienstes in den Blickpunkt. Ein von den Fraktionen Bündnis 90/Gründe und SPD eingebrachten Gesetzesentwurf[257] sah sogar vor, den Mitarbeitern staatlicher und kommunaler Verwaltungsdienststellen eine eidesstattliche Versicherung abzuverlangen, ob und ggf. in welcher Weise sie für den Staatssicherheitsdienst gearbeitet hatten. Im dienstrechtlichen Teil des ursprünglich als Überleitungsgesetz gedachten Entwurfs, aus dem später der Einigungsvertrag wurde, war für Fälle von MfS-Verstrickung noch eine Kündigungspflicht vorgesehen.[258] Auch im Einigungsvertrag hielt man es für erforderlich, eine entsprechende Antwort auf das Reizthema "Stasi" zu geben, indem ausdrücklich die Kündigungsmöglichkeit bei Tätigkeit für das MfS geregelt wurde. Man wollte - möglicherweise sogar unabhängig von ausreichenden Kündigungsrechten nach den vorhandenen Vorschriften[259] - die Trennung von vorbelastetem Personal erleichtern und insbesondere auch ein politisches Signal setzen.[260] Darüber hinaus ging von der einigungsvertraglichen

[256] Korinth, AuA 95, 149; Lakies/Kutscha, NZA 95, 1083; Schlachter, Justitielle Aufarbeitung am Beispiel der Arbeitsgerichtsbarkeit, S. 37.

[257] Gesetzesentwurf vom 13.06.90, Volkskammer-Drucks. Nr. 78.

[258] "Ein wichtiger Grund i. S. des Absatzes 1 liegt jedenfalls dann vor, und es muss gekündigt werden, wenn der Beschäftigte ... dem abgelösten SED-Regime unter anderem durch Wahrnehmung geheimdienstlicher oder sicherheitspolizeilicher Aufgaben für den Staatssicherheitsdienst erheblich Vorschub leistete." Entwurfsformulierungen abgedruckt in: Lörcher, PersR 90, 219 f. und Weiß, PersV 91, 107.

[259] Weiß, PersV 91, 119.

[260] BR-Drucksache 605/90; BT-Drucksache 11/7817.

Sonderkündigungsvorschrift des Abs. 5 Nr. 2 EinV ein deutlicher Impuls in Richtung Reinigung des öffentlichen Dienstes aus.[261]

Ziel des Sonderrechts im Einigungsvertrag betreffend den öffentlichen Dienst war es, eine leistungsstarke, rechtsstaatlich zuverlässige öffentliche Verwaltung zu schaffen. Die Regelung des Abs. 5 Nr. 2 EinV wurde für erforderlich gehalten, um gerade im Bereich des öffentlichen Dienstes unbelastet einen Neuanfang wagen zu können und damit das Vertrauen der Bürger in die Objektivität der Amtsführung und die Akzeptanz für den Rechtsstaat zu gewinnen und zu festigen.[262]

Der Sonderkündigungsvorschrift wegen MfS-Verstrickung wurde offenbar ein hoher politischer Stellenwert beigemessen, da er gleichrangig genannt wird mit der Verletzung der Grundsätze der Menschlichkeit oder der Rechtsstaatlichkeit.[263] Dennoch ist auch das einigungsvertragliche Recht zur außerordentlichen Kündigung wegen Stasi-Mitarbeit vor dem Hintergrund der dienstrechtlichen Grundentscheidung für die Kontinuität der Beschäftigung zu sehen.[264] Der Einigungsvertrag beabsichtigte, die Bediensteten des Staatsapparates der DDR weitestgehend in den öffentlichen Dienst zu integrieren,[265] nicht zuletzt um auch in arbeitsrechtlicher Hinsicht einen sozial verträglichen Übergang zu ermöglichen[266]. Die Dienstherren hatten damit die Aufgabe, einerseits unzumutbare Bedienstete, die kein Vertrauen mehr genießen, aus dem öffentlichen Dienst zu entfernen, andererseits aber durch Aufarbeitung der Vergangenheit die Möglichkeit einer Bewährung und eines Neubeginns zu schaffen, sofern das Vertrauen nicht vollständig zerstört scheint.[267]

---

[261] Weiß, PersV 91, 119.
[262] Koch/Pasinski, AuA 92, 231; Opolony, AuA 98, 54; Weisemann, AuA, 92, 297.
[263] Weisemann, AuA 92, 297: "Damit hat man ein absolutes Verdikt über die Mitarbeiter des MfS gesprochen.".
[264] Battis, NJ 91, 91; Goerlich, Regimebelastung und Systemnähe, in: FS für Gitter, S. 278.
[265] BVerfG, Beschluss vom 21.2.95 - 1 BvR 1397/93, EzA Art. 20 EinV Nr. 44.
[266] Dörner/Widlak, NZA Beilage 1/91, 43.
[267] Kathke, ZBR 92, 346.

D. Die Konkretisierung des Sonderkündigungsrechts durch die höchstrichterliche Rechtsprechung

I. Einleitung

Die Regelungen der Kündigungsrechte in Abs. 4 und 5 EinV enthalten eine Reihe unbestimmter Rechtsbegriffe. Daneben fehlt in den Vorschriften des Einigungsvertrags eine klare Bestimmung des Verhältnisses zu dem bestehenden System der Kündigungsrechte. Der Gesetzgeber hat es in vielen Punkten also den Richtern überlassen, die Normausgestaltung und Einordnung in das Rechtssystem vorzunehmen.[268] Seither sind zahlreiche höchstrichterliche Entscheidungen zu den Problemen des Sonderkündigungsrechts ergangen. Für die Rechtsstreitigkeiten wegen Kündigungen nach Art. 20 Einigungsvertrag Anlage I Kapitel XIX Sachgebiet A Abschnitt II Nr. 1 war nach der Geschäftsverteilung des Bundesarbeitsgerichts zunächst nur der 8. Senat zuständig. Ein Teil dieser Kündigungsstreitigkeiten wurde, als die Eingänge vom 8. Senat allein nicht mehr zu bewältigen waren, dem 2. Senat übertragen.[269] Aber auch das Bundesverwaltungsgericht und das Bundesverfassungsgericht waren mit dem Problemkreis der Sonderkündigungsrechte in mehreren Entscheidungen befasst. Des weiteren boten die ausfüllungsbedürftigen Normen Anlass für eine breite Diskussion unterschiedlicher Lösungsvorschläge in der Literatur.

Zehn Jahre nach dem Inkrafttreten der Regelungen kann der Prozess der Konkretisierung der Sonderkündigungsvorschriften durch die Rechtsprechung als abgeschlossen betrachtet werden. Im folgenden werden daher die Ergebnisse zusammengefasst. Die Darstellung hat allerdings nicht den Anspruch auf Vollständigkeit, vielmehr erfolgte eine Auswahl im Hinblick auf die in der konkreten empirischen Untersuchung festgestellten Schwerpunkte. Darüber hinaus soll der Weg zu diesen Ergebnissen, also die Rechtsprechungsentwicklung, kurz nachgezeichnet und dabei die in der Literatur diskutierten Lösungsmöglichkeiten einbezogen werden, um Problemschwerpunkte herauszuarbeiten.

---

[268] Ascheid, Die Kündigungsgründe nach dem Einigungsvertrag, S. 92 f.; Hillermeier, LKV 95, 141; Schlachter, Justitielle Aufarbeitung am Beispiel der Arbeitsgerichtsbarkeit, S. 5.

[269] Ascheid, Die Kündigungsgründe nach dem Einigungsvertrag, S. 88.

II. Die außerordentliche Kündigung nach Abs. 5 Nr. 2 EinV

Die Vorschrift des Abs. 5 Nr. 2 EinV bestimmt: „Ein wichtiger Grund für eine außerordentliche Kündigung ist insbesondere dann gegeben, wenn der Arbeitnehmer .... für das frühere Ministerium für Staatssicherheit / Amt für Nationale Sicherheit tätig war und deshalb ein Festhalten am Arbeitsverhältnis unzumutbar erscheint.“ Es bedurfte der konkreten Ausfüllung der Tatbestandsmerkmale „Tätigkeit für das MfS/AfNS“ und „Unzumutbarkeit des Festhaltens am Arbeitsverhältnis“. Zunächst aber war die Klärung des Verhältnisses zum bestehenden Kündigungsrecht, insbesondere zu § 626 BGB erforderlich. Geregelt ist hingegen der Anwendungsbereich der Vorschrift.

1. Anwendungsbereich

Die Sonderkündigungsrechte des Einigungsvertrags gelten ausschließlich für Rechtsverhältnisse im öffentlichen Dienst, und zwar derjenigen Arbeitnehmer, die beim Wirksamwerden des Beitritts in der öffentlichen Verwaltung der Deutschen Demokratischen Republik einschließlich des Teils von Berlin, in dem das Grundgesetz zuvor nicht galt, beschäftigt waren[270]. Die Vorschriften der Abs. 4 und 5 EinV sind demnach nicht für Neueinstellungen nach dem 02.10.1990, 24.00 Uhr anwendbar, sofern diese keine Weiterverwendung im Sinne von Nr. 1 Abs. 2 EinV darstellen.[271]

Im Einzelfall bereitete die Auslegung des Begriffs „öffentliche Verwaltung“ Schwierigkeiten.[272] „Einrichtungen der Kultur, der Bildung und Wissenschaft sowie des Sports“ werden im Einigungsvertrag jedoch ausdrücklich der öffentlichen Verwaltung zugeordnet[273], so dass in dem hier untersuchten Bereich der Lehrerkündigungen von Anfang an Klarheit über die Anwendbarkeit der Sonderregelungen bestand.

Die Kündigungsmöglichkeit des Abs. 5 Nr. 2 EinV gilt völlig ohne zeitliche Begrenzung, auch wenn die sonstigen Regelungen für die vor dem 03.10.1990

---

[270] Einigungsvertrag Anl. I, Kap. XIX, Sachgebiet A, Abschn. II Nr. 1 Abs. 1.

[271] BAG, Urteil vom 20.01.94 – AZR 274/93, NZA 94, 844, 845 f.

[272] Für eine Anwendung des rein formellen Begriffs des öffentlichen Dienstes: Koch/Pasinski, AuA 92, 204; materielle Auslegung unter Berufung auf den Normzweck dagegen durch BAG, Urteil vom 18.03.93 – AZR 331/92, EzA Art. 20 EinV Nr. 21.

[273] Art. 13 Abs. 3, 1 EinV.

begründeten Rechtsverhältnisse der Angehörigen des öffentlichen Dienstes nur Übergangsregelungen sind.[274]

2. Verhältnis zum allgemeinen Kündigungsrecht

a) Das Verhältnis zu § 626 BGB

Zum Verhältnis der außerordentlichen Kündigung gemäß Abs. 5 EinV zu § 626 BGB wurden durch die Eingangsgerichte zunächst beide möglichen Meinungen vertreten: So gingen einige Entscheidungen davon aus, der "wichtige Grund" nach § 626 I BGB werde lediglich konkretisiert und die Zweiwochenfrist des § 626 II BGB gelte auch für die einigungsvertragliche außerordentliche Kündigung,[275] andere wiederum hielten Abs. 5 EinV für eine Sondervorschrift, die selbständig und abschließend die Voraussetzungen für eine außerordentliche Kündigung regelt.[276] Das BAG äußerte sich relativ frühzeitig zu diesem Problem. In seiner Entscheidung vom 11.06.1992[277] kam es zu dem Ergebnis, dass Abs. 5 EinV eine eigenständige, abschließende und von § 626 BGB unabhängige Sonderregelung darstellt.[278] Diese Grundsatzentscheidung für das Ausschließlichkeitsmodell hatte weitreichende Folgen: Eine doppelte Unzumutbarkeitsprüfung entfällt, d. h. es muss nicht zusätzlich die Unzumutbarkeit der Weiterbeschäftigung bis zum Ablauf der ordentlichen Kündigungsfrist überprüft werden.[279] Ebenso kommt eine Interessenabwägung i. S. § 626 I BGB nicht in Betracht. Die für die Praxis wohl entscheidendste Folge war jedoch die Nichtanwendung der Kündigungserklärungsfrist nach § 626 II BGB – eine für den öffentlichen Arbeitgeber, dessen Personalverwaltungen im

---

[274] Schlink, in: FS für Böckenforde, S. 341 ff. mit Kritik an dieser fehlenden Befristung der Möglichkeit zur außerordentlichen Kündigung nach Abs. 5 Nr. 2 EinV.

[275] LAG Brandenburg, Urteil vom 25.07.91 - 1 Sa 21/91, LAGE Art. 20 Nr. 3 EinV; Kreisgericht Schwerin-Stadt, Urteil vom 28.01.91 - 3 Ca Ga 7/91, DB 91, 869; so auch Koch/Pasinski, AuA 230 ff.

[276] LAG Berlin, Urteile vom 22.07.91 - 9 Sa 29/91, LAGE Art. 20 EinV Nr. 1; 20.09.91 - 6 Sa 40/91, LAGE Art. 20 EinV Nr. 6.

[277] BAG, Urteil vom 11.06.92 – AZR 537/91, AP Art. 20 EV Nr. 3; in der Literatur teilweise kritisiert: Lansnicker/Schwirtzek, DtZ 93, 110; Zeuner, Festschrift für Thieme, S. 379; a.A. auch LAG Köln, Urteil vom 07.01.93 - 10 Sa 823/92, ArbuR 94, 39; Dörner/Widlak, NZA Beilage 1/91, 52; Fenski/Linck, NZA 92, 343 ff.; Preis, PersR 91, 203; Weiss/Kreuder, ArbuR 94, 15.

[278] So auch vorher LAG Berlin, Urteile vom 22.07.91 - 9 Sa 29/91, LAGE Art. 20 EinV Nr. 1; 20.09.91 - 6 Sa 40/91, LAGE Art. 20 EinV Nr. 6; a. A. LAG Brandenburg, Urteil vom 25.07.91 - 1 Sa 21/91, LAGE Art. 20 EinV Nr. 3.

[279] BAG, Urteil vom 11.06.92 – 8 AZR 537/91, AP Art. 20 EV Nr. 3.

Zuge des Umbruchs bedingt durch Umstrukturierung und Personalmangel noch keine optimale Funktionsfähigkeit erlangt hatten,[280] enorme Erleichterung der außerordentlichen Kündigung[281].

Es schien zunächst so, als seien lediglich die Grenzen der Rechtsverwirkung zu beachten, wobei der Vertrauenstatbestand schon durch die Mitteilung an die Betroffenen, das Prüfungsverfahren sei noch im Gang, ausgeschlossen werden konnte.[282] Eine Trendwende weg vom völlig losgelösten Sonderrecht hin zur Orientierung an den dem allgemeinen Kündigungsrecht zugrundeliegenden Wertungsgrundsätzen leitete der Beschluss des Bundesverfassungsgerichts vom 21.04.1994[283] ein. Die Nichtanwendung der Frist des § 626 II BGB wurde zwar für unbedenklich erklärt, solange nicht der Arbeitgeber „einen Sonderkündigungsgrund beliebig lange zurückhalten könnte, um davon bei ihm gut dünkender Gelegenheit Gebrauch zu machen". Dabei verweist das BVerfG auf den Schutzgedanken des § 626 II BGB, der einer auf Art. 12 I GG gründenden Schutzpflicht des Staates Rechnung trage, und macht damit deutlich, dass bei verfassungsgemäßer Auslegung nicht erst die wesentlich geringeren Voraussetzungen der Verwirkung nach § 242 BGB den Ausspruch der Kündigung des Art. 5 Nr. 2 EinV zeitlich begrenzen.

Das BAG trug dieser Entscheidung Rechnung, in dem es die Auslegung der Vorschrift dahingehend präzisierte, dass der wichtige Grund nach Abs. 5 Nr. 2 EinV trotz der Nichtanwendung des § 626 II BGB und ohne Vorliegen der Voraussetzungen der Verwirkung durch bloßen Zeitablauf entfallen kann.[284] Zur Begründung wird auf den durch die Zwei-Wochen-Frist gemäß § 626 II BGB konkretisierten Grundgedanken verwiesen, dass die Unzumutbarkeit der Fortsetzung eines Arbeitsverhältnisses auch eine zeitliche Komponente

---

[280] Scholz, BB 91, 2526.

[281] Berkowsky, AuA 96, 125; Neumann, AuA 97, 51; Weisemann, AuA 92, 297, nach dessen Auffassung wohl in keinem Falle die Frist des § 626 II BGB einzuhalten gewesen wäre; Oetker, Anm. zu LAGE Art. 20 EinV Nr. 1, S. 41, weist jedoch darauf hin, dass dem Arbeitgeber der Ausspruch einer ordentlichen Kündigung unbenommen sei und deshalb eine Lösung von MfS-belastetem Personal durch die Anwendung der Frist nach § 626 II BGB nur bei ordentlich unkündbaren Arbeitnehmern erschwert wäre.

[282] Ascheid, Die Kündigungsgründe nach dem Einigungsvertrag, S. 104; im Urteil des BAG vom 20.01.94 - 8 AZR 274/93, NZA 94, 844 schloss eine Freistellung von der tatsächlichen Arbeitsleistung bis zum Zugang der Kündigung das Entstehen von schützenswertem Vertrauen in das Unterbleiben der Kündigung aus. Ein Vertrauenstatbestand wird jedoch dann gesetzt, wenn trotz Angabe der früheren MfS-Tätigkeit in den Bewerbungsunterlagen ein Arbeitsvertrag abgeschlossen wurde: LAG Thüringen, Urteil vom 30.06.93 - 2 Sa 52/92, n.v.

[283] BVerfG, Beschluss vom 24.04.94 – 1 BvR 14/93, EzA Art. 20 EinV Nr. 32.

[284] BAG, Urteil vom 28.04.94 – 8 AZR 157/93, NZA 95, 169 ff.

aufweist.[285] Für die außerordentliche Kündigung nach § 626 BGB umschreiben der in Abs. 1 beschriebene Kündigungsgrund und die Kündigungserklärungsfrist in Abs. 2 insgesamt die Unzumutbarkeit einer Fortsetzung des Arbeitsverhältnisses. Ein ebensolches zeitliches Element wohnt auch der Unzumutbarkeit nach Abs. 5 Nr. 2 EinV inne. Es handelt sich also nicht um eine „Dauerunzumutbarkeit"[286] wegen früherer MfS-Tätigkeit. Mit dieser Begründung hat das BAG das Sonderrecht den Wertungsgrundsätzen des allgemeinen Kündigungsschutzrechts angenähert, ohne von der Entscheidung für das Ausschließlichkeitsmodell abzuweichen.[287]

b) Andere kündigungsrechtliche Bestimmungen

Bereits in der Grundsatzentscheidung des BAG vom 11.06.1992 deutete sich an, dass abgesehen von § 626 BGB andere kündigungsrechtliche Bestimmungen uneingeschränkt zur Anwendung gelangen sollten. Das BAG bejahte hier die Geltung der Klageerhebungsfrist gemäß § 13 KSchG sowie die Beachtung der Beteiligungsrechte des Personalrats auch für die außerordentliche Kündigung nach Abs. 5 EinV.[288] Später wurde ebenfalls die Geltung des besonderen Kündigungsschutzrechts für Schwerbehinderte[289] und der Kündigungsbeschränkungen für Personalratsmitglieder[290] klargestellt. Als Begründung führt das BAG an, diese Vorschriften werden von dem Rechtsanwendungsverbot des Abs. 1 Satz 2 EinV, wonach den Maßgaben der Anlage entgegenstehende Vorschriften nicht anzuwenden sind, nicht erfasst, weil sie den in Abs. 4 und 5 EinV geregelten Kündigungsgründen weder entgegenstehen, noch diese beschränken. Die Maßgaben der Abs. 4 und 5 des Einigungsvertrages beschränken sich auf die Festlegung der sachlichen Kündigungsgründe und ersetzen insoweit nur § 1 KSchG und § 626 BGB.[291]

---

[285] Nach der Meinung Oetkers spricht genau dieser Sinn der Zwei-Wochen-Frist für eine Anwendung auch auf die Kündigung nach Abs. 5 EinV: Oetker, Anm. zu LAGE Art. 20 EinV Nr. 1, S. 37 f.

[286] Säcker/Oetker, Münch. Komm., VermG § 16 Anl. I, Rnr. 279 ff.

[287] Schlachter, FS für Thomas Dieterich zum 65. Geburtstag, S. 561.

[288] BAG, Urteil vom 11.06.92 – 8 AZR 537/91, AP Art. 20 EV Nr. 3; für die Beteiligungsrechte ausführlicher im Urteil vom 23.09.93 – AZR 262/92, DB 94, 587 f.; außerdem: BAG, Urteile vom 26.10.95 - 2 AZR 743/94, AP Art. 20 EV Nr. 37; 26.5.94 - 8 AZR 395/93, AuA 95, 205.

[289] BAG, Urteil vom 16.03.94 – 8 AZR 688/92, NZA 94, 879 ff.

[290] BAG, Urteil vom 28.04.94 - 8 AZR 209/93, AP Art. 20 EinV Nr. 12; vorher schon LAG Chemnitz, Urteil vom 14.10.92 - 2 Sa 102/92 Dresden, PersR 93, 279.

[291] BAG, Urteile vom 23.09.93 – 8 AZR 262/92, DB 94, 587 f.; 16.03.94 – 8 AZR 688/92, NZA 94, 880.

3. Der Tatbestand des Abs. 5 Nr. 2 EinV

a) Tätigkeit für das MfS

Voraussetzung einer Kündigung nach Abs. 5 Nr. 2 EinV ist zunächst "Tätigkeit für das MfS". Ob die Tätigkeit hauptamtlich oder nebenamtlich erfolgte, ist unerheblich, da Abs. 5 Nr. 2 EinV nicht zwischen hauptamtlichen und inoffiziellen Mitarbeitern der Staatssicherheit unterscheidet.[292] Art und Umfang der Tätigkeit sind nicht von Belang. Das Tatbestandsmerkmal ist in objektiver Hinsicht unabhängig davon erfüllt, ob die konkrete Tätigkeit gegen irgendwelche geschriebenen oder ungeschriebenen Normen verstoßen hat[293] und ob das MfS aus der Tätigkeit Nutzen ziehen konnte[294]. "Tätigkeit für das MfS" erschöpft sich allerdings nicht in der Informationsweitergabe. Auch die logistische Unterstützung durch die "IM zur Sicherung der Konspiration" (IMK)[295] ist unter diesen Begriff zu fassen.[296] Das System der Staatssicherheit basierte auf Konspiration, weshalb Bürger, die ihre Adressen, Telefone, Dienstzimmer oder Wohnungen zur Verfügung stellten, einen Beitrag zum Informationsfluss und damit "Tätigkeit für das MfS" leisteten.

Die bloße Unterzeichnung einer Verpflichtungserklärung durch den Arbeitnehmer stellt dagegen allein noch keine Tätigkeit für das MfS dar.[297] Vielmehr muss der Betreffende auch entsprechend seiner Verpflichtungserklärung tätig geworden sein, was jedoch umgekehrt nicht das Erfordernis einer der Tätigkeit vorausgehenden Verpflichtung bedeutet. Die Bereitstellung einer konspirativen Wohnung erfordert danach zumindest die Übergabe der Schlüssel an die Mitarbeiter des MfS, damit der Zugriff auf die Wohnung möglich ist; ein bloßes Einverständnis genügt nicht.[298] Eine tatsächliche Nutzung des Objekts durch das MfS braucht dagegen nicht vorzuliegen.

---

292 BAG, Urteil vom 23.09.93 – 8 AZR 484/92, DB 94, 586 (587); LAG Berlin, Urteil vom 30.10.95 - 9 Sa 72/95, DB 96, 1348.

293 LAG Berlin, Urteil vom 22.07.91 - 9 Sa 29/91, LAGE Art. 20 EinV Nr. 1.

294 BAG, Urteil vom 19.01.95 - 8 AZR 220/93, n.v.; LAG Berlin, Urteil vom 30.10.92 - 6 Sa 44/92, NJ 93, 330 (331); LAG Thüringen, Urteil vom 14.11.95 - 5 Sa 545/94, n.v.

295 Vgl. zur Kategorisierung der inoffiziellen Mitarbeiter B.V.1.

296 BAG, Urteil vom 14.12.95 - 8 AZR 356/94, DB 96, 1090.

297 BAG, Urteile vom 26.08.93 - 8 AZR 561/92, EzA Art. 20 EV Nr. 24; 14.12.95 - 8 AZR 356/94, DB 96, 1090; LAG Mecklenburg-Vorpommern, Urteil vom 14.08.95 - 5 Sa 359/94, ArbuR 95, 410; LAG Berlin, Urteil vom 07.11.95 - 12 Sa 68/95, ARST 96, 114.

298 BAG, Urteil vom 14.12.95 - 8 AZR 356/94, DB 96, 1090.

Die Verwendung der Präposition "für" anstelle "beim" bedeutet, dass in subjektiver Hinsicht nur eine bewusste, finale Mitarbeit die Kündigung rechtfertigen kann.[299] Daran fehlt es bei der Weitergabe von Informationen an nicht als MfS-Mitarbeiter erkannte Personen und bei Tätigkeiten, die sich das MfS zunutze gemacht hat, ohne dass der Betreffende davon wusste.[300] Als eine finale Tätigkeit für das MfS ist außerdem nicht anzusehen, wenn der Angestellte in Erfüllung einer arbeitsvertraglichen Verpflichtung dem MfS dienstliche Informationen erteilte, er also für seinen Arbeitgeber, nicht aber unmittelbar für das MfS tätig war, sofern seine Auskünfte den Umfang der arbeitsvertraglichen Verpflichtung nicht überstiegen.[301] Eine der Informationsweitergabe vorausgehende Verpflichtungserklärung, die ausweist, dass der Unterzeichnende für das MfS tätig zu werden versprach, lässt dabei den Rückschluss auf eine final gesteuerte Handlungsweise zu.[302] Keine derart eindeutigen Schlüsse lassen sich aus einer sogenannten "Berufung" herleiten, in der allgemein auf die Ehrenpflicht der Bürger der DDR hingewiesen und dem Unterzeichnenden das Vertrauen ausgesprochen wird, die Organe der Staatssicherheit zu unterstützen; eine Differenzierung nach besonderer Betrachtung des Inhalts des unterzeichneten Schriftstücks ist daher erforderlich.[303]

Schließlich muss es sich bei der Dienststelle, welcher der Betreffende angehörte oder zugeordnet wurde, um eine des Ministeriums für Staatssicherheit handeln. Das Kommissariat I der Kriminalpolizei war trotz des Einflusses und der engen Verflechtung mit dem Staatssicherheitsdienst organisatorisch keine Dienststelle des MfS, sondern unterstand dem Ministerium des Inneren.[304] Auch aus der Perspektive der betreffenden inoffiziellen Mitarbeiter handelte es sich nicht um eine Zusammenarbeit mit dem MfS.[305] Der Wortlaut der Kündigungsvorschrift

---

[299] BAG, Urteile vom 11.06.92 - 8 AZR 537/91, AP Art. 20 EV Nr. 3. ; 28.01.93 - 8 AZR 415/93, AuA 93, 279 (280); 14.12.95 - 8 AZR 356/94, DB 96, 1090.

[300] LAG Berlin, Urteil vom 30.10.92 - 6 Sa 44/92, NJ 93, 330 (331); ArbG Berlin, Urteile vom 01.04.1992 - 64 A Ca 28177/91 und 06.04.92 - 82 Ca 18774/91, NZA 92, 597 (603).

[301] BAG, Urteil vom 28.05.98 – 6 AZR 618/96, NZA 99, 96 (97) zu TV Ang-O § 16 Nr. 1 lit. a, wo ebenfalls an die „Tätigkeit für das MfS“ angeknüpft wird. Der Senat legt dieses Tatbestandsmerkmal entsprechend des wortgleichen Merkmals in Abs. 5 Nr. 2 EinV aus; LAG Berlin, Urteile vom 30.10.92 - 6 Sa 44/92, NJ 93, 330 (331); 07.11.95 - 12 Sa 93/95, ARST 1996 S. 114.

[302] BAG, Urteil vom 13.03.97 - 2 AZR 506/96, NJ 97, 606 (607).

[303] BAG, Urteile vom 13.03.97 - 2 AZR 506/96, NJ 97, 606 (607); 04.12.97 - 2 AZR 750/96, NZA 98, 474 (476).

[304] Vgl. oben unter B. V. 2.

[305] Landesbeauftragter des Freistaates Thüringen für die Unterlagen des Staatssicherheitsdienstes der ehemaligen DDR, Empfehlungen zur Verfahrensweise bei Personalüberprüfungen, S. 16.

erfasst diese besondere Abteilung der Kriminalpolizei nicht, weshalb in den entsprechenden Fällen eine außerordentliche Kündigung nach Abs. 5 EinV ausscheidet.[306]

b) Unzumutbarkeit

Im Text der Sonderkündigungsvorschrift Abs. 5 EinV lautet die weitere Voraussetzung für die außerordentliche Kündigung, dass "deshalb", nämlich wegen der früheren Tätigkeit für das MfS, „das Festhalten am Arbeitsverhältnis unzumutbar erscheint". Es gab zunächst Uneinigkeit, ob das Vorliegen der Unzumutbarkeit als selbständiges Tatbestandsmerkmal positiv festzustellen ist. So wurde vertreten, der Begriff der Unzumutbarkeit sei nur regulatives Prinzip für atypische Fälle; die Tätigkeit für das MfS indiziere grundsätzlich die Unzumutbarkeit der Weiterbeschäftigung.[307] Andere sind gänzlich von einem absoluten Kündigungsrecht ausgegangen: Die Parteien des Einigungsvertrages hätten die Tätigkeit für das MfS gleichrangig und gleichwertig gesehen mit dem Verletzen der Grundsätze der Menschlichkeit oder der Rechtsstaatlichkeit und damit über die Mitarbeiter des MfS ein absolutes Verdikt gesprochen, weshalb eine Abwägung zwischen den verschiedenen Interessenlagen nicht mehr möglich sei.[308] Diese Auffassungen haben sich jedoch nicht durchgesetzt. Da das Tatbestandsmerkmal "Tätigkeit für das MfS" sehr weit gefasst ist und jegliche Tätigkeit unabhängig von Funktion, Dauer oder Umfang einbezieht, bedarf es zusätzlich einer Überprüfung der Unzumutbarkeit der Weiterbeschäftigung, um eine Betrachtung des konkreten Einzelfalls zu ermöglichen.

Diese Unzumutbarkeitsprüfung im Einzelfall bezieht sich nicht auf den Ablauf der Kündigungsfrist, wie es bei § 626 BGB der Fall ist, sondern knüpft an der Tätigkeit für das MfS an. Ihretwegen ("deshalb") muss ein Festhalten am Arbeitsverhältnis unzumutbar erscheinen. Da diese Tätigkeiten notwendigerweise vor dem 03.10.1990 ausgeübt worden sein müssen, leitet sich die Unzumutbarkeit aus in der Vergangenheit liegenden Vorgängen her. Entscheidend für die Auflösbarkeit des Arbeitsverhältnisses ist das individuelle

---

[306] LAG Halle/Saale, Urteil vom 29.10.97 - 5 Sa 63/97, NJ 99, 54; ArbG Gera, Urteil vom 06.08.96 - 1 Ca 4102/95, n.v.; ArbG Gotha, Urteil vom 12.09.95 - 3 Ca 616/95, n.v.

[307] Preis, PersR 91, 201 (203); Scholz, BB 91, 2515 (2521, 2526) mit weiteren Nachweisen aus der untergerichtlichen Rechtsprechung.

[308] Scholz BB 91, 2515 ff.; Weisemann, AuA 92, 296 ff.; ArbG Berlin, Urteil vom 13.12.90 - 62 Ca 8313/90, NJ 91, 230.

Maß der Verstrickung. Berücksichtigt werden dabei Zeitpunkt und Grund der Aufnahme und der Beendigung der Tätigkeit für den Staatssicherheitsdienst der DDR. Die Wirksamkeit der Kündigung ist anhand objektiver Kriterien zu beurteilen. Über die Frage, ob der einzelne Mitarbeiter weiterhin einer demokratisch legitimierten und rechtsstaatlich verfassten Verwaltung angehören darf, bestimmt der Dienstherr unter Beachtung der Anforderungen, die in einem Rechtsstaat an den öffentlichen Dienst gestellt werden. Der Rechtsbegriff "erscheint" erfordert eine äußere Betrachtungsweise. Die Kündigungsvorschrift hebt damit auf die vordergründige Erscheinung der Verwaltung mit diesem Mitarbeiter - und zwar in seiner vor der Kündigung wahrgenommenen konkreten Stellung und Funktion[309] - ab. Dies hat aber auch zur Folge, dass Entlastungstatsachen sich in gleicher Weise wie die frühere belastende Tätigkeit manifestiert haben müssen, um Berücksichtigung finden zu können. Nur dann sind sie geeignet, das Erscheinungsbild der Vorbelastung zu erschüttern und der Feststellung der Unzumutbarkeit entgegenzuwirken. Je höher die Stellung beim MfS bzw. je größer das Maß der Verstrickung einerseits und je größer die Bedeutung der bis Kündigungsausspruch wahrgenommenen Stellung und Funktion andererseits[310], desto unwahrscheinlicher ist die Annahme, dieser Beschäftigte sei als Angehöriger des öffentlichen Dienstes der Bevölkerung noch zumutbar.[311] Häufig ist die Tätigkeit eines inoffiziellen Mitarbeiters nach außen nicht erkennbar geworden. Für die Feststellung der Unzumutbarkeit kommt es jedoch nicht darauf an, ob seine MfS-Verstrickung bekannt ist. Maßgebend ist, ob das Vertrauen der Bürger in die Gesetzmäßigkeit der Verwaltung bei bekannt werden der Tätigkeit für das MfS in einer Weise beeinträchtigt würde, die das Festhalten am Arbeitsverhältnis unzumutbar macht. Eine glaubwürdige rechtsstaatliche Verwaltung kann nicht aufgebaut werden auf der Annahme, die Belastung eines Mitarbeiters bliebe der Öffentlichkeit verborgen.[312]

Die einzelfallbezogene Würdigung nach Abs. 5 Nr. 2 EinV verlangt gleichermaßen eine Berücksichtigung der konkreten Belastung für den öffentlichen Arbeitgeber sowie des Grades der Verstrickung des Betroffenen,

---

309 BVerfG, Urteil vom 08.07.97 - 1 BvR 1934/93, NJW 97, 2305 (2306); BVerwG, Beschluss vom 28.01.98 - 6 P 2/97, NZA-RR 98, 345; Oetker, Anmerkung zu LAG Berlin, Urteil vom 22.07.91 - 9 Sa 29/91, LAGE Art. 20 EinV Nr. 1.

310 BVerfG, Urteil vom 08.07.97 - 1 BvR 1934/93, NJW 97, 2305 (2306); BAG, Urteil vom 19.01.95 - 8 AZR 220/93, n.v.

311 BAG, Urteile vom 11.06.92 - 8 AZR 537/91, AP Art. 20 EV Nr. 3; 28.01.93 - 8 AZR 415/92, AuA 93, 279 (280 f.); 20.01.94 - 8 AZR 274/93, NZA 94, 844 (846); 28.04.94 - 8 AZR 157/93, NZA 95, 169, (170); 13.09.95 - 2 AZR 862/94, DB 96, 435.

312 BAG, Urteil vom 11.09.97 - 8 AZR 524/96, n. v.

wobei nicht außer Acht gelassen werden darf, dass nach erkennbarer Absicht des Einigungsvertrages die Mitarbeiter nicht abgewickelter Einrichtungen des öffentlichen Dienstes der DDR weitgehend in den öffentlichen Dienst der Bundesrepublik Deutschland eingegliedert werden sollen.[313] Es finden alle bei Kündigungsausspruch vorliegenden Tatsachen Berücksichtigung, insbesondere das Verhalten des Gekündigten vor, während und auch nach der Wende.[314] Art. 12 I und Art. 33 II des Grundgesetzes gebieten, im Rahmen der Zumutbarkeitsprüfung den Werdegang des Arbeitnehmers und seine Entwicklung nach dem Beitritt zu würdigen.[315] Das Erscheinungsbild der öffentlichen Verwaltung wird folglich mitgeprägt von der Zeitdauer, die der frühere MfS-Mitarbeiter nach dem 03.10.1990 unbeanstandet tätig war.[316] Die Zeitdauer kommt allerdings dann dem Arbeitnehmer nicht entscheidend zugute, wenn sie allein dadurch möglich wurde, dass der Mitarbeiter durch wahrheitswidriges Ausfüllen des Personalfragebogens zu Fragen nach MfS-Kontakten sein Verbleiben im öffentlichen Dienst erreichen konnte.[317]

Die Berufungsgerichte und das BAG haben weitere Umstände benannt, bei deren Vorliegen eine MfS-Tätigkeit in einem milderen Licht erscheint. So wurde besonders eine Beendigung der hauptamtlichen oder inoffiziellen Tätigkeit aus eigenem Antrieb als entlastender Umstand betrachtet[318], zumindest dann, wenn die vorangegangene Tätigkeit nicht schwerwiegend war.[319] Darüber hinaus wurde eine Mitarbeit vor dem 21. Lebensjahr als minderschwere Verstrickung gewertet.[320] Wie das Jugendgerichtsgesetz zeigt, sieht die Rechtsordnung "Jugendsünden" eines Heranwachsenden als eher verzeihlich an, als die Taten eines Erwachsenen.[321]

---

[313] BVerfG, Urteil vom 08.07.97 - 1 BvR 1934/93, NJW 97, 2305 (2306).
[314] BAG, Urteil vom 13.09.95 - 2 AZR 862/94, DB 96, 435.
[315] Eine Einzelfallabwägung, die die Entwicklung nach dem Beitritt ausblendet, ist im Hinblick auf Art. 12 I und 33 II GG nicht vertretbar: So BVerfG zur Kündigung nach Abs. 4 Nr. 1 EinV, Beschluss vom 21.02.95 - 1 BvR 1397/93, EzA Art. 20 EV Nr. 44.
[316] BAG, Urteil vom 18.07.96 - 8 AZR 228/94, n. v.
[317] BAG, Urteil vom 11.09.97 - 8 AZR 524/96, n. v.; BVerwG, Beschluss vom 28.01.98 - 6 P 2/97, NZA-RR 98, 345.
[318] LAG Brandenburg, Urteil vom 25.11.92 - 2 (4) Sa 269/92, DB 93, 176 (178); LAG Sachsen-Anhalt, Urteile vom 17.05.95 - 3 Sa 627/94, ArbuR 95, 468; 05.11.1996 - 8 Sa 890/95, NZA-RR 97, 325 ff.
[319] BAG, Urteil vom 19.01.1995 - 8 AZR 220/93, n.v.
[320] BAG, Urteil vom 20.08.97 - 2 AZR 42/97, n.v.; LAG Sachsen-Anhalt, Urteil vom 16.02.95 - 8 Sa 784/94, NJ 95, 667 (668); Eine MfS-Verstrickung vor Vollendung des 18. Lebensjahrs wird nicht beauskunftet, § 21 Abs. 1 Nr. 6 StUG.
[321] BAG, Urteil vom 20.08.97 - 2 AZR 42/97, n.v.

Die Einordnung einer Mitarbeit im Rahmen des Wehrdienstes ist häufig diskutiert worden. Zu unterscheiden sind zunächst die Fälle, in denen der Betreffende Dienst im Wachregiment "Feliks Dzierzynski"[322] ableistete, von den Fällen, in denen während der Wehrdienstleistung eine Tätigkeit als inoffizieller Mitarbeiter vorlag. Die Ableistung des Wehrdienstes in dem formal zum MfS gehörenden Wachregiment wird in der Gauck-Auskunft zwar als hauptamtliche Tätigkeit mitgeteilt, ist aber nicht im Sinne einer MfS-Tätigkeit zu bewerten, sofern nicht eine besondere Belastung den Akten zu entnehmen ist.[323] Zwar hatte das MfS diese Wehrpflichtigen für die Mitarbeitergewinnung besonders im Auge, wenn aber nach Aktenlage keine über den normalen Wehrdienst hinausgehende Tätigkeit vorliegt, war eine Mitarbeit beim MfS wohl nicht von Interesse einer der beiden Seiten gewesen.[324] Bei denjenigen inoffiziellen Mitarbeitern, die als normale Wehrdienstleistende verpflichtet wurden und deren Zusammenarbeit sich auf die Zeit des Wehrdienstes beschränkt, wird die individuelle Vorwerfbarkeit als weniger gewichtig angesehen.[325] Begründet wird diese Auffassung damit, dass das Wehrverhältnis als besonderes Gewaltverhältnis auf vielfältige Art und Weise die Möglichkeit eröffnete, auf die Wehrpflichtigen Druck auszuüben. Sich dem MfS erfolgreich zu entziehen, war durch die Verquickung zwischen Dienstbetrieb und Geheimdiensttätigkeit für einen kasernierten Wehrpflichtigen schwieriger als im Zivilleben. Eine generelle Zumutbarkeit unabhängig von Art und Umfang der Tätigkeit ist jedoch nicht anzunehmen. Auf die Regelanfrage beim Bundesbeauftragen für die Unterlagen des Staatssicherheitsdienstes der DDR (BStU) werden MfS-Belastungen im Zusammenhang mit dem Wehrdienst weiterhin beauskunftet, es sei denn, es wurden keine personenbezogenen Informationen geliefert und die Tätigkeit endete mit Ablauf des Wehrdienstes.[326]

---

322 Siehe Kapitel B., S. 39.

323 Catenhusen, Die Stasi-Überprüfung im öffentlichen Dienst der neuen Bundesländer, S. 149; Landesbeauftragter des Freistaates Thüringen für die Unterlagen des Staatssicherheitsdienstes der ehemaligen DDR, Empfehlungen zur Verfahrensweise bei Personalüberprüfungen, S. 22; Patermann, DtZ 97, 243.

324 Landesbeauftragter des Freistaates Thüringen für die Unterlagen des Staatssicherheitsdienstes der ehemaligen DDR, Empfehlungen zur Verfahrensweise bei Personalüberprüfungen, S. 22.

325 BAG, Urteile vom 16.10.97 - 8 AZR 762/95, NJ 98, 334; 20.08.97 - 2 AZR 42/97, n.v.; LAG Sachsen-Anhalt, Urteil vom 16.02.95 - 8 Sa 784/94, NJ 95, 667 (668); LAG Thüringen, Urteil vom 14.11.95, 5 Sa 545/94, n.v.; Hantel, NJ 98, 334 und NJ 95, 170; a. A. Catenhusen, Die Stasi-Überprüfung im öffentlichen Dienst der neuen Bundesländer, S. 150 ff.

326 § 19 Abs. 8 Nr. 1 StUG, eingefügt durch das Dritte Gesetz zur Änderung des StUG vom 20.12.1996, BGBl. I S. 2026.

Allein der Umstand, dass sich der vom MfS Angeworbene subjektiv unter Druck gesetzt fühlte, wirkt sich nicht entlastend aus, wenn nicht eine besondere Konfliktsituation vorlag.[327]

Eine nur kurze Zeitdauer der Tätigkeit für das MfS wird grundsätzlich als entlastend angesehen.[328] Nach einer frühen Entscheidung des BAG[329] sollte jedoch bei einem Lehrer selbst im Falle einer kurzfristigen IM-Tätigkeit mit nur wenigen Berichten für das MfS regelmäßig ein Festhalten am Arbeitsverhältnis unzumutbar sein. Als Begründung wurde angeführt, dass es sich bei einem Lehrer nicht um eine untergeordnete Sachbearbeitertätigkeit, sondern um eine gesellschaftliche Schlüsselfunktion handelt. Aufgabe eines Lehrers ist es, die Grundwerte der Verfassung - zu denen auch der Schutz der Privatsphäre gehört - seinen Schülern zu vermitteln. Das Erscheinungsbild der öffentlichen Verwaltung würde stark belastet, wenn sie in ihren Bildungseinrichtungen oder im Erziehungswesen Personen beschäftigt, deren Tätigkeit als IM gerade dazu diente, diese Bereiche der Privatsphäre anderer zu verletzen.[330] Der durch diese Entscheidung vermittelte Eindruck, die Weiterbeschäftigung eines Lehrers sei bei nahezu jeder MfS-Verstrickung unzumutbar, wurde durch nachfolgende Urteile jedoch nicht bestätigt. Vielmehr war in der Rechtsprechung zu Lehrerkündigungen wegen MfS-Verstrickung und/oder deren Verschweigen die Tendenz zu erkennen, den festgestellten entlastenden Umständen mehr Gewicht beizumessen.[331]

Bezüglich der Fälle, in denen die MfS-Tätigkeit sehr lang zurückliegt, gingen die Bewertungen zunächst auseinander. Teilweise wurde angenommen, zwanzig oder gar dreißig Jahre zurückliegende Ereignisse wiegen weniger schwer.[332] Andere Gerichte maßen der vergangenen Zeit keinerlei Bedeutung für die Unzumutbarkeitsprüfung bei, da sie auf dem Zufall zeitgeschichtlicher Abläufe beruhen würden.[333] Das BVerfG[334] jedoch hält die Berücksichtigung des

[327] BAG, Urteil vom 19.01.95 - 8 AZR 220/93, n.v.
[328] BAG, Urteile vom 20.08.97 - 2 AZR 42/97, n.v.; 04.12.97 - 2 AZR 750/96, NZA 98, 474 (475), LAG Köln, Urteil vom 07.01.93 - 10 Sa 823/92, ArbuR 94, 39.
[329] BAG, Urteil vom 19.01.1995 - 8 AZR 220/93, n. v.
[330] So auch LAG Thüringen, Urteil vom 14.11.95 - 5 Sa 545/94, n. v.
[331] Z. B. BAG, Urteil vom 13.09.95 - 2 AZR 862/94, DB 96, 435.
[332] BAG, Urteil vom 13.09.95 - 2 AZR 862/94, DB 96, 435; LAG Sachsen-Anhalt, Urteile vom 16.02.95 - 8 Sa 784/94, NJ 95, 667 (668); 17.05.95 - 3 Sa 627/94, ArbuR 95, 468; teilweise wurde in der Literatur eine entsprechende Anwendung der strafrechtlichen Verjährungsvorschriften gefordert: Hantel, NJ 95, 170.
[333] LAG Thüringen, Urteil vom 14.11.95 - 5 Sa 545/94, n. v.

Zeitfaktors bei der einzelfallbezogenen Würdigung der Belastung für unverzichtbar, da sich persönliche Haltungen sowie die Einstellung zur eigenen Vergangenheit im Lauf der Zeit ändern können[335]; außerdem - so das BVerfG - verliere sich die gesellschaftliche Ächtung von Fehlverhalten mit der Zeit. Tätigkeiten für das MfS, die vor dem Jahre 1970 abgeschlossen waren, haben keine oder nur äußerst geringe Bedeutung für den Fortbestand des Arbeitsverhältnisses, da eine Diskreditierung des öffentlichen Dienstes in den Augen der Bevölkerung bei derart weit zurückliegenden Vorgängen regelmäßig nicht droht und ein Festhalten am Arbeitsvertrag kaum unzumutbar sein wird.

Als entlastender Umstand dagegen nicht relevant ist die Behauptung, die vorgeworfene Tätigkeit für das MfS habe niemandem geschadet.[336] Der Einzelne hatte keine Möglichkeiten zur Einflussnahme auf die weitere Verwendung und Einordnung seiner Informationen durch das MfS.[337] Die in Kapitel B. beschriebene Organisation und Arbeitsweise des MfS zeigt, dass Interesse an jeder Art von Informationen bestand. Scheinbar neutrale Mitteilungen konnten ein Alibi zerstören oder das fehlende Detail zum Aufbau einer geplanten Maßnahme gegen Dritte liefern; die Informationen konnten objektiv harmlos sein, aber zur Überprüfung der Zuverlässigkeit von anderen Informanten eingesetzt werden usw. Selbst eine positive Beurteilung konnte sich für den Beurteilten insofern belastend auswirken, als ihn das MfS als zu werbenden Kandidaten einstufte und ihn möglicherweise in die Situation eines Werbegesprächs brachte.

Wie oben[338] bereits erwähnt, wohnt der Unzumutbarkeit nach Abs. 5 Nr. 2 EinV auch ein zeitliches Element inne; die Fortsetzung des Arbeitsverhältnisses kann aufgrund von Zeitablauf zumutbar werden, wenn der Arbeitgeber in Kenntnis der MfS-Tätigkeit die Kündigung ungebührlich lange hinauszögert.[339] Die Zwei-Wochen-Frist hielt das BAG allerdings wegen der besonderen Umstände der deutschen Wiedervereinigung für nicht übertragbar, da sie nur auf einmalige

---

[334] BVerfG, Urteil vom 08.07.97 - 1 BvR 2111/94 u.a., NZA 97, 992; sich anschließend BAG, Urteil vom 04.12.97 - 2 AZR 750/96, NZA 98, 474 (476).

[335] So auch Schroers, AuA 94, 381.

[336] Korinth, AuA 95, 150.

[337] Landesbeauftragter des Freistaates Thüringen für die Unterlagen des Staatssicherheitsdienstes der ehemaligen DDR, Empfehlungen zur Verfahrensweise bei Personalüberprüfungen, S. 8.

[338] Vgl. oben unter D.II.2.a).

[339] BVerfG, Beschluss vom 21.04.94 - 1 BvR 14/93, EzA Art. 20 EinV Nr. 32; BAG, Urteile vom 28.04.94 - 8 AZR 157/93, NZA 169 (171); 11.09.97 - 8 AZR 524/96, n.v..

Vorgänge zugeschnitten sei.[340] Auch eine andere feste Zeitgrenze besteht nicht; es bedarf vielmehr einer Prüfung, aus welchen Gründen nicht innerhalb der Zwei-Wochen-Frist gekündigt wurde, sowie einer Abwägung des Zeitablaufes mit dem Gewicht der Kündigungsgründe.[341] Bei der Frage des Zeitablaufs ist dem Arbeitgeber allerdings ein angemessener Zeitraum für die Bewertung des Sachverhalts und die Prüfung der Akzeptanz einer Weiterbeschäftigung einzuräumen; allein die Möglichkeit eines schnelleren Ausfertigens der Kündigung lässt nicht auf ein unangemessen langes Zurückhalten der Kündigung schließen.[342]

Dem öffentliche Arbeitgeber steht bei der erforderlichen Einzelfallentscheidung kein gerichtlich begrenzt überprüfbarer Beurteilungsspielraum, wie er bei der Einstellung von Bewerbern überwiegend anerkannt wird, zu. Dies folgt aus dem grundrechtlich geschützten Bestandsschutzinteresse des Beschäftigten, das die Kündigungs- von der Einstellungsentscheidung des Arbeitgebers grundlegend unterscheidet.[343]

4. Verfassungsmäßigkeit der Kündigungsvorschrift

Gegen die Sonderkündigungsvorschrift des Abs. 5 Nr. 2 EinV sind Bedenken im Hinblick auf verfassungsrechtliche Gesichtspunkte vorgebracht worden. Tatsächlich bewirkt Abs. 5 Nr. 2 EinV durch seinen Anwendungsbereich eine Ungleichbehandlung von Angestellten des öffentlichen Dienstes in den neuen Bundesländern im Verhältnis zu denen in den alten Bundesländern[344] und von Arbeitnehmern der neuen Bundesländer im öffentlichen Dienst im Verhältnis zur Privatwirtschaft[345]. Darüber hinaus berührt die Vorschrift zur

---

[340] BAG, Urteil vom 28.04.94 – 8 AZR 157/93, NZA 95, 169 (171).
[341] BAG, Urteil vom 28.04.94 – 8 AZR 157/93, NZA 95, 169 (171); 11.09.97 - 8 AZR 524/96, n. v. Siehe auch Korinth, AuA 95, 150 mit Entscheidungsbeispielen aus der untergerichtlichen Rechtsprechung.
[342] BAG, Urteil vom 28.04.94 – 8 AZR 157/93, NZA 95, 169 (171); 11.09.97 - 8 AZR 524/96, n. v.: Hier hielt das BAG eine Zeit von ca. sechs Wochen zur Entscheidungsfindung bis zur Unterrichtung des Hauptpersonalrats für durchaus noch angemessen, da verschiedene Stellen (Minister, Staatssekretär) beteiligt waren.
Siehe auch Korinth, AuA 95, 150 mit Entscheidungsbeispielen aus der untergerichtlichen Rechtsprechung.
[343] Schlachter, Justitielle Aufarbeitung am Beispiel der Arbeitsgerichtsbarkeit, S. 91.
[344] Müller-Enbergs, Zum Umgang mit inoffiziellen Mitarbeitern - Gerechtigkeit im Rechtsstaat?, S.7f.
[345] Helkenberg, AuA 91, 105.

außerordentlichen Kündigung wegen MfS-Tätigkeit das Recht auf freie Wahl des Arbeitsplatzes nach Art. 12 I GG. Dieses Grundrecht schützt unter anderem die Entscheidung für eine konkrete Beschäftigung sowie den Willen des Einzelnen, den Arbeitsplatz beizubehalten.[346]

Eine Einschränkung der Berufswahlfreiheit durch Gesetz ist möglich, wenn dafür zwingende Gründe des Gemeinwohls vorliegen. Eingriffe in den allgemeinen Gleichheitssatz des Art. 3 I GG erfordern lediglich einen sachlichen Grund. Zu den Gemeinwohl- und damit sachlichen Gründen gehören die Belange, denen Art. 33 II GG mit den Anforderungen an den Zugang zum öffentlichen Dienst Rechnung trägt. Die Kündigungsvorschrift des Abs. 5 Nr. 2 EinV soll es dem Dienstherrn ermöglichen, nachträglich die Eignung der übernommenen Mitarbeiter zu überprüfen und im Falle der Ungeeignetheit das Arbeitsverhältnis zu beenden, wobei die Einschätzung zugrunde liegt, dass bei früherer Tätigkeit für das MfS die Voraussetzungen des Art. 33 II GG in der Regel nicht vorliegen. Außerdem kann das Ansehen und das Vertrauen der Bevölkerung in eine rechtsstaatliche Verwaltung erschüttert werden, wenn ihr ehemalige MfS-Mitarbeiter angehören.[347]

Auch wenn rigoros selbst Küchen- und Reinigungspersonal des Staatssicherheitsdienstes durch den Wortlaut des Abs. 5 II EinV einbezogen werden, ist der Verhältnismäßigkeitsgrundsatz gewahrt, da die Unzumutbarkeitsklausel eine einzelfallbezogene Würdigung sicherstellt.[348] Damit verletzt die Kündigungsvorschrift des Abs. 5 Nr. 2 EinV weder das Grundrecht aus Art. 12 I GG noch aus 3 I GG.[349]

Zur Auslegung des Abs. 5 Nr. 2 EinV im Lichte des Art. 12 I GG hat das Bundesverfassungsgericht in verschiedenen Entscheidungen[350] ausgeführt und damit entscheidend zur Konkretisierung der Vorschrift mit den vorstehend ausgeführten Ergebnissen beigetragen.

---

[346] BVerfG, Urteil vom 24.04.91 - BvR 1341/90, EzA Art. 13 EinV Nr. 1, Beschluss vom 21.02.95 - 1 BvR 1397/93, EzA Art. 20 EV Nr. 44; siehe dazu auch Kühling, ArbuR 94, 126 (128); Lecheler, PersV 91, 393.

[347] BVerfG, Urteil vom 08.07.97 - BvR 1934/93, NJW 97, 2305.

[348] BVerfG, Urteil vom 08.07.97 - BvR 1934/93, NJW 97, 2305; Pieroth, NJ 92, 89 (92).

[349] So im Ergebnis auch BAG, Urteil vom 11.06.92 - 8 AZR 537/91, DB 93, 173 (175); LAG Berlin, Urteil vom 04.11.91 - 12 Sa 51/91, LAGE Art. 20 EinV Nr. 7.

[350] BVerfG, Beschluss vom 21.04.94 - 1 BvR 14/93, EzA Art. 20 EinV Nr. 32; Urteil vom 08.07.97 - BvR 1934/93, NJW 97, 2305.

III. Die ordentliche Kündigung nach Abs. 4 Nr. 1 EinV bzw. nach § 1 II KSchG

Eine ordentliche Kündigung ist gemäß der einigungsvertraglichen Vorschrift des Abs. 4 Nr. 1, 2. Alternative "auch zulässig, wenn der Arbeitnehmer wegen mangelnder ... persönlicher Eignung den Anforderungen nicht entspricht". Im Zusammenhang mit einer MfS-Verstrickung sind als Kündigungsgründe relevant das Fehlen der persönlichen Eignung zum einen wegen der früheren MfS-Verstrickung selbst und zum anderen wegen wahrheitswidriger Angaben im Personalfragebogen zu MfS-Kontakten.

Ebenso wie im Fall der außerordentlichen Kündigung nach Abs. 5 Nr. 2 EinV lässt der Gesetzgeber durch die Fassung der Vorschrift nicht erkennen, in welchem systematischen Zusammenhang die Norm zur Rechtsordnung steht. Insbesondere das Verhältnis zu § 1 KSchG war strittig.

1. Anwendungsbereich

Für die ordentliche Kündigung wegen mangelnder persönlicher Eignung nach Abs. 4 Nr. 1 EinV gelten im Hinblick auf den Anwendungsbereich die Ausführungen zu Abs. 5 Nr. 2 EinV.[351] Hinzu kommt allerdings eine zeitliche Begrenzung des Anwendungsbereichs: Im Gegensatz zu Abs. 5 EinV galt die Kündigungsvorschrift des Abs. 4 EinV nur befristet. Als ursprüngliche Geltungsdauer waren im Einigungsvertrag zwei Jahre vom Beginn der Wirksamkeit des Beitritts der DDR zur Bundesrepublik vorgesehen. Durch das Gesetz zur Verlängerung der Kündigungsmöglichkeiten in der öffentlichen Verwaltung nach dem Einigungsvertrag[352] wurde die Frist bis zum Ablauf des 31.12.1993 verlängert.

Nach dem Außerkrafttreten sowie auch sonst außerhalb des Anwendungsbereichs des Abs. 4 EinV blieben für eine ordentliche Kündigung wegen MfS-Tätigkeit und/oder Verschweigens dieser Tätigkeit die allgemeinen Vorschriften, nämlich § 1 II KSchG bzw. für Arbeitnehmer ohne Kündigungsschutz §§ 620 II, 622 BGB.

---

[351] Siehe unter D. II. 1.

[352] BGBl. Jahrgang 1992, Teil I, S. 1546.

2. Verhältnis von Abs. 4 Nr. 1 EinV zu § 1 KSchG und zum allgemeinen Kündigungsrecht

Der Normtext des Abs. 4 EinV lässt offen, ob die aufgeführten Kündigungsgründe die allgemeinen Vorschriften konkretisieren und damit alle kündigungsrechtlichen Regelungen auf sie anwendbar sind oder aber als vorrangige Spezialnormen neben den allgemeinen Vorschriften stehen. Dann wäre dem System des Kündigungsrechts ein Fremdkörper hinzugefügt worden, was die Anwendung allgemeiner Regeln grundsätzlich ausschließen würde.[353] Ebenso wie zur einigungsvertraglichen Vorschrift über die außerordentliche Kündigung hat die höchstrichterliche Rechtsprechung für eine Spezialität des Abs. 4 EinV im Verhältnis zum allgemeinen Kündigungsrecht votiert. Abs. 4 EinV ersetzt in seinem Regelungsbereich als vorrangige Modifikation den § 1 KSchG vollständig. Diese Auslegung ergibt sich aus Wortsinn und interessengerechter Wertung der Vorschrift. Mit der Formulierung, die Kündigung sei auch zulässig, wird zum Ausdruck gebracht, dass bei Vorliegen der Voraussetzungen des Abs. 4 EinV bereits sachliche Gründe für eine ordentliche Kündigung gegeben sind, mithin eine weitere Überprüfung am KSchG nicht erforderlich ist.[354] Die in Abs. 4 unter Ziffer 1 bis 3 genannten Kündigungsgründe könnten auch den Tatbeständen des § 1 II KSchG zugeordnet werden, weshalb die Sonderkündigungsnorm überflüssig wäre, wenn die Voraussetzungen für eine ordentliche Kündigung nach Einigungsvertrag denen einer Kündigung nach § 1 II KSchG entsprächen.[355] Die Anwendung der §§ 9, 10 KSchG[356] sowie der Klageerhebungsfrist nach § 4 KSchG[357] hat das BAG jedoch bejaht, obwohl sich diese Vorschriften auf § 1 KSchG beziehen. Dafür war es erforderlich, die Kündigungsgründe des Abs. 4 EinV als Tatbestände anzuerkennen, die ebenso wie die des § 1 II KSchG eine Kündigung sozial rechtfertigen.[358]

Da Abs. 4 EinV sich auf die Festlegung der sachlichen Kündigungsgründe beschränkt und insoweit nur § 1 KSchG ersetzt, sind die besonderen

---

[353] Schlachter, Justitielle Aufarbeitung am Beispiel der Arbeitsgerichtsbarkeit, S. 48.

[354] BAG, Urteil vom 24.09.92 - 8 AZR 557/91, NZA 93, 362; 18.03.93 - 8 AZR 356/92, NZA 94, 120.

[355] BAG, Urteil vom 18.03.93 - 8 AZR 356/92, NZA 94, 120.

[356] BAG, Urteile vom 24.09.92 - 8 AZR 557/91, NZA 93, 362; 16.11.95 - 8 AZR 864/93, EzA Art. 20 EinV Nr. 47.

[357] BAG, Urteil vom 24.09.92 - 8 AZR 557/91, NZA 93, 362.

[358] Schlachter, Justitielle Aufarbeitung am Beispiel der Arbeitsgerichtsbarkeit, S. 53.

Kündigungsschutzvorschriften für Schwerbehinderte[359], für Schwangere und Mütter[360] sowie für Personalratsmitglieder[361] auf diese Kündigungen anwendbar. Anwendung finden auch die Personalvertretungsregelungen und damit die Beteiligungsrechte des Personalrats.[362]

3. Verfassungsmäßigkeit von Abs. 4 Nr. 1 EinV

Die oben zu Abs. 5 EinV dargestellte Diskussion über die Schaffung von Sonderkündigungsrecht nur für den öffentlichen Dienst der neuen Länder unter verfassungsrechtlichen Gesichtspunkten umfasste auch Abs. 4 Nr. 1 EinV. Zusätzlich wurden verfassungsrechtliche Bedenken bezüglich der Verlängerung der Geltungsdauer dieser Vorschrift geltend gemacht.[363] Insbesondere wurde in Zweifel gezogen, ob der Einigungsvertrag als eine Art völkerrechtlicher Vertrag allein durch den Bundesgesetzgeber verändert werden könnte.[364] Das Bundesarbeitsgericht hat sich erst im Jahr 1996 mit diesem Problem näher auseinandergesetzt.[365] Es befand das Verlängerungsgesetz für wirksam, da gemäß Art. 45 II EinV der Einigungsvertrag seit dem Wirksamwerden des Beitritts als Bundesrecht gilt und als solches durch den Bundesgesetzgeber abänderbar ist. Der Eingriff in die Grundrechte aus Art. 12 I und 3 I GG ist durch zwingende Gründe des Gemeinwohls gerechtfertigt, da dem öffentlichen Arbeitgeber eine nachträgliche Eignungsüberprüfung ermöglicht werden musste und zugleich solchen Neubewerbern eine Chance eröffnet wurde, die in der ehemaligen DDR aus politischen Gründen keinen Zugang zu öffentlichen Ämtern hatten. Eine fachlich qualifizierte und demokratisch zuverlässige Verwaltung zu schaffen, ist legitimes Ziel des Verlängerungsgesetzes.

---

[359] BAG, Urteil vom 16.03.94 - 8 AZR 688/92, NZA 94, 879.
[360] BAG, Urteil vom 10.10.96 - 8 AZR 477/97, DB 97, 335.
[361] BAG, Urteil vom 28.04.94 - 8 AZR 209/93, AP Art. 20 EinV Nr. 12; vorher schon LAG Chemnitz, Urteil vom 14.10.92 - 2 Sa 102/92 Dresden, PersR 93, 279.
[362] Vgl. oben Fn. 288.
[363] Battis/Schulte-Trux, ZTR 93, 179 ff.; Däubler, ZTR 93, 135 ff.; ders. in PersR 92, 288 ff.
[364] Däubler, ZTR 93, 135 ff.
[365] BAG, Urteil vom 27.06.96 - 8 AZR 1024/94, NZA 97, 258.

4. Die ordentliche Kündigung wegen MfS-Tätigkeit

a) Die Voraussetzungen nach Abs. 4 Nr. 1 EinV

Eine ordentliche Kündigung nach Abs. 4 Nr. 1 EinV setzt voraus, dass der Arbeitnehmer wegen mangelnder persönlicher Eignung den Anforderungen nicht entspricht. Die mangelnde persönliche Eignung im Sinne von Abs. 4 Nr. 1 EinV ist eine der Person anhaftende Eigenschaft, die getrennt von der fachlichen Qualifikation zu prüfen ist. Sie kann entweder aufgrund der bisherigen Lebensführung fehlen oder sich aus der Art und Weise des Verhaltens des Arbeitnehmers ergeben.[366] Die persönliche Eignung für eine Anstellung im öffentlichen Dienst erfordert, dass der Arbeitnehmer sich durch sein gesamtes Verhalten zur freiheitlichen demokratischen Grundordnung im Sinne des Grundgesetzes bekennt (§ 8 Abs. 1 Satz 2 BAT).[367] Die Anforderungen richten sich an den konkreten Aufgaben des Angestellten aus. Ein Lehrer muss den ihm anvertrauten Schülern und Jugendlichen glaubwürdig die Grundwerte des Grundgesetzes vermitteln[368] und Gewähr dafür bieten, in Krisenzeiten und ernsthaften Konfliktsituationen zu den Grundwerten der Verfassung zu stehen.[369]

Die höchstrichterliche Rechtsprechung hat zunächst den Sonderrechtscharakter des Abs. 4 Nr. 1 EinV betont: Der einigungsvertraglichen Kündigungsvorschrift liegt eine andere Interessenlage zugrunde als § 1 II KSchG. Abs. 4 EinV ermöglicht es dem öffentlichen Arbeitgeber im übergeordneten staatlichen Interesse, den übernommenen Arbeitnehmer auf seine Eignung zu überprüfen. Bei Kündigungen die ausschließlich an § 1 II KSchG zu messen sind, kann es auf diesen Gesichtspunkt nicht mehr ankommen, denn der öffentliche Arbeitgeber hatte Gelegenheit, bereits bei der Einstellung diese Eignung zu überprüfen. Deshalb sind die Grundsätze zu § 1 II KSchG nicht übertragbar.[370] Insbesondere eine Interessenabwägung ist nicht vorzunehmen.[371] Es sind lediglich die Anforderungen an das konkrete Amt zu bestimmen und anschließend zu beurteilen, ob der Betroffene diesen Anforderungen entspricht.

---

366 BAG, Urteile vom 18.03.93 - 8 AZR 356/92, NZA 93, 120; 13.10.94 - 2 AZR 201/93, AP EinV Anl. 1 Kap. XIX Nr. 35.

367 BAG, Urteile vom 18.03.93 - 8 AZR 356/92, NZA 93, 120; 04.11.93 - 8 AZR 127/92, AP EinV Anl. I Kap. XIX. Nr. 18.

368 BAG, Urteil vom 31.03.76 - 5 AZR 104/74, BAGE 28 S. 62.

369 BVerfG, Beschluss vom 02.05.75 - 2 BvL 13/73, AP Nr. 2 zu Art. 33 Abs. 5 GG.

370 BAG, Urteil vom 18.03.93 - 8 AZR 356/92, NZA 93, 120.

371 BAG, Urteile vom 26.8.93 - 8 AZR 561/92, AP Nr. 8 zu Art. 20 EinV; 13.09.95 - 2 AZR 862/94, NZA 996, 202.

Die Argumentation mit einer Spezialität der Kündigungsnormen Abs. 4 EinV im Verhältnis zu § 1 II KSchG hat das BAG theoretisch aufrecht erhalten. Der Sonderrechtscharakter des Abs. 4 Nr. 1 EinV wurde jedoch inhaltlich entschärft:[372] Nach Ablauf von zwei Jahren nach dem Beitritt darf der Gesichtspunkt nicht mehr unberücksichtigt bleiben, dass der öffentliche Arbeitgeber über einen längeren Zeitraum hinweg die Möglichkeit hatte, die persönliche Eignung des Arbeitnehmers zu erproben. Deshalb ist davon auszugehen, dass sich mit zunehmenden Zeitablauf nach der Wende der Prüfungsmaßstab des Abs. 4 Nr. 1 EinV dem des § 1 II KSchG weitgehend annähert.[373] Die einzelfallbezogene Überprüfung der persönlichen Eignung ist für den Zeitpunkt der Kündigung aufgrund einer Prognose[374] über die künftige beanstandungsfreie Leistung vorzunehmen. Dabei sind das Verhalten und die Einstellung vor dem Beitritt wesentliche, aber nicht einzige Erkenntnisquellen. Insbesondere die Entwicklung nach dem Beitritt darf bei der abschließenden Beurteilung nicht ausgeblendet werden.[375]

Bei der Prüfung, ob ein Arbeitnehmer diese Eignungsanforderungen erfüllt, steht dem Dienstherrn kein gerichtlich lediglich eingeschränkt überprüfbarer Beurteilungsspielraum zu.[376] Es gelten nicht die Grundsätze für Einstellungen in den öffentlichen Dienst, sondern die für Kündigungen, denn durch eine auf Abs. 4 Nr. 1 EinV gestützte Kündigung wird in besonderer Weise in das Grundrecht der Berufsfreiheit des einzelnen Beschäftigten eingegriffen.[377]

Eine ordentliche Kündigung wegen mangelnder persönlicher Eignung nach Abs. 4 Nr. 1 EinV kann auch damit begründet werden, der Arbeitnehmer sei persönlich deshalb nicht geeignet, weil er für das MfS tätig war.[378] Sieht das Gesetz eine außerordentliche Kündigung vor, so ist die ordentliche Kündigung

372 Schlachter, Justitielle Aufarbeitung am Beispiel der Arbeitsgerichtsbarkeit, S. 51 f.
373 BAG, Urteile vom 11.05.95 - 2 AZR 683/94, EzA Art. 20 EinV Nr. 45; 13.06.96 - 2 AZR 483/95, NZA 97, 258.
374 Zur Geltung des Prognoseprinzips auch für Sonderkündigungsrecht s. S. 81.
375 BVerfG, Beschluss vom 21.02.95 - 1 BvR 1397/93, EzA Art. 20 EV Nr. 44.
376 BAG, Urteile vom 04.11.93 - 8 AZR 127/92, AP EinV Anl. I Kap. XIX Nr. 18; 16.11.95 - 8 AZR 864/93, EzA Art. 20 EinV Nr. 47; Preis/Stoffels, RdA 96, 219; a.A.: LAG Berlin, Urteil vom 25.01.93 - 12 Sa 113/92, ZTR 93, 433; Holzhauser, NJ 91, 494 f.
377 BAG, Urteil vom 26.09.96 - 8 AZR 879/94, n.v.
378 BAG, Urteile vom 28.01.93 - 8 AZR 415/92, AuA 93, 279; 25.02.93 - 8 AZR 274/92, NZA 93, 1036; 13.09.95 - 2 AZR 862/94, NZA 96, 202; LAG Thüringen, Urteil vom 15.08.95 - 5 Sa 544/94, n.v.

als das schwächere Beendigungsinstrument erst recht zulässig.[379] Wird also die fehlende Eignung allein auf die Tätigkeit für das MfS gestützt, kommt es zur Erfüllung der Voraussetzungen des Abs. 4 Nr. 1 EinV darauf an, ob die Voraussetzungen des Abs. 5 Nr. 2 EinV vorliegen.[380] Das bedeutet, wenn infolge einer Tätigkeit für das MfS die Weiterbeschäftigung eines Beschäftigten im öffentlichen Dienst unzumutbar erscheint, dann fehlt ihm zwangsläufig auch die persönliche Eignung. Ebenfalls können für eine Kündigung wegen persönlicher Nichteignung MfS-Verstrickungen unterhalb der Schwelle des Abs. 5 Nr. 2 EinV relevant werden. So führte das BAG[381] mehrfach aus, es begründe zumindest Zweifel an der persönlichen Eignung für eine Tätigkeit innerhalb des öffentlichen Dienstes, wenn aufgrund eines freien Willensentschlusses und ohne entschuldigenden Zwang eine Verpflichtungserklärung zur inoffiziellen Mitarbeit beim MfS unterzeichnet wurde.[382] In diesem Fall muss aber das Fehlen der persönlichen Eignung im Wege der Einzelfallprüfung positiv festgestellt werden.

b) Die Voraussetzungen nach § 1 II KSchG

Eine ordentliche Kündigung innerhalb des Anwendungsbereiches des Kündigungsschutzgesetzes ist rechtswirksam, wenn sie sozial gerechtfertigt ist. Sozial gerechtfertigt ist die Kündigung, wenn sie durch Gründe, die in der Person oder in dem Verhalten des Arbeitnehmers liegen, bedingt ist.

Eine Tätigkeit für das MfS, die die Voraussetzungen des Abs. 5 Nr. 2 EinV erfüllt, kann unter personenbedingtem Gesichtspunkt Kündigungsgrund nach § 1 II KSchG sein. Dennoch ist selbst bei Vorliegen einer Unzumutbarkeit der Weiterbeschäftigung nach Abs. 5 Nr. 2 EinV nicht automatisch von einer sozial gerechtfertigten Kündigung nach § 1 II KSchG auszugehen. Ein Rückschluss a maiore ad minus ist im Verhältnis dieser beiden Vorschriften nicht möglich. § 1 II KSchG erfordert neben dem Kündigungsgrund "an sich" eine betont

---

[379] ArbG Berlin, Urteil vom 24.04.91 - 80 Ca12444/90, EzA Art. 20 EinV Nr. 2; Oetker, Kommentar zum VermG, § 16 Anh. I Rnr. 283; anders: Däubler, PersR 90, 313 (314).
[380] BAG, Urteile vom 28.01.93 - 8 AZR 415/92, AuA 93, 279; 25.02.93 - 8 AZR 274/92, NZA 93, 1036; 13.09.95 - 2 AZR 862/94, NZA 96, 202; LAG Thüringen, Urteil vom 15.08.95 - 5 Sa 544/94, n.v.
[381] BAG, Urteile vom 26.08.93 - 8 AZR 561/92, AP Nr. 8 zu Art. 20 EinV; 14.12.95 - 8 AZR 356/94, AP Nr. 56 zu EinV Anl. I Kap. XIX; 26.09.96 - 8 AZR 879/94, n.v.
[382] Dem BAG folgend: LAG Thüringen, Urteil vom 15.08.95 - 5 Sa 544/94 n.v.

zukunftsorientierte allseitige Interessenabwägung. Damit ist der Anwendungsbereich beider Kündigungsvorschriften nicht vollständig deckungsgleich.[383]

Mangelnde persönliche Eignung des Arbeitnehmers für die ausgeübte Tätigkeit im Sinne des Abs. 4 Nr. 1 EinV, die sich - wie oben beschrieben - auch aus einer MfS-Verstrickung herleiten lässt, kann ebenfalls einen Grund für eine personenbedingte Kündigung nach § 1 II KSchG darstellen.[384] Jedoch waren schon nach dem Tag der zunächst festgelegten Geltung der einigungsvertraglichen Sonderkündigungsvorschrift die Voraussetzungen einer ordentlichen Kündigung nach Abs. 4 EinV den höheren Maßstäben des § 1 II KSchG anzunähern.[385] Erst recht sind die durch die höchstrichterliche Rechtsprechung konkretisierten Maßstäbe des Abs. 4 Nr. 1 EinV nach seinem endgültigen Außerkrafttreten zum 31.12.1993 nicht auf die ordentliche Kündigung nach § 1 II KSchG übertragbar.[386] Vielmehr ist für eine sozial gerechtfertigte Kündigung erforderlich, dass neben dem Fehlen der persönlichen Eignung eine negative Prognose bezüglich der weiteren Erfüllung der Arbeitspflicht und eine erhebliche Beeinträchtigung betrieblicher Interessen vorliegen. Darüber hinaus muss eine umfangreiche Interessenabwägung im Einzelfall erfolgen. In Anbetracht dieser hohen Voraussetzungen ist - abgesehen von der unbefristeten Möglichkeit zur außerordentlichen Kündigung nach § 5 Nr. 2 EinV - eine Kündigung wegen MfS-Verstrickung nach der nunmehr verstrichenen Zeit in Zukunft von geringer praktischer Relevanz.

5. Die ordentliche Kündigung wegen Verschweigens einer MfS-Verstrickung

a) Die Voraussetzungen nach Abs. 4 Nr. 1 EinV

Das Bundesarbeitsgericht hat aus einer Falschbeantwortung von Fragen nach früherer MfS-Verstrickung die mangelnde persönliche Eignung i. S. Abs. 4 Nr. 1 EinV abgeleitet. Die Falschbeantwortung indiziert mangelnde persönliche Eignung i. S. Abs. 4 Nr. 1 EinV deshalb, weil sie Zweifel an der Ehrlichkeit und künftigen Loyalität des Arbeitnehmers gegenüber seinem Dienstherrn

[383] BAG, Urteil vom 13.03.97 - 2 AZR 506/96, NJ 97, 606 (607).
[384] BAG, Urteil vom 13.06.96 - 2 AZR 483/95, NZA 97, 258.
[385] BAG, Urteile vom 11.5.95 - 2 AZR 683/94, NZA 96, 145 (148); 13.06.96 - 2 AZR 483/95, NZA 97, 258.
[386] LAG Thüringen, Urteil vom 11.03.97 - 7 Sa 283/96, n.v.; Preis/Stoffels, RdA 96, 223; a.A. Oetker, Anmerkung zu BAG, Urteile vom 04.11.93 - 8 AZR 43/93 und 8 AZR 127 /93, AP Nr. 17 und 18 EinV Anl. I Kap. XIX.

begründet.[387] So lautet es in einer Entscheidung aus dem Jahr 1993, wer wahrheitswidrig versichert, keine Verpflichtungserklärung gegenüber dem MfS abgegeben zu haben, offenbart an sich, dass er ungeeignet ist für den öffentlichen Dienst.[388] Später stellte das BAG[389] klar, dass auch insoweit neben der individuellen Schuld des Arbeitnehmers alle sonstigen Umstände des Einzelfalls, die für oder gegen die persönliche Eignung des Arbeitnehmers sprechen, zu prüfen und abzuwägen sind. Aus der Falschbeantwortung folgt nicht zwangsläufig mangelnde persönliche Eignung: Hat der Arbeitnehmer beispielsweise freiwillig und glaubwürdig seine ihn belastende Haltung geändert und sich dem Arbeitgeber offenbart, kann dies eine positive Prognose hinsichtlich der künftigen Loyalität des Arbeitnehmers zulassen.[390]

Voraussetzung für zulässige arbeitsrechtliche Konsequenzen von Falschangaben ist zunächst aber, dass der Arbeitgeber einen Auskunftsanspruch im bestehenden Arbeitsverhältnis hat, mithin der Arbeitnehmer zu wahrheitsgemäßer Beantwortung verpflichtet war. Dies wurde grundsätzlich bejaht:[391] Die Fragen nach Tätigkeiten für das MfS und nach der Unterzeichnung einer Verpflichtungserklärung haben im Zusammenhang mit dem Arbeitsverhältnis gestanden und dem Zweck gedient, ungeeignete Personen im Sinne Abs. 4 und Abs. 5 EinV zu kündigen. Um die Eignungsüberprüfung aller übernommenen Arbeitnehmer im öffentlichen Dienst nachholen zu können, die wegen der Personalaktenbereinigung unter der Regierung Modrow und wegen des konspirativen Charakters einer inoffiziellen Tätigkeit mit dem MfS nicht allein aufgrund vorhandener Unterlagen möglich war[392], musste sich der öffentliche Arbeitgeber anderweitig informieren. Daher hatte er ein berechtigtes Interesse daran, Tatsachen zu erfragen, deren Kenntnis zur Ausübung des Kündigungsrechts notwendig ist. Der Eingriff in das Recht auf informationelle Selbstbestimmung wird durch zwingende Gründe des Gemeinwohls, nämlich Aufbau einer rechtsstaatlichen Verwaltung, gerechtfertigt. Ein solches berechtigtes Interesse an wahrheitsgemäßer Beantwortung hat der Arbeitgeber

---

[387] BAG, Urteil vom 13.09.95 - 2 AZR 862/94, NZA 96, 202.
[388] BAG, Urteil vom 26.08.93 - 8 AZR 561/92, AP Nr. 8 Art. 20 EinV.
[389] BAG, Urteil vom 13.09.95 - 2 AZR 862/94, NZA 96, 202.
[390] BAG, Urteile vom 13.09.95 - 2 AZR 862/94, NZA 96, 202; 14.12.95 - 8 AZR 356/94, DB 96, 1090; 26.09.96 - 8 AZR 879/94, n.v.
[391] BVerfG, Urteil vom 08.07.97 - 1 BvR 2111/94 u.a., NZA 97, 992 ff.; BAG, Urteile vom 26.08.93 - 8 AZR 561/92, AP Nr. 8 Art. 20 EinV; 07.09.95 - 8 AZR 828/93, NJ 96, 217; 13.09.95 - 2 AZR 862/94, NZA 96, 202; 13.06.96 - 2 AZR 483/95, NZA 97, 204; 20.08.97 - 2 AZR 42/97, n.v.; 02.12.99 - 2 AZR 724/98, AP Nr. 16 zu § 79 BPersVG; LAG Berlin, Urteil vom 22.06.92 - 9 Sa 29/92, NZA 92, 1131.
[392] Vgl. dazu oben in Kapitel C S. 70.

jedoch nicht bei Fragen über erfolglose Anwerbungsversuche, da der Zusammenhang mit dem Arbeitsverhältnis fehlt; eine Auskunftspflicht besteht in diesem Fall nicht.[393]

Das Bundesverfassungsgericht hat die Rechtsprechung des BAG zum Fragerecht des Arbeitgebers insoweit kritisiert, als der Arbeitnehmer über seine Vergangenheit zeitlich unbegrenzt zur Auskunft verpflichtet worden war. Dieser Umfang des Fragerechts ist durch das an sich legitime Ziel einer nachträglichen Eignungsüberprüfung nicht mehr in einer Weise gedeckt, die ein Zurücktreten des allgemeinen Persönlichkeitsrechts nach Maßgabe des Verhältnismäßigkeitsgrundsatzes rechtfertigt. Vor 1970 abgeschlossene Tätigkeiten für das MfS haben keine oder nur äußerst geringe Bedeutung für den Fortbestand des Arbeitsverhältnisses, da daraus kein verlässlicher Schluss auf die heutige Einstellung gezogen werden kann. Der Arbeitnehmer darf Vorgänge vor 1970 daher verschweigen.[394]

Das Jahr 1970 ist dabei nicht als Stichtagsregelung zu verstehen. Vielmehr ist hinsichtlich der nach 1970 abgeschlossenen MfS-Verstrickungen dem Schutz des Persönlichkeitsrechts durch Würdigung der jeweiligen Fragen und Antworten Rechnung zu tragen.[395]

b) Die Voraussetzungen nach § 1 II KSchG

Die ordentliche Kündigung nach § 1 II KSchG wegen der Fragebogenlüge kann sowohl unter personenbedingten Gesichtspunkten als auch verhaltensbedingt ausgesprochen werden.

Wird die Kündigung auf mangelnde persönliche Eignung als personenbedingten Kündigungsgrund gestützt, so müssen charakterliche Gründe vorgetragen werden, die zu einer persönlichen Ungeeignetheit führen. Liegt z. B. eine grundsätzliche Unehrlichkeit vor, würde dies Zweifel an der persönlichen Eignung als Lehrer begründen. Die einmalige Falschbeantwortung im

---

[393] BAG, Urteile vom 07.09.95 - 8 AZR 828/93, NJ 96, 217; 01.07.99 - 2 AZR 540/98, NZA RR 99, 635.

[394] BVerfG, Beschlüsse vom 08.01.98 - BvR 390/96, NZA 418; 04.08.98 - 1 BvR 2095/97, NZA 1329; Urteil vom 08.07.97 - 1 BvR 2111/94 u.a., NZA 97, 992; BerlVerfGH, Beschluss vom 17.12.97 - VerfGH 2/96, NZA 98, 591; gegen eine unbeschränkte Auskunftspflicht schon Hantel, NJ 95, 171.

[395] BVerfG, Beschlüsse vom 08.01.98 - BvR 390/96, NZA 418; 21.07.99 - 1 BvR 1584/98, NZA 1095; BAG, Urteil vom 16.10.97 - 8 AZR 762/95, NJ 98, 334.

Fragebogen reicht zur Annahme einer solchen grundsätzlichen Unehrlichkeit jedoch nicht aus.[396]

Für eine mangelnde Eignung spricht es allerdings, wenn der Arbeitnehmer wiederholt auf seinen falschen Angaben zur MfS-Tätigkeit beharrt und durch sein Gesamtverhalten offenbart, dass er nicht zu einer ehrlichen Aufarbeitung seiner Vergangenheit bereit oder in der Lage ist.[397] Wiederum weist das BAG ausdrücklich darauf hin, dass die Rechtsprechung zum Sonderkündigungstatbestand Abs. 4 Nr. 1 EinV, wonach derjenige in der Regel als ungeeignet für den öffentlichen Dienst anzusehen ist, der wahrheitswidrige Angaben über frühere MfS-Verstrickungen macht, nicht auf die Kündigung nach § 1 II KSchG übertragbar sind.[398]

Die bewusste Falschbeantwortung von zulässigen Fragen nach MfS-Tätigkeiten kann unter Umständen auch eine ordentliche verhaltensbedingte Kündigung nach § 1 II KSchG rechtfertigen.[399] Eine verhaltensbedingte Kündigung erfordert allerdings regelmäßig eine vorherige Abmahnung des Arbeitnehmers. Ausnahmen hiervon kommen bei einer schweren Pflichtverletzung im Vertrauensbereich in Betracht[400] oder einer vorsätzlichen Pflichtverletzung[401]. Zu überprüfen ist also, ob das konkrete Verhalten das Vertrauen des öffentlichen Arbeitgebers nachhaltig zerstört hat. Ein solcher Fall liegt z. B. vor, wenn der Befragte noch bei der Anhörung über seine MfS-Verstrickung durch eine Personalkommission - also zu einem Zeitpunkt, zu dem unzweifelhaft von einem berechtigten Interesse des Arbeitgebers an einer wahrheitsgemäßen Beantwortung der Fragen auszugehen war - falsche Angaben macht.[402] Das BVerfG[403] bemängelte im Hinblick auf das Grundrecht auf freie Wahl des Arbeitsplatzes die arbeitsgerichtliche Rechtsprechung dahingehend, dass bei der Bewertung der Angaben im Fragebogen nicht zwischen ungenauen und unwahren Antworten unterschieden wurde. Bei der Würdigung des Einzelfalles ist zu überprüfen, ob die konkrete Antwort geeignet war, das Vertrauen des Arbeitgebers zu zerstören.

---

396 BAG, Urteil vom 13.06.96 - 2 AZR 483/95, NZA, 97, 204; LAG Thüringen, Urteil vom 11.03.97 - 7 Sa 283/96, n.v.
397 BAG, Urteil vom 20.08.97 - 2 AZR 42/97, n.v.
398 BAG, Urteil vom 13.06.96 - 2 AZR 483/95, NZA 97, 204.
399 BAG, Urteile vom 13.06.96 - 2 AZR 483/95, NZA 97, 204;20.08.97 - 2 AZR 42/97, n.v.
400 Küttner (Eisemann), Personalbuch 1997, 2 Rnr. 13.
401 Erfurter Kommentar-Ascheid, KSchG § 1 Rnr. 304.
402 BAG, Urteil vom 20.08.97 - 2 AZR 42/97, n.v.
403 BVerfG, Urteil vom 08.07.97 - BvR 2111/94 u.a., NZA 98, 992.

Wie schon unter a) erörtert, ist Voraussetzung für arbeitsrechtliche Konsequenzen einer Falschbeantwortung, dass der Arbeitgeber ein Fragerecht hat. Auch im Hinblick auf die Kündigung nach § 1 II KSchG gilt, dass der Arbeitnehmer zu vor 1970 abgeschlossenen MfS-Verstrickungen nicht zu Angaben verpflichtet ist.[404] Des weiteren kann sich je nach den Umständen ebenfalls eine Einschränkung des Fragerechts ergeben, wenn die Tätigkeit für das MfS noch vor dem 31.12.1975 beendet wurde, heute also gemäß § 19 Abs. 1 Satz 2 d StUG[405] nicht mehr mitgeteilt würde.[406]

Bei einer Kündigung nach § 1 II KSchG ist neben dem personen- oder verhaltensbedingten Kündigungsgrund eine umfassende Interessenabwägung erforderlich. Einzubeziehen sind dabei alle Umstände des Einzelfalls, wie unter anderem das Maß des Verschuldens bei der falschen oder unvollständigen Antwort[407]. Darüber hinaus sind in die Interessenabwägung Art und Umfang der verschwiegenen Verstrickung einschließlich aller Entlastungsmomente, die bei der Prüfung der Tätigkeit nach Abs. 5 Nr. 2 EinV Berücksichtigung finden würden,[408] einzustellen.[409]

IV. Die Beteiligung des Personalrats

Die Personalvertretungsregelungen und damit die Beteiligungsrechte des Personalrats finden auch auf die Kündigungen nach dem Einigungsvertrag Anwendung.[410] Bei fehlerhafter Beteiligung des Personalrats sind Kündigungen gemäß § 108 II BPersVG, § 78 IV ThürPersVG unwirksam. In den Fällen der ordentlichen Kündigung bestimmt der Personalrat mit, § 78 I ThürPersVG, vor außerordentlichen Kündigungen ist er anzuhören, § 78 III ThürPersVG. Bei den hier untersuchten Lehrerkündigungen hatte das Thüringer Kultusministerium über die Kündigungen wegen MfS-Verstrickung zu entscheiden, weshalb im konkreten Fall gemäß § 82 II ThürPersVG der Hauptpersonalrat anzuhören war.

---

[404] Vgl. oben, Fußnote 394.
[405] Stasi-Unterlagen-Gesetz in der Fassung des 3. Änderungsgesetzes vom 20.12.1996, BGBl. I, S. 2026.
[406] BAG, Urteil vom 20.08.97 - 2 AZR 42/97, n.v.
[407] BVerfG, Beschluss vom 19.03.98 - 1 BvR 10/97, NZA 98, 587; BAG, Urteil vom 13.06.96 - 2 AZR 483/95, NZA 97, 204.
[408] Zu den entlastenden Umständen siehe oben S. 92 ff.
[409] BAG, Urteile vom 20.08.97 - 2 AZR 42/97, n.v.; 04.12.97 - 2 AZR 750/96, NZA 98, 474.
[410] Vgl. oben Fn. 288.

Voraussetzung für eine ordnungsgemäße Einleitung des Beteiligungsverfahrens ist, dass der Personalrat ausreichend über den Sachverhalt unterrichtet wird. Inhaltlich entspricht die Mitteilungspflicht des öffentlichen Arbeitgebers den von der Rechtsprechung zu § 102 BetrVG entwickelten Grundsätzen, wonach der Arbeitgeber den Personalrat von sich aus vollständig umfassend und substantiiert über alle Gesichtspunkte zu unterrichten hat, die ihn zur Kündigung veranlasst haben, einschließlich der gegen die Kündigung sprechenden Umstände. Der Personalrat muss in die Lage versetzt werden, ohne weitere eigene Nachforschungen selbst die Stichhaltigkeit der Kündigungsgründe zu überprüfen. Diesem Maßstab genügt der Arbeitgeber im Falle einer Kündigung wegen MfS-Verstrickung und deren Verschweigen nicht, wenn er auf den Einzelbericht der Gauck-Behörde, das Protokoll der Anhörung des Betroffenen vor der Kommission und den Personalfragebogen mit der kündigungsrelevanten Falschauskunft lediglich hinweist und dem Personalrat Gelegenheit zur Einsicht in die Personalakte, die diese Unterlagen enthält, gewährt. Die Gewährung des Einsichtsrechts ersetzt die ordnungsgemäße Unterrichtung des Personalrats nicht, die zumindest Angaben zu Art und Umfang der Tätigkeit beim MfS erfordert.[411]

Das BAG hatte im Rahmen der Sonderkündigungen nach dem Einigungsvertrag auch das allgemeine Problem zu klären, ob das Handeln eines sonstigen Beauftragten im Anhörungsverfahren bei fehlender Verhinderung des Dienststellenleiters[412] die Unwirksamkeit der Kündigung nach § 108 II BPersVG zur Folge hat. Dabei entschied es gegen eine Auswirkung dieses Mangels auf das Individualrechtsverhältnis zwischen öffentlichen Arbeitgeber und Gekündigtem. Der Personalrat kann als mit der Organisation der Dienststelle vertraute Partner des Dienststellenleiters den Verfahrensmangel sofort erkennen und ihn unverzüglich rügen, sofern er ihn beanstanden will. Unterlässt der Personalrat dies, so verliert er sein Rügerecht. Der Mangel ist dann sowohl im Verhältnis zwischen Dienstelle und Personalrat als auch im Außenverhältnis unbeachtlich.[413]

---

[411] BAG, Urteil vom 26.05.94 - 8 AZR 395/93, AuA 95, 205; LAG Sachsen-Anhalt, Urteil vom 05.11.96 - 8 Sa 890/95, NZA-RR 97, 325.

[412] Gemäß § 7 BPersVG kann sich der Dienststellenleiter nur im Verhinderungsfall vertreten lassen.

[413] BAG, Urteile vom 26.10.95 - 2 AZR 743/94, AP Nr. 37 zu Art. 20 EinV (unter Aufgabe der gegenteiligen Rechtsprechung im Urteil vom 31.03.83, BAGE 44, S. 37); 18.07.96 - 8 AZR 228/94, ZTR 97, 232.

V. Darlegungs- und Beweislast

In den Kündigungsschutzverfahren bezüglich der Wirksamkeit von Kündigungen nach dem Einigungsvertrag bestehen hinsichtlich der Verfahrensgrundsätze keine Besonderheiten, obwohl im Nachhinein verschiedentlich geäußert wurde, im Hinblick auf unzureichende Vertrautheit der Gerichte mit den Lebenssachverhalten wäre es wünschenswert gewesen, für diese Sondertatbestände den Untersuchungsgrundsatz vorzugeben.[414] Mangels Festlegungen im Einigungsvertrag zu den Verfahrensgrundsätzen gelten aber die generellen Verhandlungs- und Beibringungsgrundsätze.[415] Folglich obliegt dem kündigenden Arbeitgeber die volle Beweislast für die Kündigungsvoraussetzungen.[416] Im Rahmen der Kündigung nach Abs. 5 Nr. 2 EinV muss er also darlegen und im Bestreitensfalle auch nachweisen, dass der Arbeitnehmer für das MfS tätig war. Selbst bei Vorliegen einer Verpflichtungserklärung kommt keine Beweiserleichterung durch Anscheinsbeweis in Betracht, da dieser nur bei typischen Geschehensabläufen greift; es kann jedoch nicht nach allgemeiner Lebenserfahrung von einer Verpflichtungserklärung auf eine entsprechende Tätigkeit geschlossen werden.[417]

In den Verfahren zu Kündigungen wegen MfS-Verstrickung bzw. wahrheitswidrigen Angaben zu solchen Verstrickungen sind die Auskünfte des Bundesbeauftragten sowie die Akten des Staatssicherheitsdienstes selbst von großer Bedeutung. Es stellt sich daher die Frage nach dem Beweiswert dieser Unterlagen. Als Beweismittel in Form einer amtlichen Auskunft ist die Gauckauskunft nur geeignet, soweit sie sich auf Tatsachen bezieht.[418] Es handelt sich weder um eine öffentliche Urkunde gem. §§ 415, 418 ZPO, die Beweis für die darin bezeugten Tatsachen begründen könnte, noch um einen feststellenden Verwaltungsakt.[419] Zumindest aber kann der öffentliche Arbeitgeber durch Vorlage der Stellungnahme des Bundesbeauftragten eine Tätigkeit des

---

[414] Ascheid, Die Kündigungsgründe nach dem Einigungsvertrag, S. 94 f.
[415] BAG, Urteil vom 25.02.93 - 8 AZR 274/92, AP Art. 20 EV Nr. 6.
[416] BAG, Urteile vom 28.04.94 -8 AZR 57/93, NZA 95, 785; 27.06.96 - 8 AZR 1024/94, NZA 97, 258; Säcker/Oetker, MünchKomm-Einigungsvertrag Anlage I, Rnr. 1021.
[417] BAG, Urteile vom 26.08.93 - 8 AZR 561/92, AP Art. 20 EinV Nr. 8; 14.12.95 - 8 AZR 356/94, DB 96, 1090; a. A. Scholz, BB 91, 2515 (2525 f.).
[418] Braunert, AuA 93, 17.
[419] ArbG Berlin, Urteil vom 01.04.92 - 64 A Ca 28177/91, NZA 92, 593; Lansnicker/Schwirtzek, DtZ 94, 162 (163 f.).

gekündigten Arbeitnehmers für das MfS behaupten und so schlüssig die Kündigungsvoraussetzungen nach Abs. 5 Nr. 2 EinV darlegen.[420]

Die Unterlagen des Staatssicherheitsdienstes, die sogenannten Stasi-Akten, haben im Prozess keinen über ihre Existenz hinausgehenden Beweiswert; sie sind lediglich Privaturkunden, §§ 415, 416 ZPO.[421] Beinhaltet sie keine vom Kläger selbst unterzeichneten oder angefertigten Schriftstücke, so genügt die Vorlage der Stasi-Akte nicht für den Nachweis, dass eine bewusste finale Zusammenarbeit mit dem MfS vorlag.[422] Sie liefert lediglich Indizien, die in eine freie Beweiswürdigung nach § 286 ZPO einfließen.[423] Geeignetes Beweismittel dafür, dass die in der Akte festgehaltenen Informationen bewusst und gewollt vom Kläger an das MfS weitergegeben worden sind, ist die Vernehmung des damaligen aktenführenden Mitarbeiters des MfS.

Schwierigkeiten bei der Beweisführung ergeben sich für den öffentlichen Arbeitgeber ebenfalls bei der Frage, ob eine Falschauskunft im Personalfragebogen bewusst gegeben wurde, es sich also auch subjektiv um eine Lüge handelt. Hier kann der Nachweis nur über Hilfstatsachen erbracht werden, die im Rahmen der freien Beweiswürdigung zur Überzeugung des Gerichts führen können.[424] Der Vortrag des Klägers, es liege eine "Erinnerungslücke" bezüglich der MfS-Verstrickung vor, darf nicht in jedem Fall als unwahre Schutzbehauptung außer Acht gelassen werden.[425]

---

[420] BAG, Urteil vom 23.09.93 - 8 AZR 484/92, DB 94, 586.
[421] ArbG Berlin, Urteil vom 06.04.92 - 82 Ca 18774/91, NZA 92, 597 (601).
[422] ArbG Berlin, Urteil vom 06.04.92 - 82 Ca 18774/91, NZA 92, 597 (601).
[423] BAG, Urteile vom 23.09.93 - 8 AZR 484/92, DB 94, 586; 14.12.95 - 8 AZR 356/94, DB 96, 1090; ArbG Berlin, Urteil vom 06.04.92 - 82 Ca 18774/91, NZA 92, 597 (601f.); Braunert, AuA 93, 16; 400; Catenhusen, Die Stasi-Überprüfung im öffentlichen Dienst der neuen Bundesländer, S. 210; Kunze, DtZ 94.
[424] So z. B. in den Fällen BAG, Urteile vom 13.06.96 - 2 AZR 483/95, NZA 97, 204; 20.08.97 - 2 AZR 42/97, n.v.
[425] Schlachter, Justitielle Aufarbeitung am Beispiel der Arbeitsgerichtsbarkeit, S. 65.

E. Die Kündigungen wegen MfS-Verstrickung durch das Thüringer Kultusministerium und deren Überprüfung durch die Thüringer Arbeitsgerichte

I. Einleitung

Nachdem vorstehendes Kapitel aufzeigt, welche Voraussetzungen an eine rechtmäßige Kündigung wegen MfS-Verstrickung gestellt werden, sollen in diesem Kapitel die untersuchten Kündigungsfälle auf das Vorliegen dieser Voraussetzungen hin überprüft werden. Den an erster Stelle zur Anwendung des Sonderkündigungsrechts berufenen Verwaltungen standen die erst schrittweise konkretisierten Kontrollmaßstäbe zunächst nicht als Entscheidungsrichtlinien zur Seite. Es besteht daher der Verdacht, dass viele Entlassungen vorgenommen, und zumindest erstinstanzlich auch bestätigt worden sind, die den heute geltenden Maßstäben nicht standgehalten hätten.[426] Die in der Literatur erhobenen Vorwürfe gegen die Kündigungs- und gerichtliche Entscheidungspraxis sind vielfältig: Die öffentlichen Arbeitgeber hätten schon bei bloßer Mitarbeit für das MfS ohne die vorgesehene Einzelfallprüfung zur Kündigung gegriffen,[427] die Überprüfungs- und Beurteilungspraxis sei schon länderintern, erst recht länderübergreifend nicht einheitlich,[428] die Handhabung des einigungsvertraglichen Sonderrechts durch die Gerichte sei nicht nur zwischen Arbeits- und Verwaltungsgerichtsbarkeit höchst unterschiedlich, sondern wäre auch innerhalb der Arbeitsgerichtsbarkeit uneinheitlich und unterläge darüber hinaus über die vergangenen Jahre großen Schwankungen.[429] Die Vorgaben der Rechtsprechung würden von der öffentlichen Verwaltung nur ungenügend umgesetzt.[430] Außerdem wurde vielfach der Verdacht geäußert, für die kündigenden Verwaltungen sei nicht allein Sinn und Zweck der Sonderkündigungsrechte Richtschnur des Handelns gewesen, vielmehr bestünde

---

[426] Schlachter, FS für Thomas Dieterich zum 65. Geburtstag, S. 549, 563 f.
[427] Lansnicker/Schwirtzek, MDR 91, 203.
[428] Dammann/Kutscha, NJ 99, 281; Majer, KJ 92, 147, 148 u. 164; Müller-Enbergs, Zum Umgang mit inoffiziellen Mitarbeitern - Gerechtigkeit im Rechtsstaat?, S. 10; Neumann, AuA 97, 50, 53 f.
[429] Müller-Enbergs, Zum Umgang mit inoffiziellen Mitarbeitern - Gerechtigkeit im Rechtsstaat?, S. 11 f.; Kreuder, Die Mitbestimmung 92, 85 ff.; Weiss/Kreuder, ArbuR 94, 12, 14.
[430] Stapelfeld, DtZ 95, 186.

der Eindruck eines engen Zusammenhangs zum ohnehin notwendigen Personalabbau.[431]

Inwieweit in der Praxis eine verfassungsgemäße Anwendung der Kündigungsinstrumentarien gelungen ist, soll mit Hilfe einer empirischen Untersuchung überprüft werden.

Zunächst erfolgt die Beschreibung der Untersuchung im Gesamten. In einem zweiten Schritt werden die einzelnen Ergebnisse der Datenerhebung nach dem jeweils chronologischen Ablauf beginnend mit dem Eingang der Gauck-Auskunft bis zum Abschluss des gerichtlichen Verfahrens dargestellt und ausgewertet.

II. Die Datenerhebung

1. Das Verfahren im Thüringer Kultusministerium

Die Überprüfung der Lehrer erfolgte in Thüringen in zwei Phasen: Im Zeitraum 1991 bis ca. 1993 wurde zunächst die fachliche und die persönliche Eignung, anschließend - mit Eingehen der ersten Auskünfte der Behörde des Bundesbeauftragten für die Unterlagen des Staatssicherheitsdienstes (im folgenden auch Gauck-Auskunft) etwa ab 1993 - auf eine Verstrickung mit der Staatssicherheit überprüft.[432] Die Beurteilung der persönlichen Eignung erfolgte durch eine fünfköpfige Kommission auf der Ebene der Kreisschulämter. Für Zweifelsfälle wurde eine zentrale Kommission in Weimar eingerichtet.[433] Denjenigen Mitarbeitern, die bestehende Zweifel an der politischen Integrität ausräumen konnten, wurde die persönliche Eignung unter dem Vorbehalt der Auskunft des BStU bescheinigt. Schon in dieser ersten Phase konnte eine z. B. durch ausführliche Angaben im Fragebogen bekannt gewordene Stasi-Verstrickung zu einer Kündigung bzw. einem Aufhebungsvertrag führen.

Der Eignungsüberprüfung folgte ab 1993 die Überprüfung auf kündigungsrelevante Verstrickung mit dem MfS durch das Kultusministerium.

---

[431] Müller-Enbergs, Zum Umgang mit inoffiziellen Mitarbeitern - Gerechtigkeit im Rechtsstaat?, S. 10; Schmidt, Pädagogik und Schulalltag 92, 62, 73; Weiss/Kreuder, ArbuR 94, 12, 14; Schroers, AuA 94, 382.

[432] V. Roenne, Überprüfungen der ehemaligen Mitarbeiter der Staatsorgane der DDR in den neuen Ländern, S. 50 ff.; Schmidt, Pädagogik und Schulalltag 92, 62, 71 ff.

[433] V. Roenne, Überprüfungen der ehemaligen Mitarbeiter der Staatsorgane der DDR in den neuen Ländern, S. 50 ff.; Schmidt, Pädagogik und Schulalltag 92, 62, 71 ff.

Nach Information des Thüringer Kultusministeriums[434] wurden bzw. werden alle Bediensteten von der Gauck-Behörde überprüft. Die ersten Auskünfte gingen im Jahre 1993 ein. Von den bislang 40.466 eingereichten Auskunftsersuchen sind durch die Gauck-Behörde alle bis Ende 1997 eingereichten Ersuchen bearbeitet. Die ca. 400 ausstehenden Auskünfte betreffen Anfragen zu Neueinstellungen. Das Überprüfungsverfahren wegen MfS-Verstrickung im TKM kann daher als weitestgehend abgeschlossen bezeichnet werden, was eine abschließende Betrachtung erlaubt.

Die Auskünfte der Gauck-Behörde ergaben in 1.280 Fällen einen Hinweis auf eine Eintragung in den Stasi-Akten. Das entspricht etwa 3 % der Beschäftigten des TKM. Von den betroffenen Mitarbeitern waren allerdings schon 351 vor Eingang der belastenden Auskunft aus dem Dienst ausgeschieden – sei es durch Kündigung mangels fachlicher bzw. persönlicher Eignung, aufgrund erreichten Rentenalters oder aus anderen Gründen. In weiteren 90 Fällen war die sich aus den Auskünften ergebende „Stasi-Berührung“ so gering, dass seitens des TKM ohne Anhörung nach Aktenlage für ein Verbleiben im öffentlichen Dienst entschieden wurde. Die übrigen 839 betroffenen Bediensteten wurden zur Anhörung vor einer Kommission des Kultusministeriums geladen.

Die Kommission war zusammengesetzt aus drei Mitarbeitern des Ministeriums, und zwar je zwei Lehrern aus der ehemaligen DDR und einem Juristen westdeutscher Herkunft. Die personelle Besetzung der Kommission war zwar über weite Zeiträume, nicht jedoch für die gesamte Überprüfung identisch. Anders als beispielsweise der entsprechende Überprüfungsausschuss im Thüringer Innenministerium, der das Überprüfungsverfahren und die Kriterien seiner Entscheidungsbildung in einer Geschäftsordnung festlegte,[435] arbeitete die Kommission nicht auf der Basis einer internen Richtlinie oder eines Kriterienkatalogs zur Entscheidungsfindung. Auch die Empfehlungen des Landesbeauftragten für die Unterlagen des Staatssicherheitsdienstes[436] fanden keine Berücksichtigung.

---

[434] Information durch den zuständigen Bearbeiter des TKM.

[435] Thüringer Innenministerium, Personalüberprüfungsausschuss für die Thüringer Polizei. Abschlussbericht, S. 26 f.

[436] Landesbeauftragter des Freistaates Thüringen für die Unterlagen des Staatssicherheitsdienstes der ehemaligen DDR, Empfehlungen zur Verfahrensweise bei Personalüberprüfungen. Dieses Dokument wurde mit Anschreiben des Landesbeauftragten, Herrn Haschke, vom 02.08.1994 an die personalführenden Dienststellen der öffentlichen Verwaltung versandt.

Über den Inhalt der Anhörung führte die Kommission Protokoll. Neben dem Betroffenen konnte auf dessen Wunsch ein Mitglied des Personalrats und/oder eine Person seines Vertrauens teilnehmen. In die dem TKM zur Verfügung stehenden Kopien aus der Stasi-Akte wurde Einsicht gewährt. Im Anschluss an die Anhörung gab die Kommission nach offener Aussprache ein Votum ab, das auf Weiterbeschäftigung ggf. in Verbindung mit einer Abmahnung, auf außerordentliche Kündigung oder ordentliche Kündigung lauten konnte. Der Kommission war es darüber hinaus möglich, die Einholung einer erweiterten Gauck-Auskunft oder die Begutachtung durch den Landesbeauftragten für die Stasi-Unterlagen zu empfehlen. Ein solches Gutachten wurde aber auch auf Initiative des Betroffenen eingeholt. Nach der Kommission gab zusätzlich der Staatssekretär ein Votum ab. Abschließend entschied der Minister, i.d.R. allerdings entsprechend der Voten. Auch in diesen Stadien des Verfahrens konnte eine Begutachtung durch den LStU in Auftrag gegeben und damit die entgültige Entscheidung über Kündigung oder Weiterbeschäftigung ausgesetzt werden.

Von den 839 angehörten Beschäftigten wurde in 314 Fällen für eine Weiterbeschäftigung im Landesdienst entschieden. Im Falle einer Entscheidung für eine Kündigung wurde dann der Hauptpersonalrat beteiligt. Das Kündigungsschreiben übersandte das TKM anschließend an den zuständigen Schulamtsleiter. Dieser lud die Betroffenen vor und teilte die Kündigungsentscheidung mit, und zwar unter gleichzeitigem Angebot eines Auflösungsvertrages - Beendigungszeitpunkt nach Ablauf der Frist für eine ordentliche Kündigung nach § 53 II BAT-O. Ca. 250 der zur Kündigung vorgesehenen Beschäftigten unterzeichneten den Auflösungsvertrag. Ließ der zu Kündigende die Bedenkzeit von zwei Tagen ohne Annahme des Auflösungsvertrages verstreichen, wurde die Kündigung ausgehändigt. Insgesamt kam es zu 269 Kündigungen wegen MfS-Verstrickung oder/und dem Verschweigen dieser Umstände im Fragebogen. Wie seitens des TKM mitgeteilt wurde, erhoben nahezu alle Betroffenen Kündigungsschutzklage.[437]

2. Die Untersuchung

Eine umfassende Analyse der Entscheidungspraxis des Thüringer Kultusministeriums war wegen der Verweigerung der Einsicht in die Akten des Ministeriums aus datenschutzrechtlichen Gründen nicht möglich. Es konnte

---

[437] Schreiben des TKM an die Verfasserin vom 04.03.1998.

jedoch Akteneinsicht in die Prozessakten der Kündigungsschutzverfahren der vom Kultusministerium wegen MfS-Verstrickung oder/und dem Verschweigen dieser Umstände im Fragebogen gekündigten Arbeitnehmer genommen werden. Die Direktoren bzw. Kammervorsitzenden aller Thüringer Arbeitsgerichte bewilligten die Akteneinsicht zu Forschungszwecken nach § 299 II ZPO unter entsprechender Berücksichtigung des Thüringer Datenschutzgesetzes.[438] Die einschlägigen Verfahrensakten wurden über die Namens- und Prozessregister gesucht, in denen als Beklagter das TKM und als Gegenstand der Klage eine Kündigung ausgewiesen war. Abschließend wurde aus allen diesen Kündigungsschutzklagen gegen das TKM die wegen MfS-Verstrickung ausgesprochenen Kündigungen heraussortiert. Auf diesem Wege wurden insgesamt 229 Prozessakten aufgefunden, von denen 225 Kündigungen betreffen und in vier Fällen ein nach in Aussicht stellen einer Kündigung wegen MfS-Verstrickung abgeschlossener Aufhebungsvertrag angefochten wurde. Die Verfahren waren auf die sieben Thüringer Arbeitsgerichte[439] und dort auf die jeweiligen Kammern verteilt. Lediglich am Arbeitsgericht Jena wurden alle dortigen Verfahren wegen Buchstabenzuständigkeit von einer einzigen Kammer bearbeitet.

Die Differenz zu den laut TKM 269 ausgesprochenen Kündigungen ergibt, dass ca. 85 % der gekündigten Bediensteten Klage erhoben haben. Es stand daher zur Datenerhebung fast die komplette Grundgesamtheit aller Fälle, in denen das TKM eine Kündigung ausgesprochen hatte, und nahezu 100 % der Daten über die gegen MfS-Kündigungen des TKM eingeleitete Kündigungsschutzverfahren zur Verfügung.[440]

Den Prozessakten konnten in den meisten Fällen detaillierte Informationen zur MfS-Verstrickung entnommen werden, so, wie sie dem TKM bzw. später dem Gericht zur Entscheidungsfindung vorlagen. Außerdem enthielten sie zumeist Daten zur Anhörung und zur Personalratsbeteiligung sowie Informationen über Prozessablauf und –ausgang. Es wurden alle den überwiegenden Akten entnehmbaren Daten in einen Erhebungsbogen[441] aufgenommen, um ein

---

[438] Näher zum Recht auf Akteneinsicht zu Forschungszwecken: Peglau, NJ 93, 440 ff.
[439] Siehe Anhang, 2. Abbildung S. 191.
[440] Möglicherweise konnten einzelne Akten zu einschlägigen Kündigungsschutzverfahren nicht aufgefunden werden, so z. B. wegen falscher Eintragungen im Prozess- oder Namensregister. An einigen Gerichten waren außerdem die Akten der bis 1992 abgeschlossenen Verfahren schon ausgesondert und an das Staatsarchiv übergeben worden. Jedoch sind Kündigungsfälle wegen MfS-Verstrickung in diesem Zeitraum – so haben die Untersuchungen bei vorhandenen Aktenbeständen ergeben – höchst selten gewesen.
[441] Siehe Anhang, 1. Abbildung S. 175 ff.

möglichst vollständiges und detailliertes Bild aufzuzeichnen. Die Datenbasis kann daher zu einzelnen Variablen geringer sein als die Gesamtzahl der untersuchten Akten. Insgesamt erlaubt der Datenbestand jedoch eine aussagekräftige Analyse. Die Auswertung der Daten erfolgte mit Hilfe des Statistikprogramms SPSS Version 10.0.5. Berechnungsabweichungen beruhen auf automatischer Rundung.[442]

III. Die Kündigung wegen MfS-Verstrickung in der Rechtspraxis

1. Allgemeines

Zunächst soll ein kurzer Überblick über die Klageparteien der untersuchten Verfahren gegeben werden. Da in neun Fällen das Kultusministerium eine zweite Kündigung ausgesprochen hat, die wiederum zur gerichtlichen Überprüfung gestellt wurde, betreffen die 229 Gerichtsverfahren nur 220 Personen. Die personenbezogenen Angaben sind insoweit bereinigt, dass trotz mehrerer Verfahren zu einer Person keine doppelte Zählung erfolgte.

Die Kündigungen wegen MfS-Belastung oder/und Verschweigens dieser Umstände betrafen 64 Frauen und 156 Männer, was ungefähr einem Verhältnis 30 : 70 entspricht.[443] Die gekündigten Bediensteten waren bis zur Kündigung zu 17,4 % als Lehrer am Gymnasium, zu 34,3 % an einer Regelschule, zu 14,1 % an einer Grundschule, zu 23 % an einer berufsbildenden Schule, zu 8,9 % an Förderschuleinrichtungen und zu 1,9 % an sonstigen Einrichtungen beschäftigt; einer der gekündigten Mitarbeiter war Hausmeister.[444] In 14 Fällen bekleidete die Klagepartei bis zur Kündigung eine leitende Funktion, nämlich elfmal die des Schulleiters und in drei Fällen die des stellvertretenden Schulleiters.

Die Altersverteilung der Kläger reicht von den Jahrgängen 1933 bis 1968.[445]

---

[442] Das Statistikprogramm rechnet mit drei Stellen hinter dem Komma, gibt die Ergebnisse jedoch gerundet auf eine Stelle hinter dem Komma aus.
[443] Siehe Anhang, 3. Abbildung S. 192.
[444] Siehe Anhang, 4. Abbildung S. 193.
[445] Siehe Anhang, 5. Abbildung S. 194.

2. Die Personalfragebögen

Sämtliche Bediensteten des Thüringer Kultusministeriums hatten im Rahmen der Überprüfungen bzw. bei Einstellung einen Personalfragebogen auszufüllen, in dem neben Ausbildungsweg, Funktionen, Ämtern und Partei- bzw. Organisationszugehörigkeit in Anlage 1 auch Kontakte zum Ministerium für Staatssicherheit abgefragt wurden. Diesen Punkt betrafen im wesentlichen zwei Fragen:
„1. Haben Sie mit dem Ministerium für Staatssicherheit (MfS) oder dem Amt für Nationale Sicherheit (AfNS) hauptamtlich/nebenamtlich gegen Vergütung/ohne Vergütung oder in sonstiger Weise zusammengearbeitet?
2. Sind Sie von einem der in der Nr. 1 genannten Dienste zur Mitarbeit angesprochen worden? (Wenn ja, wann und mit welchem Ergebnis)“

Der Fragebogen endet mit dem vom Bediensteten gegenzuzeichnenden Hinweis: "Ich versichere nach bestem Wissen und Gewissen, vorstehende Angaben vollständig und wahrheitsgemäß gemacht zu haben. Es ist mir bekannt, dass wahrheitswidrige Angaben die fristlose Kündigung nach sich ziehen können."

Der Großteil der ausgefüllten Fragebögen lag dem Kultusministerium spätestens Ende Mai 1991 vor. In der Untersuchung war in 187 Fällen eine Feststellung, wann der Fragebogen einschließlich Anlagen unterzeichnet wurde, möglich. Davon tragen 175, also 94 %, ein Datum zwischen dem 24.04. und dem 24.05.1991.

Bis auf 16 Personen enthielten die Gerichtsakten zu allen untersuchten Fällen die Anlage 1 zum Personalfragebogen. Es war daher möglich, die Antworten auf die Fragen nach MfS-Verstrickung auszuwerten. Die Frage nach einer Zusammenarbeit mit dem MfS (Frage 1) wurde ganz überwiegend, nämlich in 189 der untersuchten Fälle, falsch beantwortet. 148 Bedienstete schrieben zu dieser Frage „Nein“, acht „entfällt“ und 33 antworteten gar nicht. Nur 15 der laut Gauck-Auskunft stasi-belasteten Kläger räumten eine Zusammenarbeit bzw. Auskunftserteilung ein, wenn auch in acht Fällen unter Hinweis auf eine angeblich dienstliche Verpflichtung oder in drei Fällen unter Auslassung wesentlicher Angaben.[446]

Lediglich 15 der Betroffenen füllten den Fragebogen zu Frage 2 nicht oder zumindest nicht nachweisbar falsch bzw. grob unvollständig aus, wobei dreimal

---

[446] Siehe Anhang, 6. Abbildung S. 195.

sogar eine ausführliche Stellungnahme zu MfS-Kontakten auf einem gesonderten Blatt erfolgte. Die übrigen 189 Mitarbeiter hatten an dieser Stelle unrichtige Angaben eingetragen. Wie schon bei Frage 1 wurde überwiegend (113-mal) mit „Nein" geantwortet. Weitere fünfmal vermerkten die Betroffenen in dem zur Antwort vorgesehenen Feld „entfällt" bzw. antworteten in zwölf Fällen gar nicht. Alle anderen 59 ausführlicheren Angaben waren falsch oder grob unvollständig. So z. B. räumten 36 Bedienstete ein, zwar vom MfS zur Mitarbeit angesprochen oder befragt worden zu sein, aber eine Mitarbeit abgelehnt bzw. keine Informationen weitergegeben zu haben.[447]

Die Frage nach einer Zusammenarbeit mit dem MfS in Anlage 1 der vom Kultusministerium verwendeten Fragebögen ist unter Berücksichtigung der höchstrichterlichen Rechtsprechung über das Auskunftsrecht des öffentlichen Arbeitgebers zulässig. Der öffentliche Arbeitgeber darf nach dem Grundgesetz nur solche Lehrer einsetzen, die zu den Werten der Freiheitlichen demokratischen Grundordnung stehen. Um diese Aufgabe sicherzustellen, bedarf es der Frage nach einer Tätigkeit für das MfS. Das Interesse an der wahrheitsgemäßen Beantwortung wiegt schwerer als das Recht auf informationelle Selbstbestimmung.[448]

Weniger eindeutig lässt sich dies entscheiden für die Frage, ob der Arbeitnehmer vom MfS angesprochen wurde und wenn ja, mit welchem Ergebnis. Schließlich ist der Arbeitnehmer nicht verpflichtet, Auskunft über erfolglose Anwerbungsversuche seitens des MfS zu geben.[449] Die Frage umfasst jedoch gerade auch die erfolglosen Anwerbungsversuche, zu denen keinesfalls eine Auskunftspflicht besteht. Sofern eine Anwerbung durch das MfS erfolgreich war und der Geworbene im Ergebnis für das MfS tätig wurde, wird eine Auskunft darüber schon durch Frage 1 erfasst. Folglich sind lediglich die Fälle, in denen der Arbeitnehmer im Zusammenhang mit der Anwerbung eine Erklärung unterzeichnete, ohne dass es daraufhin zu der zugesagten Tätigkeit kam, für die Frage 2 relevant. Ein Auskunftsrecht über die Unterzeichnung einer Verpflichtungserklärung bestünde, da dieser Umstand auf eine mangelnde Eignung im Sinne Abs. 4 Nr. 1 EinV hindeutet.[450] Problematisch ist jedoch, ob Frage 2 des Fragebogens in ihrer konkreten Formulierung geeignet ist, den Arbeitnehmer zur Auskunft über eine unterzeichnete Verpflichtung zur Unterstützung des MfS zu verpflichten. Ausdrücklich und auf dem ersten Blick

---

[447] Siehe Anhang, 7. Abbildung S. 196.
[448] Vgl. Fußnote 391.
[449] Vgl. Fußnote 393.
[450] Vgl. Fußnote 388.

eindeutig auf die Abgabe einer Verpflichtungserklärung zielt die Frage 2 nicht.[451] Auch einige Thüringer Arbeitsgerichte haben zu diesem Problem entschieden, dass in Fällen unterzeichneter Verpflichtungserklärungen ohne späteres Tätigwerden für das MfS keine Fragebogenlüge vorliegt, weil nach einer Verpflichtungserklärung nicht konkret gefragt wurde.[452] Andere Urteile hielten die teilweise unzulässigen Fragen für insgesamt unzulässig.[453]

Da im Rahmen der Eignungsüberprüfung alle Fragebögen eingesehen werden mussten, hatte das Kultusministerium auch die Möglichkeit der Kenntnisnahme von den Angaben auf die Fragen zu MfS-Verstrickung. Trotz - wenn auch nur in insgesamt 23 Fällen[454] – vorhandener deutlicher Hinweise auf eine Stasi-Verstrickung durch die Fragebögen, sprach das Kultusministerium lediglich zwei Personen allein aufgrund dieser Angaben die Kündigung aus. Bei allen anderen Vorgängen wurde das TKM erst nach Eingang der Gauck-Auskunft aktiv, hörte die betreffenden Mitarbeiter an und kündigte. Auch ein Bemühen um vorzeitige Aufklärung der tatsächlichen MfS-Belastung, z. B. durch dringliche Anfragen bei der Gauck-Behörde oder eine eingehende Befragung zu den Angaben im Fragebogen, geht aus den eingesehenen Verfahrensakten sowie aus den Informationen des Kultusministeriums an die Bearbeiterin nicht hervor. In den Fällen fehlender oder mehrdeutiger Angaben konnten ebenfalls keine Aktivitäten des Kultusministeriums festgestellt werden, bekannten Indizien nachzugehen.

Der damit deutlich gewordene Umgang mit den Fragebögen widerspricht dem Vortrag des beklagten Kultusministeriums im Prozess, man habe auf wahrheitsgemäße Beantwortung der Fragen vertraut und durch falsche oder unvollständige Angaben sei das Vertrauensverhältnis zerstört. In der Literatur

---

[451] Andere Dienststellen haben in ihrem Fragenbogen ausdrücklich nach der Abgabe einer Verpflichtungserklärung gefragt: vgl. BAG, Urteile vom 14.12.95 - 8 AZR 356/94, DB 96, 1090; 26.09.96 - 8 AZR 879/94, n.v., wo es im Fragbogen lautete: " Haben Sie eine Verpflichtungserklärung zur Zusammenarbeit mit einer der genannten Stellen unterschrieben"; ebenso BAG, Urteile vom 13.06.96 - 2 AZR 483/95, NZA 97, 204; 13.03.97 - 2 AZR 506/96, NJ 97, 606; 20.08.97 - 2 AZR 42/97, n.v.

[452] Z. B. ArbG Nordhausen, Urteil vom 05.02.97 - 2 Ca 212/96, n.v.; ArbG Eisenach, Urteile vom 08.05.96 - 1 Ca 1143/95, n.v.; 01.09.94 - 3 Ca 427/94, n.v.; ArbG Suhl, Urteil vom 08.02.95 - 1 Ca 2812/93, n.v.; anders z. B. ArbG Suhl, Urteil vom 10.12.93 - 7 Ca 557/93, n.v.

[453] So ArbG Suhl, Urteile vom 15.03.96 - 7 Ca 743/95; 21.01.97 - 4 Ca 1473/96 n.v.; ArbG Erfurt, Urteil vom 30.04.96 - 6 Ca 311/95, n.v.

[454] Summe der Fälle, in denen unter Frage 1 Auskunftserteilung bzw. Zusammenarbeit eingeräumt wurde oder die Antwort auf Frage 2 keine nachweisbar falschen Angaben enthielt.

wird teilweise der Eindruck berichtet, die Fragebögen erfüllten vorrangig eine Alibi-Funktion[455]; jedenfalls der Schluss auf einen Absicherungszweck der Fragebögen scheint aber berechtigt. Das Ministerium hat die Überprüfung ersichtlich nicht für vordringlich gehalten, sondern sich - den Eingang der Gauck-Auskünfte abwartend - die Option vorbehalten, mögliche Falschauskünfte der Beschäftigten erst später aufzuarbeiten. Daher ist in Fällen vorliegender Hinweise auf MfS-Verstrickung im Fragebogen die Wirksamkeit der außerordentlichen Kündigungen, die nach Eingang der Gauck-Auskunft ausgesprochen worden sind, unter dem Gesichtspunkt des widersprüchlichen Verhaltens problematisch.[456] Der Arbeitgeber wäre außerdem bei dem Verdacht auf Vorliegen von Umständen, die zu einer außerordentlichen Kündigung nach § 626 BGB führen könnten, gehalten, in gebotener Eile die Tatsachen aufzuklären; nur dann können Aufklärungsmaßnahmen die Frist nach § 626 II BGB hemmen.[457] Zwar ist auf die außerordentliche Kündigung nach Abs. 5 Nr. 1 EinV die Erklärungsfrist von zwei Wochen nicht anwendbar, jedoch konkretisiert § 626 II BGB einen Grundgedanken für den Ausspruch einer außerordentlichen Kündigung,[458] dem das Zuwarten auf die zumeist mehrere Jahre später eingehende Gauck-Auskunft nicht Rechnung trägt.

Die Kündigung wegen wahrheitswidriger Angaben auf die Frage nach MfS-Kontakten wurde ohne Unterscheidung zwischen der Antwort "Nein" und der Antwort "Entfällt" bzw. gänzlich fehlender Angaben ausgesprochen. In allen Fällen wurde gleichermaßen im Kündigungsschreiben und im Prozessvortrag argumentiert, das Vertrauensverhältnis sei durch die falsche Antwort zerstört. Die Betroffenen haben sich allerdings auf eine mindere Schuld berufen. Zumindest eine "grobe" Unehrlichkeit liege nicht vor. Auch die Rechtsprechung ist teilweise der Argumentation gefolgt, der Eintrag "Entfällt" bzw. eine Nichtbeantwortung sei im Verhältnis zur ausdrücklichen Verneinung von MfS-Kontakten deutlich minder schwerwiegend.[459] Schließlich werde gerade offenbar, dass der Betreffende vor einer ausdrücklichen Lüge zurückschreckt. Außerdem habe der öffentliche Arbeitgeber nachfragen können.

---

[455] So auch Weichert, KJ 91, 472.

[456] So auch ArbG Suhl, Urteil vom 04.09.96 - 1 Ca 1550/96, n.v.; Kündigung wegen Rechtsmissbrauchs für unzulässig erklärt in ArbG Erfurt, Urteil vom 11.07.97 - 10 Ca 947/97, n.v.

[457] BAG, Urteil vom 28.04.94 - 2 AZR 730/93, NJW 94, 3117.

[458] Vgl. oben unter D.II.2.

[459] ArbG Eisenach, Urteil vom 16.11.95 - 2 Ca 965/95, n.v.

Die Auswertung der Fragebögen zeigt, dass zum Zeitpunkt der Angaben - zumeist im Jahr 1991 - nur wenige der Arbeitnehmer, die Kontakte zum Staatssicherheitsdienst hatten, zu einer ehrlichen Aufarbeitung der Vergangenheit bereit oder in der Lage waren. Allerdings ist dieses Ergebnis vor dem Hintergrund der noch aufgeheizten gesellschaftlichen Stimmung in Bezug auf Stasi-Informanten und nicht zuletzt auch der Kündigungspraxis der öffentlichen Arbeitgeber[460] zu sehen.[461] So argumentierten auch einige Gerichte im Rahmen der Interessenabwägung bei Kündigungen nach § 1 II KSchG wegen Fragebogenlüge, dass von öffentlichen Arbeitgebern ohne Betrachtung des Einzelfalls ausgesprochene Kündigungen die Bereitschaft zur wahrheitsgemäßen Auskunft nicht gefördert haben.[462]

3. Die individuelle Verstrickung gemäß Auskunft des BStU

Die ersten Auskünfte auf die Anfragen bei der Behörde des Bundesbeauftragten für die Unterlagen des Staatssicherheitsdienstes gingen im Kultusministerium laut des zu 184 Klägern zur Verfügung stehenden Datenmaterials schon 1991 ein. Insgesamt waren aber Auskünfte vor 1993 die Ausnahme; es betrifft hier nur sieben Fälle, also weniger als 4 % der Untersuchungsgruppe. Der Hauptteil, nämlich 95 % aller Gauck-Auskünfte, ging in den Jahren 1993 bis 1996 ein.[463]

Ein solcher Einzelbericht des BStU bestand aus einer Zusammenfassung der sich aus der Stasi-Akte ergebenden Fakten. Der für die Datenerhebung verwendete Erhebungsbogen[464] richtete sich in dem betreffenden Teil, also von v11 bis v44, nach dem üblichen Aufbau der BStU-Einzelberichte. Neben diesem Überblick über die Stasi-Erfassung lag der Auskunft eine Kopie der Verpflichtung bei und außerdem eine vom entsprechenden Mitarbeiter des BStU vorgenommene Auswahl von Berichten, die den Querschnitt der Berichtstätigkeit darstellen soll; eine Bewertung der MfS-Kontakte enthält die

---

[460] Berkowsky, AuA 96, 128; Lansnicker/Schwirtzek, VIZ 2000, 132.
[461] Neumann, AuA 97, 51.
[462] ArbG Nordhausen, Urteil vom 16.07.97 - 2 Ca 211/96, n.v.; ArbG Gotha, Urteil vom 14.02.96 - 3 Ca 972/93, n.v.
[463] Von 220 Fällen waren es 1993=31, 1994=59, 1995=65, 1996=20 und nach 1996 nur noch 2 eingehende Auskünfte; zu 36 Personen der Untersuchungsgruppe war keine Feststellung möglich.
[464] Siehe Anhang, 1. Abbildung S. 175 ff.

Auskunft jedoch nicht.[465] Das Kultusministerium konnte darüber hinaus auch eine „erweiterte Auskunft" einholen, also weitere Kopien anfordern oder sogar Akteneinsicht vornehmen.[466] Vor der Entscheidung für eine Kündigung wurde jedoch nur in drei Fällen der Untersuchungsgruppe die erweiterte Auskunft angefordert. Nach Auskunft und Einschätzung von Mitarbeitern des BStU in Erfurt nahm das Kultusministerium keinen Gebrauch von der Möglichkeit der Akteneinsicht, obwohl dies in einigen Fällen äußerst aufschlussreich gewesen wäre.

Wie oben unter B.V.1. dargestellt, waren die inoffiziellen Mitarbeiter MfS-intern je nach Einsatzkonzeption verschiedenen Kategorien zugeordnet. Die Auswertung ergab in der Untersuchungsgruppe bezüglich der vom MfS vorgenommenen IM-Kategorisierung die häufigste Zuordnung unter den "Standardtyp" IMS (37,6 %) gefolgt von dem Typ GMS (26 %). Die bis 1968 vergebene IM-Kategorie des GI (Geheimer Informant) lag in 17,4 % der Fälle vor. 20 der Betroffenen (7,8 %) wurden als IMK geführt, lediglich acht waren als IMV/IMB eingeordnet und zwei Führungs-IM konnten in der Untersuchungsgruppe festgestellt werden. Des weiteren gaben 14 der Kläger Informationen an das MfS, ohne in den Akten als IM geführt zu werden. Davon waren sieben als Kontaktperson registriert, zwei wurden noch als IM-Vorlauf geführt, einer wurde als Kandidat für eine hauptamtliche Tätigkeit überprüft und weitere vier wurden mit ihrem als IM für das MfS tätigen Ehepartner mitverpflichtet und daher in keiner gesonderten IM-Akte registriert. Außerdem gab die Gauck-Behörde Auskunft über vier Personen, die inoffizielle Mitarbeiter der Kriminalpolizei Abt. K I waren. Eine hauptamtliche Tätigkeit für das MfS lag nur in einem Fall vor.[467]

---

[465] Landesbeauftragter des Freistaates Thüringen für die Unterlagen des Staatssicherheitsdienstes der ehemaligen DDR, Empfehlungen zur Verfahrensweise bei Personalüberprüfungen, S. 21.

[466] Landesbeauftragter des Freistaates Thüringen für die Unterlagen des Staatssicherheitsdienstes der ehemaligen DDR, Empfehlungen zur Verfahrensweise bei Personalüberprüfungen, S. 6.

[467] Siehe Anhang, 8. Abbildung S. 197; In manchen Fällen wurden die inoffiziellen Mitarbeiter im Laufe der Registrierung auch zu einem anderen IM-Typ umkategorisiert bzw. wurden nach früherer Mitarbeit erneut angesprochen und dann in einer anderen Kategorie geführt. Einzelfälle waren nacheinander bis zu vier verschiedenen IM-Kategorien zugeordnet. In der Auswertung wurden daher Mehrfachantworten zugelassen. Von 220 Fällen war in 217 eine Feststellung mindestens einer IM-Kategorie möglich. 258 Antworten liegen insgesamt vor.

Das MfS führte die Akten aller als inoffizielle Mitarbeiter registrierten Personen unter einem Decknamen. Schon während der Vorlauf-Phase wurde ein solcher vorläufiger Deckname vergeben. Dieser Umstand lässt jedoch nicht darauf schließen, dass dem Betroffenen der Deckname auch bekannt war. In der Untersuchungsgruppe benutzten laut Gauck-Auskunft rund 85 % diesen Codenamen selbst.[468] Sie mussten sich also des konspirativen Charakters des Kontaktes bewusst gewesen sein. Nur in ca. 15 % der untersuchten Fälle wurde der Deckname offenbar allein MfS-intern verwendet. Die betreffenden Personen waren zumeist als GMS eingestuft.[469]

Die IM-führende Dienststelle konnte je nach Wohn- bzw. Arbeitsstelle bezüglich der örtlichen, aber auch je nach Einsatz in Bezug auf die inhaltliche Zuständigkeit wechseln. In den untersuchten Fällen wurden die inoffiziellen Mitarbeiter jedoch nicht häufig (insgesamt ca. 20 %) an eine andere (14 %) und noch seltener (ca. 5 %) an mehrere andere Dienststellen übergeben.[470]

In der Untersuchungsgruppe war die IM-führende Dienststelle - bis auf die vier Fälle von inoffiziellen Mitarbeitern der K I - eine Diensteinheit der Staatssicherheit.[471] 18,4 % der IM waren zumindest zeitweise einer Bezirksverwaltung zugeordnet. Während von allen in der ehemaligen DDR tätiggewesenen inoffiziellen Mitarbeitern über 50 % in den Verantwortungsbereichen der Kreisdienststellen / Objektdienststellen arbeiteten,[472] wurden in der Untersuchungsgruppe nur ca. 40 % von Kreisdienststellen/Objektdienststellen geführt. In nahezu gleicher Häufigkeit war die IM-führende Dienststelle die Hauptabteilung I, also die Militärabwehr, die in den Dienststellen, Verbänden, Truppenteilen und Einheiten der Nationalen Volksarmee sowie den Grenztruppen der DDR tätig war[473].[474] Von diesen 101 Fällen waren 74 in keiner anderen Dienststelle registriert, d. h. diese 74 von 220 MfS-belasteten Bediensteten hatten allein im militärischen Bereich Kontakte zum Staatssicherheitsdienst.

Je nach Dauer der IM-Tätigkeit und Anzahl der Wechsel der zuständigen Dienststelle wurden die IM von einem bis zehn verschiedenen

---

[468] Siehe Anhang, 9. Abbildung S. 197.
[469] Siehe Anhang, 10. Abbildung S. 197.
[470] Siehe Anhang, 11. Abbildung S. 198.
[471] Vgl. zum organisatorischen Aufbau des MfS unter B. II.
[472] Gill/Schröter, Das Ministerium für Staatssicherheit, S. 63.
[473] Gill/Schröter, Das Ministerium für Staatssicherheit, S. 37.
[474] Siehe Anhang, 12. Abbildung S. 199.

Führungsoffizieren betreut. In 39 Fällen konnte außerdem eine Übergabe an einen oder verschiedene Führungs-IM[475] festgestellt werden.

Der Umfang der Akten derjenigen registrierten Personen, zu denen nur eine Akte geführt wurde,[476] beträgt in der Untersuchungsgruppe zwischen sechs und 1.100 Blatt. Von 73 auswertbaren Fällen waren 27 Akten unter 50 Seiten stark, 21 Akten umfassten zwischen 50 und 100 und 27 über 100 Blatt. Der in der Gauck-Auskunft mitgeteilte Aktenumfang ist allerdings bezüglich der Schwere der MfS-Verstrickung nur begrenzt aussagekräftig, da neben Treffberichten und Berichten des IM auch die Berichte und Beurteilungen über den geführten IM selbst enthalten sind.

Zu den IM-Kategorien IMS, IMV/IMB und GI waren die Unterlagen in Personal- und Arbeitsakte gegliedert. Eine umfangreiche Arbeitsakte spricht daher für eine intensive Zusammenarbeit. In den 121 Gauck-Auskünften, die Angaben über den Umfang der Stasi-Akten beinhalteten, umfasste die Arbeitsakte zwischen einem und 1559 Blatt und zwar in 66 Fällen unter 50, in 26 von 50 bis 100 und in 27 über 100 Seiten.

Die in der Gauck-Auskunft ausgewiesene Vorlauf-Phase kennzeichnet zunächst nur den Zeitraum, zu dem der MfS-Mitarbeiter mit der Aktenführung und dem Überprüfungsprozess des „IM-Kandidaten" begann. Allein die Dauer des IM-Vorlaufs lässt nicht auf eine schwere Gewinnbarkeit einer als IM zu werbenden Person schließen.[477] Auch die angegebene sogenannte Kontaktphase kennzeichnet allein noch nicht den Beginn des bewussten Kontaktes zum MfS, da die Kontaktaufnahme seitens der Staatssicherheit häufig legendiert erfolgte. In einigen Fällen aber begann schon in dieser Phase vor der eigentlichen Verpflichtung die faktische Tätigkeit für das MfS durch die Erledigung erster Aufgaben. Darauf erfolgte in der Gauck-Auskunft jedoch unter dem Punkt „Bemerkungen" ein Hinweis. Im Erhebungsbogen wurden solche Fälle erfasst durch v43 und der Zeitraum einer Zusammenarbeit in der Kontaktphase zur Dauer der IM-Tätigkeit hinzugerechnet.

Der in der Mitteilung des BStU unter „Dauer der IM-Erfassung" genannte Zeitraum ist für die letztendliche Bewertung der MfS-Verstrickung ebenfalls

---

[475] IM zur Führung anderer IM und GMS.
[476] GMS, IMK, Kontaktperson, IM-Vorlauf.
[477] Landesbeauftragter des Freistaates Thüringen für die Unterlagen des Staatssicherheitsdienstes der ehemaligen DDR, Empfehlungen zur Verfahrensweise bei Personalüberprüfungen, S. 18.

allein nicht ausreichend, da er nur die Zeit zwischen Verpflichtung und Abverfügung zur Archivierung festhält. Jedoch konnte der letzte Kontakt auch längere Zeit vor der Archivierung liegen, worauf in der Gauck-Auskunft wiederum unter dem Punkt „Bemerkungen" hingewiesen wurde. Unter der Variablen v44 des Erhebungsbogens erfolgte dann ein Eintrag und so kann auch in diesen Fällen die tatsächliche Dauer der Zusammenarbeit berechnet werden.

Die Dauer der Tätigkeit war in den untersuchten Fällen höchst unterschiedlich und schwankt zwischen 13 Tagen und 22 $^{1}/_{2}$ Jahren. Von 202 Fällen, in denen eine Berechnung des Zeitraums der IM-Tätigkeit möglich war, liegt zu 27,4 % die Dauer unter einem Jahr und zu weiteren 24,5 % von einem bis zwei Jahren. Eine MfS-Verstrickung von zwei bis fünf Jahren ergab sich in 19,7 % und von fünf bis zehn Jahren in 16,8 % der Fälle. Schließlich lag bei 11,5 % der Betroffenen eine IM-Tätigkeit über einen Zeitraum von mehr als zehn Jahren vor.[478]

Die seitens des Führungsoffiziers in den Akten vermerkte „Grundlage der Werbung" lautet in den auswertbaren Fällen ganz überwiegend (74,5 %) „Überzeugung". Bei nur neun Fällen ist eine Anwendung von Druckmitteln oder eine Drucksituation aktenkundig. Vereinzelt wurde als Werbegrundlage auch eigene Kontaktaufnahme bzw. eigenes Interesse an einer inoffiziellen Zusammenarbeit vermerkt oder lautete der Grund für die Zusammenarbeit persönlicher Vorteil.[479]

Auch die Begründung für eine Beendigung der inoffiziellen Zusammenarbeit aus Sicht des MfS wurde in den Akten festgehalten. Durch Bündelung inhaltlich entsprechender Gründe konnte aus den sehr vielfältigen Angaben eine aussagefähige Aufstellung erarbeitet werden.[480] Als Schwerpunkt kristallisierte sich mangelnde Kooperation des IM in verschiedenster Form heraus, beispielsweise durch Ausweichen, schlechte Treffdisziplin, schlechte Berichtsqualität (24 Fälle), Dekonspiration (3 Fälle), bis hin zur Verweigerung einer Fortsetzung der Zusammenarbeit (22 Fälle). Im Archivierungsbeschluss zu 45 Inoffiziellen war „Beendigung des aktiven Wehrdienstes" als Ursache für den Abbruch der Zusammenarbeit vermerkt. 37-mal erfolgte im eigentlichen Sinne keine Beendigung der Zusammenarbeit, sondern sie wurde wegen der Auflösung des MfS überflüssig. Veränderungen der persönlichen oder familiären Situation,

---

[478] Siehe Anhang, 13. Abbildung S. 200.
[479] Siehe Anhang, 14. Abbildung S. 201.
[480] Siehe Anhang, 15. Abbildung S. 202.

wie z. B. ein Umzug in eine andere Stadt, war in 19 der untersuchten Fälle als Grund für die Beendigung der Zusammenarbeit den Akten zu entnehmen.

Sowohl bei der im Werbebericht anzugebenden Grundlage der Werbung als auch dem im Archivierungsbeschluss richtliniengemäß festzuhaltenden Grund der Beendigung der Zusammenarbeit ist zu beachten, dass in diesen Gründen zwar tatsächliche Verhaltensweisen des IM, ebenso aber interne Auffassungen des MfS zum Ausdruck kommen können. Es kann weder ausgeschlossen werden, dass gewisse Druckausübung bei der Werbung vom Führungsoffizier in der Akte verschwiegen wurde, als auch dass der wahre Grund für das Ende der Zusammenarbeit ein indirektes Entziehen des IM, z. B. durch vorgeschobene berufliche oder familiäre Belastung bzw. bewusstem Abbruch des Kontaktes zur bespitzelten Person, gewesen ist. Der Charakter einer IM-Tätigkeit kann also aus diesen Gründen allein nicht zuverlässig beurteilt werden.[481]

Obwohl es für die Frage, ob eine inoffizielle Zusammenarbeit vorlag, irrelevant ist, dass eine dahingehende schriftliche Verpflichtung erfolgte, ist eine vorliegende Verpflichtungserklärung zumindest starkes Indiz dafür, dass dem Unterzeichnenden die Konspiration des Kontaktes und der Gesprächspartner bekannt waren, dass also eine „bewusste finale Mitarbeit“ vorlag. Zu unterscheiden sind dem Inhalt nach drei Formen der Verpflichtung im weiteren Sinne: Vor allem bei Kontaktaufnahme in der Vorlaufphase, mitverpflichteten Ehepartnern oder bei später nicht geworbenen Kontaktpersonen, aber auch von als Opfer des MfS befragten Personen[482] ließ das MfS eine sogenannte Schweigeverpflichtung unterzeichnen, worin sich der Betroffene – teilweise unter Androhung von strafrechtlichen Folgen – zum Stillschweigen über die mit der Staatssicherheit geführten Gespräche verpflichtete. Wurde aktentechnisch der Gesprächspartner als IM deklariert, so erfolgte eine Werbung, die zumeist mit einer handschriftlichen Verpflichtung zur Unterstützung/Zusammenarbeit endete. In dieser Verpflichtungserklärung wurde überwiegend auch der Deckname festgehalten. Eine ganz andere Form hatten die sogenannten Berufungen. Sie waren in der Regel maschinenschriftlich gefertigt und vom Berufenen lediglich unterzeichnet. Nicht immer war ausdrücklich das

---

[481] Landesbeauftragter des Freistaates Thüringen für die Unterlagen des Staatssicherheitsdienstes der ehemaligen DDR, Empfehlungen zur Verfahrensweise bei Personalüberprüfungen, S. 20.

[482] Landesbeauftragter des Freistaates Thüringen für die Unterlagen des Staatssicherheitsdienstes der ehemaligen DDR, Empfehlungen zur Verfahrensweise bei Personalüberprüfungen, S. 19.

Ministerium für Staatssicherheit erwähnt, sondern auch allgemein von den „Sicherheitsorganen der DDR" die Rede.

Von den untersuchten Fällen der stasi-belasteten Thüringer Lehrer hatten 5 % eine Schweigeverpflichtung, 83,7 % eine Verpflichtung zur Zusammenarbeit ge- und unterschrieben und 8,4 % eine Berufung unterzeichnet.[483] In zu vernachlässigenden Ausnahmefällen (2,7 %) erfolgte die Zusammenarbeit ohne schriftliche Verpflichtung.

Im Einzelbericht des BStU waren - soweit möglich - Angaben über die Form und Anzahl der Berichte enthalten. In 141 der hier eingesehenen Gauck-Auskünfte wurde das Vorhandensein von handschriftlichen Berichten ausgewiesen. Die Anzahl pro Fall schwankt zwischen 1 und 107 solcher Berichte. Nur 13-mal beinhalteten die Stasi-Akten vom IM unterzeichnete maschinenschriftliche Berichte. In 161 der Akten lagen Treffberichte des Führungsoffiziers bzw. Führungs-IM über Gesprächsinhalt, Treffzeit und –ort vor; je nach Treffintensität zwischen einem und 226 an der Zahl. Aktenvermerke über Befragungen und mündliche Berichterstattung des IM fanden sich in 95 Stasi-Akten und erreichten bei intensiverer Tätigkeit einen Umfang von bis zu 187 Vermerken. Bis zu 31 Tonbandabschriften pro Einzelfall, deren Echtheit kaum anzuzweifeln ist, da sie nicht selbst vom Führungsoffizier, sondern von Schreibkräften angefertigt wurden[484], fanden sich in 30 Akten.

Angaben zu Geld- oder Sachleistungen des MfS an den inoffiziellen Mitarbeiter waren in 207 Fällen den Einzelberichten des BStU zu entnehmen. Dabei wurde differenziert nach Bargeld, Geschenken und Auslagenerstattungen. In 85 Fällen konnte zumindest eine dieser Zuwendungsarten registriert werden.[485] Insgesamt erhielten 61 der Kläger laut Gauck-Auskunft Bargeld vom MfS, wobei der Betrag zwischen nur 10,00 Mark/DDR und bis zu 4.618,40 Mark/DDR lag.[486] 41-mal wurden laut Stasi-Akte Geschenke vom MfS überreicht. Der Bargeldbetrag bzw. der Wert der Geschenke lagen überwiegend unter 100 Mark/DDR.[487] Eine Auslagenerstattung war nur in 14 Fällen registriert.

---

[483] Siehe Anhang, 16. Abbildung S. 203.
[484] Landesbeauftragter des Freistaates Thüringen für die Unterlagen des Staatssicherheitsdienstes der ehemaligen DDR, Empfehlungen zur Verfahrensweise bei Personalüberprüfungen, S. 15.
[485] Siehe Anhang, 17. Abbildung S. 204.
122 Fälle sind deshalb als „missing cases" ausgewiesen, weil keine der vier Zuwendungsarten und damit keine gültige Antwort vorlag.
[486] Siehe Anhang, 18. Abbildung S. 205.
[487] Siehe Anhang, 18. Abbildung S. 205 und 19. Abbildung S. 206.

Ein weiterer Punkt der Gauck-Auskunft war die Vergabe von Auszeichnungen, jedoch hatte keiner der in der Untersuchung erfassten Kläger eine Auszeichnung vom MfS erhalten.

Unter Zugrundelegung der Einzelauskunft des BStU, insbesondere auch unter Berücksichtigung der Inhalte der in Kopie anliegenden Berichte des IM wurde schon im Erhebungsbogen eine Einordnung der Stasi-Verstrickung in verschiedene Schweregrade vorgenommen.[488] Ein Vergleich unterschiedlichster Formen von Stasi-Kontakten ist zwar nur schwer möglich und mechanisch handhabbare Kriterien gibt es nicht. Bestimmte Umstände haben sich aber im Umgang mit diesem Problem als besonders entlastend bzw. als belastend etabliert. Nachfolgend beschriebene Maßstäbe für die Einteilung sind dennoch nur als grobe Richtlinien zu verstehen. Letztendlich hat immer eine Gesamtbetrachtung aller Umstände des Einzelfalls und seiner konkreten Konstellationen die Einordnung korrigierend überprüft.

Dem leichtesten Grad „1" der Verstrickung wurden die Fälle zugeordnet, in denen lediglich eine Verpflichtungserklärung ohne späteres entsprechendes Tätigwerden für das MfS unterzeichnet wurde[489] oder aber die Zusammenarbeit mit dem MfS vor dem Jahr 1970 beendet war[490]. Aus der Untersuchungsgruppe von 220 gekündigten Personen konnte in 217 Fällen eine Einordnung vorgenommen werden. Davon entfielen 16,6 % auf den Verstrickungsgrad „1".[491]

Die nächste Stufe der Verstrickung „2" war vorgesehen für Fälle, in denen zwar eine Tätigkeit für das MfS vorlag, jedoch nicht personenbezogen berichtet wurde. Dazu wurden IMK dann gezählt, wenn ihre rein strukturelle Unterstützung des MfS nur für kurze Zeit bzw. ohne nennenswerte Zuwendungen erfolgte. Hintergrund dieser Einordnung war der Gedanke, dass die Unterstützung eines legalen Geheimdienstes an sich noch nicht zur Unzumutbarkeit der Weiterbeschäftigung führen kann, sondern die besondere Problematik des MfS in der Bespitzelung des eigenen Volkes liegt und aus der

---

[488] Die Kriterien für die Bewertung entstanden durch Orientierung an: Landesbeauftragter des Freistaates Thüringen für die Unterlagen des Staatssicherheitsdienstes der ehemaligen DDR, Empfehlungen zur Verfahrensweise bei Personalüberprüfungen, S. 6 – 22; Schröter, Die Spannbreite der IM-Tätigkeit, S. 87 ff. Darüber hinaus wurde die Konkretisierung des Kündigungstatbestandes des Abs. 5 EinV durch die höchstrichterliche Rechtsprechung berücksichtigt.

[489] BAG, Urteil vom 26.08.93 - 8 AZR 561/92, EzA Art. 20 EinV Nr. 24.

[490] BVerfG, Urteile vom 08.07.97 - 1 BvR 2111/94 u.a., NZA 97, 992.

[491] Siehe Anhang, 20. Abbildung S. 207.

aktiven Beteiligung an der Überwachung anderer DDR-Bürger heute die Unzumutbarkeit für den öffentlichen Dienst folgt. Weiter zählen zu Kategorie „2“ auch Fallgruppen, in denen stark entlastende Umstände aus dem Gauck-Bericht hervorgingen, ohne dass eine denunziatorische Berichterstattung erfolgte: Druckausübung bei der Werbung bzw. eigener offensiver Abbruch der Zusammenarbeit. Hier mussten die entlastenden Umstände die gesamte Stasi-Verstrickung aufwiegen. Insgesamt konnten 9,2 % der auswertbaren Fälle der Gruppe „2“ zugeordnet werden.[492]

Der Gruppe „3“ wurden alle Fällen zugewiesen, in denen entlastende Umstände die Tätigkeit für das MfS in einem milderen Licht erscheinen ließen. So bei einer Tätigkeit vor dem 21. Lebensjahr, sehr kurzer Tätigkeit, Tätigkeit allein während des Wehrdienstes, erkennbarer Versuch, sich zu entziehen, Tätigkeit nur als IMK (soweit nicht Gruppe "2") oder als GMS. In allen diesen Fällen durften keine oder jedenfalls keine schwer denunziatorischen Berichte des IM vorliegen. Schon aus den bisher dargestellten Ergebnissen lässt sich wegen Vorliegens entlastender Umstände vermuten, dass der Großteil der untersuchten Fälle hinsichtlich der Schwere der Verstrickung dem Grad „3“ zuzuordnen war. Wie oben festgestellt, wurden ca. ein Drittel der Betroffenen ausschließlich von der Hauptabteilung I des MfS geführt. Weiterhin lag die Dauer der Zusammenarbeit in 27,4 % der Fälle unter einem Jahr, handelte es sich also um eine sehr kurze Tätigkeit. Tatsächlich stellte sich die in der Untersuchungsgruppe festgestellte Stasi-Verstrickung häufig so dar, dass die Betroffenen als junge Männer während des Grundwehrdienstes geworben wurden und sich die Zusammenarbeit mit dem MfS auf diesen Lebensabschnitt beschränkte. Je nach Inhalt der Berichterstattung erfolgte in diesen Fällen zumeist eine Einordnung in Kategorie „3“. Insgesamt konnte für 46,1 % aller Fälle eingeschätzt werden, dass die entlastenden Umstände im Gesamtbild der Zusammenarbeit mit dem MfS überwogen.[493]

Der schwerste Grad der MfS-Verstrickung „5“ wurde bei langjähriger personenbezogener Berichterstattung mit nicht unerheblichen Zuwendungen angenommen. Weiter erfolgte eine Einordnung in diese Gruppe bei mehreren schwer belastenden Berichten über Schüler oder Kollegen. Ein Vertrauensmissbrauch in diesem beruflichen Bereich musste im Hinblick auf die Entscheidung über die heutige Zumutbarkeit einer Weiterbeschäftigung als

---

[492] Siehe Anhang, 20. Abbildung S. 207.
[493] Siehe Anhang, 20. Abbildung S. 207.

Lehrer als besonders schwerwiegend eingestuft werden. Eine solche schwere Verstrickung ergab sich nur in 6,9 % der Fälle.[494]

Alle anderen Fälle, in denen weder belastende noch entlastende Umstände eindeutig überwogen haben, wurden in Gruppe „4" zusammengefasst. Zu dieser Gruppe gehören 21,2 % der Untersuchungseinheit.[495]

Zu den Einzelauskünften des BStU ist in nur 32 von 220 Fällen eine Begutachtung durch den Landesbeauftragten des Freistaates Thüringen für die Unterlagen des Staatssicherheitsdienstes der ehemaligen DDR erbeten worden. Diese Stellungnahmen wurden als Empfehlung für die personalführende Stelle anhand des Einzelberichtes des BStU, so wie sie dem Kultusministerium vorlag, angefertigt. Dabei kam der LStU in 12 Fällen zu dem Schluss, dass die vorgelegten Unterlagen für eine abschließende Bewertung nicht ausreichen bzw. aus ihnen nicht zweifelsfrei die Grundlage für eine Kündigung hervorgeht. Sechsmal wurde eine Weiterbeschäftigung nicht empfohlen und siebenmal verwies der LStU auf eine nötige Einzelfallabwägung. In weiteren sieben Fällen sprach sich das Gutachten für eine Weiterbeschäftigung aus.[496]

Da die Gauck-Auskünfte im wesentlichen im Zeitraum von 1993 bis 1996 eingingen, war das Kultusministerium erst mit den Entscheidungen über Kündigungen wegen MfS-Tätigkeit befasst, als schon erste wesentliche höchstrichterliche Urteile[497] und eine breite Diskussion im Schrifttum[498] zu dieser Problematik vorlagen. Darüber hinaus muss davon ausgegangen werden, dass drei Jahre nach dem Beitritt der neuen Länder das Kultusministerium funktionstüchtig organisiert war. Über die Arbeit und Organisation des Staatssicherheitsdienstes gab es bereits umfangreiche Erkenntnisse und entsprechende Veröffentlichungen.[499] Mit dem Problem von MfS-belasteten Arbeitnehmern wurde das Kultusministerium also nicht völlig unvorbereitet

---

[494] Siehe Anhang, 20. Abbildung S. 207.
[495] Siehe Anhang, 20. Abbildung S. 207.
[496] Siehe Anhang, 21. Abbildung S. 208.
[497] Z. B. BAG, Urteile vom 11.06.92 - 8 AZR 537/91 und 8 AZR 474/91, DB 93, 173 ff., die die Sonderstellung der einigungsvertraglichen Kündigungsrechte und damit die Nichtanwendung der Frist nach § 626 II BGB entschieden; 28.01.93 - 8 AZR 415/92, AuA 93, 279, wonach die Unzumutbarkeit der Weiterbeschäftigung als selbständiges Tatbestandsmerkmal eine Einzelfallprüfung des individuellen Maßes der Verstrickung erfordert.
[498] Z. B. Lansnicker/Schwirtzek, DtZ 93, 106 ff.; Lindheim, DtZ 93, 358; Kreuder, Mitbestimmung 92, 85 ff.; Scholz, BB 91, 2515 ff.
[499] Z. B.: Gill/Schröter, Das Ministerium für Staatssicherheit.

konfrontiert. Es war bereits einhellige Meinung und höchstrichterlich entschieden, dass eine Kündigung nach Abs. 5 Nr. 2 EinV einer Einzelfallprüfung bedarf. Daher wäre zu erwarten gewesen, dass die Vertreter des Kultusministeriums die Möglichkeit der Einsicht beim BStU in die Originalakte auch in Zweifelsfällen zur Sachverhaltsaufklärung nutzen würden. Zudem hat der Landesbeauftragte des Freistaates Thüringen für die Unterlagen des Staatssicherheitsdienstes in seiner Begutachtung zwölfmal darauf hingewiesen, dass die der Gauck-Auskunft entnommenen Unterlagen für eine abschließende Bewertung nicht ausreichen. Dennoch ist eine dementsprechende Nachforschung nicht erfolgt.

Eine Gesamtbetrachtung der Untersuchungsgruppe im Hinblick auf die aus den Gauck-Akten ersichtliche MfS-Verstrickung ergibt zunächst, dass in den überwiegenden Fällen deutlich entlastende Umstände vorlagen. So war ein beachtlicher Teil der festgestellten MfS-Tätigkeiten auf den Wehrdienst beschränkt, betrafen also gerade nicht den Einsatz als Lehrer, dessen besondere Verpflichtung auf die Vermittlung der Grundwerte des Grundgesetzes der Kündigungspraxis zugrunde gelegt wurde. Langjährige Tätigkeit für das MfS und belastende Berichte über Kollegen und Schüler waren eher Ausnahmefälle. In den meisten Fällen lag allerdings eine eigenhändig geschriebene Verpflichtungserklärung vor, was darauf schließen lässt, dass es sich überwiegend um eine bewusste finale Zusammenarbeit handelte.

Nicht immer ließ sich die nach dem Inhalt der Stasi-Akten bestehende Verstrickung zur Überzeugung des Gerichts beweisen. In 141 der untersuchten Fälle lagen jedoch handschriftliche Berichte vor, was die mitgeteilte Zusammenarbeit zumindest im Kern belegt.

4. Die Anhörung

Nach Ansicht des Landesbeauftragten für die Stasi-Unterlagen in Thüringen, Jürgen Haschke, war eine Anhörung des Betreffenden zur eingegangenen BStU-Mitteilung für die Einzelfallabwägung unabdingbar.[500] Den ausgewerteten Verfahrensakten war zu entnehmen, dass 208 der 220 Personen vor der Kommission des Kultusministeriums angehört wurden. Zu acht Klägern konnte bezüglich einer Anhörung keine Feststellung getroffen werden, einer wurde

[500] Landesbeauftragter des Freistaates Thüringen für die Unterlagen des Staatssicherheitsdienstes der ehemaligen DDR, Empfehlungen zur Verfahrensweise bei Personalüberprüfungen, S. 10.

wegen Krankheit schriftlich angehört und zwei erhielten ohne eine Anhörung die Kündigung; bei diesen beiden Fällen handelte es sich um Kündigungen in der Probezeit. Nur in einem einzigen der untersuchten Vorgänge wurde eine Kündigung wegen MfS-Verstrickung bereits im Rahmen der Eignungsüberprüfung nach der Anhörung vor der Kommission auf Schulamtsebene ausgesprochen. In diesem Fall hatte der Betroffene ausführliche Angaben über Stasi-Kontakte in Anlage I des Personalfragebogens gemacht.

Eine Anhörung vor der Kommission des Kultusministeriums dauerte ausweislich der für 166 Fälle vorhandenen Daten zwischen 17 Minuten und 1 ½ Stunden; im Durchschnitt 37 Minuten.

Die geladenen Bediensteten kamen zur Anhörung in den 192 auswertbaren Fällen zu 29,5 % allein. In 27,6 % der Anhörungen wurden sie von ihren Ehepartnern begleitet. Eher selten, nämlich zu 5,2 % war die Begleitperson ein Rechtsanwalt. Zu 23,8 % war eine sonstige Vertrauensperson bei der Anhörung zugegen. Die Anwesenheit eines Personalratsmitglieds - eventuell zusätzlich zur Vertrauensperson - konnte in 13,8 % der Fälle festgestellt werden.[501]

Die Anhörungen verliefen sehr unterschiedlich. Im Protokoll festgehaltene persönliche Betroffenheit bis hin zu Gefühlsausbrüchen bei der Konfrontation mit dem Gauck-Material waren keine Einzelfälle. Aus den Protokollen der Anhörungen wurde unter Zulassung von Mehrfachnennungen versucht, wiederkehrende Stellungnahmen der Betroffenen herauszufiltern.[502] Am häufigsten (64-mal) äußerten die Angehörten, sie könnten sich nicht an die Verpflichtungserklärung bzw. an die Berichte erinnern. In 58 Anhörungen beschrieben die vorgeladenen Bediensteten den MfS-Kontakt aus persönlicher Sicht. Diese Ausführungen konnten teilweise sehr detailliert sein, da einige Betroffene nahezu erleichtert waren, endlich offen über dieses Problem sprechen zu können. Dagegen gaben 27 der Befragten an,. jedenfalls nicht bewusst Kontakte zum MfS gehabt zu haben. Andere (23) bestritten die sich aus dem Einzelbericht des BStU ergebende MfS-Verstrickung auf das heftigste und behaupteten unwahre Angaben oder gar Fälschungen von Unterschriften in der Stasi-Akte. Dass die Unterzeichnung der Verpflichtung bzw. die Zusammenarbeit aus Angst oder unter Druck erfolgte, wurde in 37 Fällen angegeben. 35-mal beschrieben die Angehörten die Kontakte zum MfS als offiziell bzw. unumgänglich mit rein dienstlichem oder rein militärischem Inhalt. 22 versuchten, sich mit dem Argument zu entlasteten, niemandem

---

[501] Siehe Anhang, 22. Abbildung S. 209.
[502] Siehe Anhang, 23. Abbildung S. 210.

geschadet zu haben. Die MfS-Kontakte beträfen ausschließlich den Ehepartner, eigenen Kontakt habe man nicht gehabt, behaupteten neun der Betroffenen.

Soweit nicht schon die Kontakte an sich oder die Erinnerung daran bestritten wurden, gaben - auf den abweichend ausgefüllten Personalfragebogen angesprochen - 22 Angehörte an, aus Angst vor einer Kündigung Falschangaben gemacht zu haben. Weitere acht sahen Kontakte in der Zeit vor der Lehrertätigkeit bzw. während des Wehrdienstes als nicht von den Fragen im Personalbogen umfasst. Drei Befragte verwiesen darauf, vor dem Ausfüllen mit einem Personalratsmitglied oder dem Schulleiter über ihren Fall und die erforderlichen Angaben im Fragebogen Rücksprache gehalten zu haben.

Die Kommission entschied in allen untersuchten Fällen für eine Kündigung. Soweit die genaue Entscheidung unmittelbar im Anschluss an die Anhörung den Verfahrensakten zu entnehmen war, lautete sie ganz überwiegend, nämlich zu 89,1 % auf außerordentliche Kündigung. In 73,8 % wurde dieses Urteil einstimmig, in 15,3 % mit einer Stimmverteilung 2 : 1 gefällt. Zu 9,3 % empfahl die Kommission eine ordentliche Kündigung. Nur zweimal sollte vor einer endgültigen Entscheidung eine erweiterte Gauck-Auskunft eingeholt und erneut angehört werden; in einem Fall verschob die Kommission die Entscheidung bis zum Eingang des sogenannten "Haschke-Gutachtens".[503]

Die Kurzbegründungen für die Kündigungsentscheidung konnte für 180 Fälle ausgewertet werden.[504] Sie waren bei weitem nicht so vielfältig wie die Anhörungen und die zugrundeliegenden Einzelfälle. Zu 71,1 % erfolgte eine Art Standardbegründung bestehend aus zwei Teilen. Der erste Teil bezieht sich auf die Angaben der Angehörten in Anlage 1 des Personalfragebogens und lautete: „Keine Angabe auf Anlage 1“ oder „Anlage 1 steht im Widerspruch zur Gauck-Auskunft“ oder „Gauck-Auskunft geht über die Angabe auf Anlage 1 hinaus“. Der zweite Begründungsteil bezog sich auf die Stasi-Verstrickung und lautete zumindest sinngemäß etwa: „Frau ... (Herr ...) hat konspirativ mit dem MfS zusammengearbeitet.“ In 6,7 % der Fälle wurde die Entscheidung für die Kündigung damit begründet, dass eine Verpflichtungserklärung vorlag, die nicht im Personalfragebogen angegeben wurde. Schließlich hieß es in 3,9 % der ausgewerteten Begründungen schlicht, es habe eine Zusammenarbeit mit dem MfS gegeben. Nur 13,9 % der Kurzbegründungen lassen andeutungsweise eine Auseinandersetzung mit dem Anhörungsinhalt bzw. mit dem entsprechenden

---

[503] Siehe Anhang, 24. Abbildung S. 211.
[504] Siehe Anhang, 25. Abbildung S. 212.

Einzelfall erkennen; in weiteren 4,4 % der Fälle lässt die Begründungsformulierung auf ein Einbeziehen entlastender Umstände schließen.

Die angehörten Arbeitnehmer lassen sich nach ihren Angaben im Rahmen der Anhörung grob in drei Gruppen einteilen. Die erste Gruppe räumte im wesentlichen die vorgeworfenen Stasi-Kontakte ein. Dagegen bestritt die zweite Gruppe der Betroffenen noch in der Anhörung vehement die Vorwürfe. Eine dritte Gruppe bestritt zwar nicht, Verfasser der vorgelegten Verpflichtungserklärung und/oder Berichte zu sein, trug aber vor, sich überhaupt nicht daran erinnern zu können. Bei dem Vortrag einer "Erinnerungslücke" liegt der Verdacht einer Schutzbehauptung insofern nahe, als beim Eingeständnis von bewusst falschen Angaben im Fragebogen die ordentliche Kündigung drohte.

Die Kurzbegründung für die Kündigungsempfehlung der Kommission, die dem Staatssekretär und dem Minister vorgelegt wurde, gibt bis auf wenige Ausnahmefälle keinen Aufschluss über eine Einzelfallabwägung. Im Gegenteil deuten Begründungsformulierungen wie "... hat konspirativ mit dem MfS zusammengearbeitet" eher darauf hin, dass bei jeglicher MfS-Zusammenarbeit die Kündigung empfohlen wurde. Zwar beruht die Untersuchung nur auf Daten aus solchen Fällen, in denen die Kündigung tatsächlich erklärt und gerichtlich überprüft wurde; über andere Fällen, in denen trotz vorhandener Gauck-Auskünfte keine Kündigung empfohlen wurde, konnten keine Daten erhoben werden. Jedoch lautet das Votum der Kommission bereits für Kündigung bei sich aus der Gauck-Auskunft ergebenden leichtesten Verstrickung, wie bloße Unterzeichnung einer Berufung. Denkbare Fälle, in denen den Akten eine noch geringere Verstrickung zu entnehmen ist, sind beispielsweise IM-Vorläufe, die nicht mit einer erfolgreichen Werbung geendet haben.

5. Die Beteiligung des Personalrates

Die Beteiligung des Personalrates ist in den überwiegenden Verfahrensakten in der Regel in folgender Form dokumentiert: Es wurde an den Vorsitzenden des Hauptpersonalrates ein Schreiben mit diversen Anlagen übergeben, das über die Kündigungsabsicht, die Form der beabsichtigten Kündigung und den Kündigungsgrund sowie über die persönlichen Daten des zu Kündigenden informierte und zur Stellungnahme aufforderte. Auf Wunsch des Hauptpersonalrates erfolgte eine Erörterung des Kündigungsfalles - in keinem der Untersuchungsfälle jedoch durch den Dienststellenleiter. Die Personalvertretung informierte das Kultusministerium anschließend, sie äußere sich zur Kündigung nicht bzw. sie gebe zur Kündigung keine Stellungnahme ab oder aber sie erhebe Einwände, die dann in einem weiteren Schreiben formuliert und begründet wurden.

Die mit dem Anhörungsschreiben dem Hauptpersonalrat zur Verfügung gestellten Informationen waren zunächst nur der anliegende Entwurf des Kündigungsschreibens, in dem der Einzelbericht des BStU auszugsweise enthalten war, und die persönlichen Daten des zu Kündigenden. Erst nach Januar 1995 wurden weitere Unterlagen zur Information als Anlage dem Anhörungsschreiben an die Personalvertretung angefügt, und zwar das Protokoll der Anhörung vor der Kommission, die Einzelauskunft des BStU, die Kopie der Verpflichtungserklärung und die Anlage 1 des Fragebogens. Ab dem Jahr 1997 wurde dem Hauptpersonalrat teilweise auch der Antrag auf Anerkennung von Vordienstzeiten und/oder auf Übernahme in das Beamtenverhältnis zur Kenntnis gegeben, falls diese Anträge ebenfalls falsche Angaben auf die Frage nach MfS-Kontakten enthielten. In wenigen Fällen reichte das Kultusministerium zum Anhörungsschreiben an den Personalrat eine schon vorhandene Stellungnahme des LStU.

Der Hauptpersonalrat erhob insgesamt etwa zur Hälfte der auswertbaren Kündigungsverfahren Einwände. Zu den anderen Fällen, in denen er angehört wurde, teilte er mit, er gebe keine Stellungnahme ab bzw. äußere sich zur Kündigungsabsicht nicht oder er reagierte gar nicht. Nur in einem einzigen Fall stimmte der Hauptpersonalrat der außerordentlichen Kündigung eines Bediensteten zu.[505] Zu beobachten war ein kontinuierliches Ansteigen des Anteils der Einwände bis zum Jahr 1997.[506]

Den Verfahrensakten der Kündigungsrechtsstreite war in 17 Fällen zu entnehmen, dass das Kultusministerium nach Prüfung der Einwände des Hauptpersonalrates auf den ursprünglich beabsichtigten Ausspruch einer außerordentlichen Kündigung nach Abs. 5 Nr. 2 EinV verzichtete und nur ordentlich nach Abs. 4 EinV bzw. § 1 II KSchG kündigte.

Aus dem vorstehenden folgt, dass die Praxis der Unterrichtung des Hauptpersonalrats zur Einleitung des Beteiligungsverfahrens bis zum Januar

---

[505] Siehe Anhang, 26. Abbildung S. 213.

[506] Siehe Anhang, 27. Abbildung S. 214; die Jahrgänge 1991/92/98 wurden mangels ausreichender Fallzahl (vgl. Anhang S. 215) nicht in die Auswertung einbezogen.

1995 nicht den Erfordernissen entsprach.[507] Mit der Übergabe lediglich des Kündigungsentwurfs und der Information über die persönlichen Daten genügte das Kultusministerium seiner Mitteilungspflicht nicht, zumal im Kündigungsschreiben ausdrücklich Bezug auf die Anhörung und auf die Angaben in Anlage 1 des Personalfragebogens genommen wurde. Zwar hatte der Hauptpersonalrat im Rahmen der Erörterung die Gelegenheit, Einsicht in die Personalakte zu nehmen, jedoch ersetzte dies nicht die ordnungsgemäße Unterrichtung.
Dieser Befund kann nicht mit dem Sonderrecht des Einigungsvertrags erklärt werden, denn bezüglich des Anhörungsverfahrens gab es solches gar nicht. Der Umfang der Mitteilungspflicht des Arbeitgebers bei der Beteiligung des Personalrates im Kündigungsverfahren ist gerade keine Besonderheit des Sonderkündigungsrechts. Das BAG hat in seiner Entscheidung vom 26.05.1994[508] vielmehr darauf abgestellt, dass die allgemeinen Grundsätze zur ordnungsgemäßen Unterrichtung auf die Kündigung nach Abs. 5 Nr. 2 EinV anzuwenden sind. Offenbar begann das Kultusministerium in Reaktion auf dieses Urteil ab dem Jahr 1995, den Hauptpersonalrat im nötigen Umfang zu informieren. Es ist daher denkbar, dass die Anwendbarkeit der allgemeinen Grundsätze auch auf den Sonderfall beim Ministerium nicht erkannt worden ist.

Die Erfahrung, dass der Dienststellenleiter bei den Kündigungsverfahren in den seltensten Fällen selbst tätig wurde und statt dessen subalterne Beamte mit dem Anhörungsverfahren betraut sind,[509] bestätigte sich auch in der Untersuchungsgruppe. Zwar hat dies auch bei fehlender Verhinderung des Dienststellenleiters keine Auswirkungen auf die Wirksamkeit der Kündigung,[510] jedoch wird eine solche Verfahrensweise der rechtlichen und gesellschaftspolitischen Bedeutung der Stasi-Kündigungen nicht gerecht.[511]

Das Verhalten des Hauptpersonalrates im Hinblick auf die Kündigungen wegen MfS-Verstrickung und/oder Verschweigens dieser Verstrickung hat sich über den Zeitraum, in dem solche Kündigungen ausgesprochen wurden, gravierend verändert. Lag der Anteil an Einwänden gegen die Kündigung im Jahr 1994 noch bei nur ca. 15 %, kehrte sich das Verhältnis bis 1997 völlig um und lag bei ca. 85 %. Daraus lässt sich ableiten, dass die Personalvertretung nach

---

[507] Vgl. zu den Anforderungen an eine ordnungsgemäße Unterrichtung des Personalrats unter Kapitel D. IV. Seite 108 ff.
[508] BAG, Urteil vom 26.05.94 - 8 AZR 395/93, AuA 95, 205.
[509] Berkowsky, AuA 96, 128.
[510] Siehe oben Fußnote 413.
[511] So auch Berkowsky, AuA 96, 128.

anfänglicher Zurückhaltung im Beteiligungsverfahren zunehmend aktiver wurde. Jedenfalls ist das Ansteigen der Einwände nicht mit veränderter Stasi-Verstrickung der zur Kündigung vorgesehenen Betroffenen erklärbar, da diesbezüglich keine parallele Veränderung über den Zeitraum hinweg zu verzeichnen ist.[512] Möglicherweise hat sich die veränderte Haltung der Öffentlichkeit ausgewirkt: Während in der Zeit nach der Wende das MfS noch die Personifizierung des Staatsunrechts darstellte, wich diese Pauschalbewertung später der Erkenntnis einer notwenigen Einzelfallbetrachtung.

6. Die Kündigung

Den von der Untersuchung erfassten 220 - nach Gauck-Auskunft MfS-belasteten - Bediensteten wurden insgesamt 225 Kündigungen ausgesprochen. Neun der 220 Personen erhielten eine zweite Kündigung (Folgekündigung), die in einem selbständigen Kündigungsrechtsstreit angegriffen wurde, und vier entschieden sich vor der Aushändigung der Kündigung für die Unterzeichnung des Aufhebungsvertrages. Die Grundgesamtheit aller Kündigungsrechtsstreite umfasst daher 225 Fälle.

Der zeitliche Schwerpunkt der Kündigungen wegen MfS-Verstrickung und/oder Falschangaben darüber im Personalfragebogen lag in den Jahren 1995 und 1996; Kündigungen vor 1993 waren absolute Ausnahmefälle.[513]

In der Untersuchung erfasst wurde die Zeit, die zwischen Eingang der Gauck-Auskunft beim Kultusministerium und dem Zugang bzw. dem Ausspruch der Kündigungen[514] verstrich. Zu insgesamt 189 Fällen waren hierzu Feststellungen möglich. Die Kündigungen ergingen innerhalb eines durchschnittlichen Zeitraums von sieben Monaten und 19 Tagen, wobei der kürzeste Zeitabstand 56 Tage und der längste mehr als 5 $^1/_2$ Jahre betrug. In Gruppen zusammengefasst wurden nur 23 Kündigungen innerhalb von drei Monaten nach Eingang der Gauck-Auskunft überreicht. In einem Zeitraum von drei bis fünf Monaten sprach das Kultusministerium immerhin 58 Kündigungen aus. In den meisten Fällen benötigte man jedoch fünf bis sieben Monate. 26 Kündigungen ergingen erst nach über einem Jahr seit Eingang der jeweiligen Auskünfte des BStU.[515]

[512] Siehe Anhang, 35. Abbildung S. 222.
[513] Siehe Anhang, 28. Abbildung S. 215.
[514] Soweit der Zeitpunkt des Zugangs der Kündigung nicht feststellbar war, wurde für die Berechnung hilfsweise auf das Datum des Kündigungsausspruchs zurückgegriffen.
[515] Siehe Anhang, 29. Abbildung S. 216.

Überwiegend (74,1 %) sprach das TKM zugleich eine außerordentliche und hilfsweise ordentliche Kündigung aus. In einigen Fällen, in denen wegen des besonderen Kündigungsschutzes eine ordentliche Kündigung ausgeschlossen war oder wenn bei Schwerbehinderten die Hauptfürsorgestelle zunächst nur der außerordentlichen Kündigung zugestimmt hatte, wurde allein außerordentlich gekündigt.[516] Darüber hinaus hatten die Gekündigten in zwei Fällen umfangreiche Angaben im Personalfragebogen gemacht und wurden deshalb offenbar nicht auch hilfsweise ordentlich gekündigt. Weitere 22,3 % der Kündigungen waren ordentliche Kündigungen.[517]

Den Kündigungsschreiben war als Grund für die jeweilige Kündigung siebenmal „Tätigkeit für das MfS“ zu entnehmen. In 37 Fällen stützte das Kultusministerium die Kündigung auf Falschangaben im Personalfragebogen. Überwiegend jedoch, nämlich in ca. ¾ aller Kündigungen, lautet die Begründung auf Tätigkeit für das MfS und Falschangaben im Personalfragebogen. Von den 1997 ausgesprochenen Kündigungen wurden elf neben der MfS-Tätigkeit und der Falschangabe im Personalfragebogen zusätzlich mit Falschangaben in den Anträgen auf Anerkennung von Vordienstzeiten und auf Übernahme in das Beamtenverhältnis begründet. Eine unterzeichnete Verpflichtungserklärung und deren Nichtangabe im Personalfragebogen war in zwei Fällen Grund der Kündigung.[518]

Die rechtliche Grundlage der Kündigung, auf die sich das TKM im Kündigungsschreiben bzw. im Kündigungsschutzprozess berief, war überwiegend Abs. 5 Nr. 2 EinV zusammen mit § 1 II KSchG. Dass Abs. 4 Nr. 1 EinV als Kündigungsvorschrift bei persönlicher Nichteignung eine nur untergeordnete Bedeutung hatte - nur 35-mal wurde die Kündigung (auch) auf diese Vorschrift gestützt -, ergibt sich schon aus der zeitlichen Verteilung der MfS-Kündigungen: Die Geltungsdauer des Abs. 4 EinV endete bereits zum 31.12.1993, als erst 16,9 % der Kündigungen ausgesprochen waren.[519] Die ordentlichen Kündigungen stützte das TKM also vor allem auf § 1 II KSchG. Zweimal war § 622 BGB Grundlage von Kündigungen in der Probezeit. Auch auf § 626 BGB berief man sich seitens des Kultusministeriums - zumeist

[516] Der Ausschluss einer ordentlichen Kündigung von Personalratsmitgliedern wurde jedoch nicht durchweg beachtet. In neun dieser Fälle sprach das TKM entgegen § 15 II KSchG hilfsweise eine ordentliche Kündigung aus.
[517] Siehe Anhang, 31. Abbildung S. 218.
[518] Siehe Anhang, 33. Abbildung S. 220.
[519] Siehe Anhang, 28. Abbildung S. 215.

zusätzlich -, jedoch war nur in einem Fall auch die Frist des Abs. 2 eingehalten worden.[520]

Im Zusammenhang mit den MfS-Kündigungen tauchten Probleme auf, die nicht das Sonderkündigungsrecht im engeren Sinne betrafen, sondern den besonderen Kündigungsschutz nach dem Schwerbehindertengesetz und dem Personalvertretungsrecht. Insgesamt betrafen 12 der 225 Kündigungen Bedienstete, die dem besonderen Kündigungsschutz des Schwerbehindertengesetzes unterlagen. Davon hat das TKM in vier Fällen die Hauptfürsorgestelle nicht oder nicht regelgerecht beteiligt. 14 Kündigungen wurden gegenüber Angestellten ausgesprochen, die nach § 15 II KSchG, § 47 BPersVG/PersVG-DDR besonders geschützt waren. Zehnmal hat das kündigende Ministerium diese Vorschriften nicht oder nicht richtig angewendet, also z. B. auch eine ordentliche Kündigung ausgesprochen oder die falsche Personalvertretung angehört. In zwei Fällen wurde ein Zustimmungsersetzungsverfahren zunächst gegen die falsche Personalvertretung eingeleitet und dreimal wartete das TKM, statt ein Zustimmungsersetzungsverfahren einzuleiten, den Ablauf der Schutzzeiten ab.

Auswertbare Besonderheiten der Kündigungsfälle konnten im größeren Umfang nicht festgestellt werden. Lediglich fünf Personen waren zum Stichtag des Anwendungsbereichs des Sonderkündigungsrechts nicht im öffentlichen Dienst beschäftigt. Weitere fünfmal war bereits eine Kündigung wegen mangelnder persönlicher Eignung aufgrund politischer Systemverstrickung nach Abs. 4 Nr. 1 EinV der MfS-Kündigung vorausgegangen, war zur gerichtlichen Überprüfung gestellt worden und hatte dieser nicht standgehalten.

Im Zusammenhang mit dem Kündigungsausspruch ist der auffällig lange Zeitraum zwischen Eingang der Gauck-Auskunft und dem Ausspruch der Kündigung hervorzuheben. Zwar konnte nach der Grundsatzentscheidung des BAG vom 11.06.1992[521] über die Nichtanwendbarkeit der Frist nach § 626 II BGB der Eindruck entstehen, dass die Kündigungen in zeitlicher Hinsicht von den Grundsätzen der Verwirkung begrenzt werden. Jedoch stammen die Hinweise sowohl des Bundesverfassungsgerichts als auch des BAG, dass kein zeitlich unbegrenzter Ausspruch der außerordentlichen Kündigung möglich ist und der Unzumutbarkeit ein zeitliches Element innewohnt, bereits vom April 1994. Eine Beschleunigung der Kündigungsverfahren, die in Reaktion darauf

---

[520] Siehe Anhang, 34. Abbildung S. 221.

[521] BAG, Urteil vom 11.6.92 - 8 AZR 537/91, AP Art. 20 EinV Nr. 3.

spätestens Anfang 1995 zu beobachten sein müsste, trat nicht ein. Im Gegenteil verstrich bis zum Kündigungsausspruch immer mehr Zeit.[522] Die Ursache für diesen Befund liegt nicht in einem verlängerten Verfahren, da sich der Ablauf des Kündigungsverfahrens im Thüringer Kultusministerium nicht verändert hatte. Offenbar gab es interne organisatorische Schwierigkeiten, die zahlreich eingehenden Gauck-Auskünfte zu bearbeiten.

Das Kündigungsverhalten des TKM im Hinblick auf die der Kündigung zugrundeliegenden MfS-Verstrickungen hat sich über die Jahre hinweg nicht verändert. Die untersuchten Fälle weisen in der Zusammensetzung des Verstrickungsgrades kaum Schwankungen auf. Erst 1997 kommen in der Untersuchungseinheit keine Fälle mehr vor, die den Verstrickungsgraden 1 und 2 zuzuordnen waren.[523] Damit zeigt die Untersuchung eine mangelnde Umsetzung der Forderungen der Arbeitsgerichtsbarkeit nach differenzierterer Anwendung des Sonderkündigungsrechts und stärkerer Berücksichtigung entlastender Umstände.

Eine Veränderung der Kündigungspraxis des Kultusministeriums ist allerdings bei den Kündigungsarten zu beobachten. Der Anteil der Fälle, in denen ausschließlich eine ordentliche Kündigung ausgesprochen wurde, stieg an.[524] Möglicherweise verzichtete man zunehmend bei nur geringer Stasi-Verstrickung auf die außerordentliche Kündigung nach Abs. 5 Nr. 2 EinV, nicht jedoch auf eine Kündigung wegen falscher Angaben über diese Verstrickung.

Eine deutliche Reaktion des TKM auf die höchstrichterliche Rechtsprechung ist nach dem Urteil des BAG vom 13.06.1996 zu registrieren.[525] Der zweite Senat führte hier aus, dass eine personenbedingte Kündigung nach § 1 II KSchG den Vortrag und Nachweis einer grundsätzlichen Unehrlichkeit bedarf und lässt offen, ob unter dem Gesichtspunkt einer verhaltensbedingten Kündigung die einmalige Falschbeantwortung überhaupt Zweifel an der Ehrlichkeit hinsichtlich künftiger Loyalität begründet. Daraufhin versuchte das Kultusministerium in laufenden Kündigungsschutzverfahren die zusätzliche Begründung der Kündigungen mit weiteren Falschangaben im Antrag auf Anerkennung von Vordienstzeiten sowie im Antrag auf Übernahme in das Beamtenverhältnis

---

[522] Siehe Anhang, 30. Abbildung S. 217.
[523] Siehe Anhang, 35. Abbildung S. 222.
[524] Siehe Anhang, 32. Abbildung S. 219; die Jahrgänge 1991/1992/1997/1998 sind aus der Betrachtung ausgeklammert, da nur einen geringe Anzahl von Kündigungen ausgesprochen wurden.
[525] BAG, Urteil vom 13.06.96 - 2 AZR 483/95, NZA 97, 258.

nachzuschieben. Da es sich dabei jedoch um vor Ausspruch der Kündigung bekannte Tatsachen handelte, auf die sich der öffentliche Arbeitgeber im personalrätlichen Beteiligungsverfahren nicht gestützt hat, waren sie im Kündigungsschutzprozess präkludiert.[526] Bei den im Jahre 1997 anstehenden Kündigungen wurde dann die Mitteilung an den Hauptpersonalrat um den Antrag auf Anerkennung von Vordienstzeiten und/oder auf Übernahme in das Beamtenverhältnis erweitert, falls diese Anträge ebenfalls falsche Angaben auf die Frage nach MfS-Kontakten enthielten.

7. Das gerichtliche Verfahren der 1. Instanz

a) Das erstinstanzliche Verfahren

Die Anhängigkeit der 229 untersuchten Rechtsstreite (225 Kündigungsschutzklagen und vier Anfechtungen von Aufhebungsverträgen) liegt schwerpunktmäßig in den Jahren 1995 und 1996.[527] Anträge auf Gewährung von Prozesskostenhilfe hatten nur untergeordnete Bedeutung: Von insgesamt zehn gestellten Anträgen wurden sieben bewilligt und drei abgelehnt.

Die Kläger waren im gerichtlichen Verfahren überwiegend (zu ca. ¾) anwaltlich vertreten. In nur neun Fällen verzichteten Kläger (zunächst) auf jegliche Vertretung und in ca. ¼ aller Rechtsstreite vertrat der DGB die Klagepartei.[528] Der Anteil der vom DGB vertretenen Klagen stieg bis 1996 deutlich an.[529] Neun Kläger wechselten während des Rechtsstreits die Art der Prozessvertretung.[530] Das Kultusministerium ließ sich durchweg anwaltlich vertreten.

In nur elf der 229 erstinstanzlichen Arbeitsgerichtsprozesse wurde durch das Gericht die Originalakte des Staatssicherheitsdienstes von der Gauck-Behörde angefordert und dem Verfahren beigezogen.[531] In den überwiegenden (156) Verfahren legte das Kultusministerium die von der Gauck-Behörde vorgenommene Auswahl von Berichten[532] und die eventuell vorhandene Verpflichtungserklärung, in 17 Verfahren nur die Verpflichtungserklärung vor.

---

[526] KR-Etzel, § 102 BetrVG Rz. 67, 185 e; LAG Thüringen, Urteil vom 11.03.97 - 7 Sa 283/96, n.v.
[527] Siehe Anhang, 36. Abbildung S. 222.
[528] Siehe Anhang, 37. Abbildung S. 223.
[529] Siehe Anhang, 38. Abbildung S. 225.
[530] Siehe Anhang, 39. Abbildung S. 225.
[531] Siehe Anhang, 40. Abbildung S. 226.
[532] Vgl. hierzu S. 124.

In 29 Fällen wurden dem Gericht keinerlei Auszüge aus der Stasi-Akte zur Kenntnis gegeben. Kopien sämtlicher Berichte einschließlich der Verpflichtungserklärung wurden in 17 Gerichtsverfahren beklagtenseits vorgelegt.[533]

Beweisaufnahmen sind in lediglich elf erstinstanzlichen Verfahren erfolgt. Unter Zulassung von Mehrfachantworten wurde sechsmal ein Führungsoffizier als Zeuge vernommen. In fünf Fällen hat das Gericht wegen bestrittener Echtheit von Unterschriften ein Schriftsachverständigengutachten eingeholt und zusätzlich zweimal den Sachverständigen zu seinem Gutachten vernommen. In einem Fall wurde ein Mitarbeiter des Kultusministeriums zum Ablauf der Personalratsanhörung befragt. In einem weiteren Verfahren hat das Gericht einen Psychologen als sachverständigen Zeugen geladen und zur bewussten Lüge im Personalfragebogen vernommen.[534]

In zahlreichen Prozessen legte die Klagepartei Unterlagen vor, die ihren Vortrag bezüglich der Zumutbarkeit der Weiterbeschäftigung und/oder der persönlichen Eignung stützen sollten. Solche Schriftstücke fanden sich in 68 Prozessakten. Am häufigsten waren dabei Beurteilungen des Schulleiters. Auf offensichtlich zur Unterstützung der Kläger im Prozess ausgestellte Beurteilungen reagierte das Kultusministerium mit disziplinarischen Maßnahmen gegen die Schulleitung.[535] Zahlreich waren auch Briefe, gerichtet an den Kläger bzw. das Kultusministerium, und/oder Unterschriftensammlungen von Schülern, deren Eltern und Kollegen der Kläger.[536]

Bezüglich der Gütetermine konnte zweierlei festgestellt werden: Einige Male[537] erschien für das Kultusministerium niemand, weswegen in sechs Güteverhandlungen ein Versäumnisurteil erging. Eine gütliche Einigung war sehr selten. Nur sechs der insgesamt 54 erstinstanzlich geschlossenen Vergleiche kamen im Gütetermin zustande.

Erhebungen zum Inhalt des Kammertermins gründen sich ausschließlich auf die Protokolle zur mündlichen Verhandlung. Diese Daten sind allerdings nur eingeschränkt aussagekräftig, da die Vorsitzenden Richter sehr unterschiedlich umfangreich protokolliert haben. Kammertermine fanden in 218 Verfahren statt;

---

[533] Siehe Anhang, 41. Abbildung S. 226.
[534] Siehe Anhang, 42. Abbildung S. 227.
[535] Telefonische Information des TKM an die Bearbeiterin.
[536] Siehe Anhang, 43. Abbildung S. 227.
[537] Insgesamt waren es 25 Fälle, was ca. 11 % der untersuchten Verfahren entspricht.

in den übrigen elf war der Rechtsstreit schon vorher beendet. Davon enthielten 140 Protokolle keine über die notwendigen Inhalte hinausgehenden Informationen. Zu den anderen 78 Verfahren waren 19-mal Ausführungen der Klagepartei zum Sachverhalt, insbesondere zur Stasi-Verstrickung protokolliert. 13 später widerrufene Vergleiche fanden sich in den Protokollen, 13-mal waren rechtliche Hinweise des Gerichts im Kammertermin festgehalten und viermal erging im Kammertermin ein Versäumnisurteil gegen das Kultusministerium.[538]

Aus dem gesamten Inhalt der jeweiligen Verfahrensakte, also den gewechselten Schriftsätzen und Verhandlungsprotokollen, wurden in der Untersuchung diejenigen Fragen herausgefiltert, die zwischen den Parteien schwerpunktmäßig diskutiert worden sind. Feststellungen hierzu waren in 194 Fällen möglich. Unter Zulassung von Mehrfachantworten stritten die Prozessparteien am häufigsten um die Frage der Verwirkung des Kündigungsrechts bzw. der Zumutbarkeit der Weiterbeschäftigung infolge Zeitablaufs. Nahezu ebenso häufig war die Personalratsanhörung Streitthema, gefolgt von der Frage, ob denn tatsächlich eine bewusste, finale Zusammenarbeit mit dem Staatssicherheitsdienst der DDR vorlag. In etlichen Rechtsstreiten war umstritten, ob die vorgeworfene Verstrickung zur Unzumutbarkeit der Weiterbeschäftigung führt. Der Beweiswert der Stasiunterlagen wurde ebenfalls oft diskutiert. Durchaus gängig war der beklagtenseits bestrittene Vortrag, der Kläger habe sich beim Ausfüllen des Personalfragebogens nicht oder nicht in der vorgeworfenen Form an die Stasikontakte erinnert und daher nicht bewusst gelogen. Vereinzelt diskutiert wurde die Frage des besonderen Gewaltverhältnisses in Fällen von MfS-Kontakten während des Wehrdienstes, die Anwendung der Kündigungsausspruchsfrist des § 626 Abs. 2 BGB und die Relevanz von Tätigkeiten für das MfS vor 1975 in Anbetracht des geänderten Stasiunterlagengesetzes. In nur einem einzigen Fall war die Kündigungsfrist streitig.[539]

Die im Prozess vom Freistaat Thüringen, vertreten durch das Kultusministerium, als Beklagten vorgelegten Auszüge aus der Stasi-Akte zeigen nochmals, dass vor Ausspruch der Kündigung - abgesehen von der Anhörung - kaum weitere Sachverhaltsaufklärung betrieben wurde. Im überwiegenden Teil der Fälle beließ man es für die Entscheidung über die Kündigung ebenso wie für den Vortrag im Kündigungsschutzprozess bei der Gauck-Auskunft einschließlich der von den Mitarbeitern des BStU beispielhaft ausgewählten Berichte.

[538] Siehe Anhang, 44. Abbildung S. 227.
[539] Siehe Anhang, 45. Abbildung S. 229.

Die von einigen Klägern vorgelegten Unterschriftensammlungen, Briefe und Beurteilungen waren durchaus geeignet, in die Einzelfallentscheidung über die Zumutbarkeit der Weiterbeschäftigung einbezogen zu werden. Denn im Rahmen der Zumutbarkeitsprüfung finden alle bei Kündigungsausspruch vorliegenden Tatsachen Berücksichtigung, also auch das Verhalten und der Werdegang des Gekündigten nach der Wende.[540] Einen Nachweis der Zumutbarkeit der Weiterbeschäftigung können solche Unterlagen jedoch nicht erbringen, selbst wenn sich Schüler, Eltern, die Schulleitung und Kollegen gleichermaßen für den Verbleib des Betroffenen an der Schule aussprechen und einsetzen. Die Annahme, dass im Hinblick auf das tatbestandlich zugrundegelegte Erscheinen nach außen die Wahrnehmung von Eltern und Schülern als besonders interessierten Ausschnitts der Öffentlichkeit entscheidende Auswirkungen haben kann, geht deshalb fehl, weil eine vollständige Information dieser sich konkret äußernden Personen nicht angenommen werden kann. Deshalb ist über die Zumutbarkeit nach objektiven Kriterien zu entscheiden, also abstrakt das Erscheinen der Behörde mit diesem Mitarbeiter bei bekannt werden der Tätigkeit für das MfS zugrunde zulegen.[541]

Bei der Auswertung der im Prozess am häufigsten diskutierten Streitpunkte überrascht es nicht, dass die Frage nach Verwirkung des Kündigungsrechts bzw. nach Zumutbarkeit infolge Zeitablaufs den Spitzenplatz belegt. Dieser Einwand seitens der Kläger ist subjektiv besonders naheliegend. Schließlich wurden die Betroffenen nach Eingang der Gauck-Auskunft weiterbeschäftigt, obwohl damit die wesentlichen Umstände des vorgeworfenen MfS-Kontakts bekannt waren. Der Ausspruch einer fristlosen Kündigung nach einem halben Jahr oder sogar noch später ist dann für die Betroffenen wenig überzeugend. Die ordnungsgemäße Beteiligung des Personalrats wurde häufig nur bestritten, um den beklagten öffentlichen Arbeitgeber zur Darlegung der Personalratsanhörung zu bewegen. Diskutiert wurde in diesem Bereich aber kaum die ausreichende Information des Hauptpersonalrats, sondern eher die Verhinderung des Dienststellenleiters, da die Erörterung nie durch den Kultusminister durchgeführt wurde. Der Streit um den Beweiswert der Stasi-Unterlagen, das Vorliegen einer bewussten, finalen Zusammenarbeit und auch über die Erinnerung an die vorgeworfenen MfS-Kontakte beim Ausfüllen des Fragebogens spiegelt das Verhalten der betroffenen Arbeitnehmer in der Anhörung wieder. Schon dort hat ein Großteil der Angehörten angegeben, sie könnten sich an die vorgehaltenen Tatsachen nicht erinnern bzw. die Vorhalte entsprächen nicht der Wahrheit. Zwar soll nicht ausgeschlossen werden, dass in

---

540 Vgl. oben Fußnoten 314 und 315.
541 Siehe oben Kapitel C S. 91.

Einzelfällen keine Erinnerung an lang zurückliegende und wenig gravierende Ereignisse vorliegen kann bzw. einzelne Angaben des aktenführenden Mitarbeiters des MfS nicht den Tatsachen entsprechen. Der Vortrag einer Erinnerungslücke bzw. falschen Akteninhalten kann in dieser Häufigkeit jedoch nur eine Schutzbehauptung darstellen.

b) Der Ausgang des erstinstanzlichen Verfahrens

Beendet wurden die erstinstanzlichen Verfahren mit folgenden Ergebnissen: Von den 229 Klagen gegen das Kultusministerium wurden 13 zurückgenommen. Die Parteien einigten sich in 54 Verfahren gütlich durch Vergleich, wobei nur ein einziger Vergleich über die Weiterbeschäftigung des Klägers zustande kam; alle anderen Vergleiche hatten ein Ausscheiden der Kläger aus dem öffentlichen Dienst zum Inhalt. Die übrigen 162 arbeitsgerichtlichen Verfahren endeten mit einem Gerichtsurteil. Insgesamt nur 30 Klagen wurden abgewiesen, 23 Klagen wiesen die Gerichte teilweise ab, d. h. die außerordentliche Kündigung nach Abs. 5 Nr. 2 EinV wurde für unwirksam erklärt, nicht aber die hilfsweise ordentliche Kündigung. Nahezu die Hälfte aller Klagen, nämlich 109 waren erstinstanzlich erfolgreich. Davon ergingen drei Urteile in Form eines Versäumnisurteils gegen das Kultusministerium.[542]

Diese Zahlen über den Ausgang aller vor Thüringer Arbeitsgerichten geführten Rechtsstreite geben jedoch nur einen Überblick und lassen sich nicht auf die Beendigung der Verfahren an den verschiedenen Arbeitsgerichten übertragen. Vielmehr schwanken die Häufigkeitsverteilungen zwischen den einzelnen Gerichten zum Teil erheblich.[543] So waren am Arbeitsgericht Gotha 77 % aller Klagen erfolgreich; im Durchschnitt beträgt die Erfolgsquote für Kläger dagegen nur 47 %. Es gab dort weder Abweisung noch teilweise Abweisung von Klagen. Am Arbeitsgericht Jena endete kein einziges Verfahren mit einem Vergleich. Die teilweise Abweisung von Klagen war hier deutlich häufiger als an den anderen Gerichten. Dagegen gab es in Nordhausen gar keine teilweise Abweisung von Klagen. Diese deutlichen Unterschiede in der Art des Ausgangs der erstinstanzlichen Verfahren je nach befasstem Arbeitsgericht können nicht mit einer ebenso unterschiedlichen Schwere der Verstrickung begründet werden. Zwar ist die Zusammensetzung der den gerichtlichen Entscheidungen zugrundeliegenden Verstrickungsgrade nicht identisch, aber derartige

[542] Siehe Anhang, 46. Abbildung S. 229.
[543] Siehe Anhang, 47. Abbildung S. 230.

Schwankungen im Vergleich der Gerichte waren hier nicht feststellbar.[544] Noch deutlicher wird der Vorwurf der uneinheitlichen Rechtsprechung unter den Arbeitsgerichten[545] im folgenden bestätigt, wenn der Ausgang der Rechtsstreite innerhalb der einzelnen Verstrickungsgrade miteinander verglichen wird.[546]

Insgesamt endeten die erstinstanzlichen Verfahren hauptsächlich zwischen den Jahren 1994 und 1997.[547] Während dieses Zeitraumes verschob sich die Zusammensetzung der Beendigungsarten deutlich zugunsten der erfolgreichen Klagen.[548]

Die Untersuchung der 229 Verfahren umfasst neben dem Ausgang der Rechtsstreite auch die Gründe für Klagerücknahme, den Inhalt der Vergleiche und der den Entscheidungsgründen entnommenen tragenden Urteilsbegründungen.

Die Motivation der Kläger, die Klage zurückzunehmen, war unterschiedlich. Die Gründe reichen von "Rücknahme der Kündigung" durch das Kultusministerium bis zu mangelnder Erfolgsaussicht der Klage.[549]

Die 53 Vergleiche, die ein Ausscheiden des Klägers aus dem Dienst regelten, konnten ihrem Inhalt nach überwiegend in zwei Gruppen von im wesentlichen standardisierten Vergleichen eingeordnet werden. So lauteten 17 Vergleiche etwa: "Das Arbeitsverhältnis endete durch ordentliche (betriebsbedingte) Kündigung am .... Es liegt kein Kündigungsgrund nach Sozialtarifvertrag vor. Die Kosten werden gegeneinander aufgehoben." Die zweite und häufigste[550] Vergleichsform regelte ein Ende des Arbeitsverhältnisses in der Zukunft und eine Freistellung des Klägers unter Fortzahlung der Vergütung bei Anrechnung des Urlaubsanspruches bis zu diesem Datum. Verschiedentlich wurde zu diesen beiden Standardformen der Vergleiche ein Widerrufsvorbehalt und/oder ein Zeugnisanspruch hinzugefügt. Auch fand sich in einigen dieser Vergleiche ein Zusatz des Inhaltes, dass das Kultusministerium an dem Stasi-Vorwurf nicht mehr festhalte. Acht Vergleiche hatten keinen typischen Inhalt, sondern waren

---

[544] Siehe Anhang, 58. Abbildung S. 245.
[545] Müller-Enbergs, Zum Umgang mit inoffiziellen Mitarbeitern - Gerechtigkeit im Rechtsstaat?, S. 11 f.; Kreuder, Die Mitbestimmung 92, 85 ff.; Weiss/Kreuder, ArbuR 94, 12, 14.
[546] Siehe unten S. 151 ff.
[547] Siehe Anhang, 48. Abbildung S. 235.
[548] Siehe Anhang, 49. Abbildung S. 236.
[549] Siehe Anhang, 50. Abbildung S. 237.
[550] Siehe Anhang, 51. Abbildung S. 238.

individuell formuliert. Eine Abfindung wurde nur in einem Fall vereinbart. Auch in nur einem Vergleich regelte man die alleinige Kostentragungspflicht des beklagten Ministeriums.

Klageabweisende Urteile stützten sich überwiegend auf einen hinreichenden Grad der Verstrickung, der zur Unzumutbarkeit der Weiterbeschäftigung führte. Einige Gerichte begründeten die Klageabweisung damit, dass die nachgewiesene Zusammenarbeit trotz vorliegender entlastender Umstände ausreiche, eine Kündigung nach Abs. 5 Nr. 2 EinV zu rechtfertigen.[551]

Den Entscheidungsgründen teilweise abweisender Urteile war zur Wirksamkeit der ordentlichen Kündigung neunmal zu entnehmen, die bewusste Lüge im Personalfragebogen stelle als Nebenpflichtverletzung einen ausreichenden Kündigungsgrund für eine verhaltensbedingte Kündigung dar. In fünf Urteilen war eine zumindest fahrlässige Falschangabe im Fragebogen als Grund für eine gerechtfertigte verhaltensbedingte Kündigung angesehen worden. Siebenmal lautete die Begründung, allein die Fragebogenlüge führe zur Nichteignung. Eine durch freiwillige Verpflichtungserklärung indizierte persönliche Nichteignung war in zwei weiteren Urteilen der tragende Grund für die Abweisung der Klage bezüglich der ordentlichen Kündigung.[552]

Die gerichtlich festgestellte Unwirksamkeit der außerordentlichen Kündigung nach Abs. 5 Nr. 2 EinV in klageabweisenden bzw. teilweise abweisenden Urteilen wurde überwiegend mit nicht ausreichender Verstrickung begründet. Häufige Begründung war auch die Nichterweislichkeit der Zusammenarbeit und die fehlende Unzumutbarkeit infolge Zeitablaufs.[553]

Für die Unwirksamkeit der ordentlichen Kündigung fanden sich in den stattgebenden Urteilen unterschiedliche Gründe. Am häufigsten waren die Gerichte der Auffassung, nach Interessenabwägung rechtfertige die festgestellte Fragebogenlüge eine Kündigung nicht. Teilweise verzichteten die Gerichte auf den Nachweis der vorgeworfenen Stasi-Verstrickung bzw. der vorsätzlichen Lüge, da - diese unterstellt - eine Interessenabwägung zugunsten der Kläger ausfiele. Häufig scheiterte die ordentliche Kündigung wegen angeblicher Fragebogenlüge an dem fehlenden Nachweis der vorgeworfenen Zusammenarbeit. In einigen Fällen hielten die Richter eine fehlende Erinnerung an die vergangenen, beauskunfteten Ereignisse für möglich und daher eine

[551] Siehe Anhang, 52. Abbildung S. 239.
[552] Siehe Anhang, 53. Abbildung S. 240.
[553] Siehe Anhang, 54. Abbildung S. 241.

bewusste vorsätzliche Lüge für nicht nachgewiesen. In anderen Kündigungsfällen entschieden die Gerichte auf Unwirksamkeit der ordentlichen Kündigung, da die Angaben der Kläger im Fragebogen nicht oder jedenfalls nicht schwerwiegend von der vorgeworfenen Verstrickung abwichen. Vereinzelt war den Entscheidungsgründen zu entnehmen, dass Umstände vor 1970 bzw. vor 1975 kein Indiz für eine mangelnde Eignung, die Frage im Personalbogen daher unzulässig und die auf die Falschantwort gestützte Kündigung daher unwirksam sei. Es gab außerdem Fälle, in denen das beklagte Ministerium die Frist für die Anhörung des Personalrates von 20 Werktagen vor Ausspruch der ordentlichen Kündigung nicht eingehalten hatte oder in denen ein besonderer Kündigungsschutz des Klägers eine ordentliche Kündigung nicht gestattete.[554]

In den Entscheidungsgründen der klagestattgebenden Urteile fand sich weiterhin 17-mal der Hinweis auf unzureichenden bzw. unsubstantierten Vortrag des beklagten Ministeriums. In weiteren 14 Fällen entschieden die Gerichte, dass das Kündigungsrecht insgesamt, also nicht nur zur außerordentlichen, sondern auch zur ordentlichen Kündigung wegen Zeitablaufs bzw. widersprüchlichen Verhaltens des Kultusministeriums verwirkt ist. Auf fehlerhafte Personalratsanhörung stützten die Richter in elf Urteilen die Unwirksamkeit jeweils beider Kündigungen.[555]

Aus den Urteilsbegründungen der 162 Urteile konnte in 147 Fällen[556] der aus Sicht des Gerichts bestehende Grad der Verstrickung erhoben werden.[557] Überwiegend, nämlich 109-mal, stimmte dieser mit dem sich aus der Gauck-Auskunft ergebenden Verstrickungsgrad überein. In 38 Verfahren gab es an diesem Punkt Abweichungen, da sich nicht alle Angaben der Gauck-Auskunft nachweisen ließen. Insbesondere die prozentuale Häufigkeit des Grades 1 ist nach der Überzeugung der Gerichte deutlich höher als nach der Gauck-Auskunft,[558] da das beklagte Ministerium in einigen Fällen zwar die Verpflichtungserklärung vorlegte, aber keine Tätigkeit für das MfS beweisen konnte.

Anhand dieser Verstrickungsgrade, von denen die Gerichte bei ihrer Urteilsfindung selbst ausgingen, kann die Entscheidungspraxis an den

[554] Siehe Anhang, 55. Abbildung S. 242.
[555] Siehe Anhang, 56. Abbildung S. 243.
[556] Die übrigen Urteile enthielten keine Entscheidungsgründe oder die Entscheidung wurde auf andere Gründe gestützt und dieser Punkt offengelassen.
[557] Siehe Anhang, 57. Abbildung S. 244 und 58. Abbildung S. 245.
[558] Zum Grad der Verstrickung nach der Gauck-Auskunft siehe Anhang S. 207.

verschiedenen Thüringer Arbeitsgerichten sowohl insgesamt dargestellt als auch miteinander verglichen werden.

Die 49 Klagen gegen Kündigungen, denen nach Überzeugung des Gerichts ein Verstrickungsgrad 1 zugrunde lag, waren überwiegend erfolgreich. In neun Fällen aber erfolgte eine teilweise Abweisung, in sechs Fällen sogar eine vollständige Abweisung der Klage.[559] Eine Gegenüberstellung der einzelnen Gerichte zeigt eine unterschiedliche Entscheidungspraxis: Während in Gotha, Gera, Erfurt und Nordhausen solche Klagen regelmäßig erfolgreich waren, kam es in Jena durchweg zu teilweiser Abweisung und in Eisenach und Suhl vereinzelt zu teilweiser oder vollständiger Abweisung.[560]

Verfahren, denen Grad 2 entsprechende Sachverhalte zugrunde lagen, waren bis auf einen Fall für die Kläger erfolgreich.[561]

Stützte das Kultusministerium die Kündigungen auf nachgewiesene Stasi-Verstrickungen, die dem Grad 3 entsprechen, so erachteten die Thüringer Arbeitsgerichte diese Kündigungen zumeist für unwirksam. Von den 60 Verfahren mit nach Überzeugung des Gerichts Verstrickungsgrad 3 obsiegten die Kläger in 46. Fünf Klagen wurden abgewiesen und neun teilweise abgewiesen. Die Wahrscheinlichkeit einer erfolgreichen Klage war am Arbeitsgericht Jena am niedrigsten; Klagen an den Arbeitsgerichten Gotha, Eisenach und Nordhausen waren bei Grad 3 entsprechenden Tatbeständen durchweg erfolgreich.[562]

Von den 19 Kündigungen mit nachgewiesenem Verstrickungsgrad 4 wurden zehn Klagen abgewiesen und vier teilweise abgewiesen. Immerhin fünf waren erfolgreich. Am Arbeitsgericht Gera wurden alle Klagen dieses Verstrickungsgrades abgewiesen, in Jena kam es durchweg zu teilweiser oder gesamter Abweisung der Klagen.[563]

In nur sieben Verfahren wurde ein Sachverhalt nachgewiesen, der dem Verstrickungsgrad 5 entspricht. Davon obsiegte ein Kläger, die anderen sechs wurden mit ihrer Klage abgewiesen.[564]

---

[559] Siehe Anhang, 59. Abbildung S. 246.
[560] Siehe Anhang, 59. Abbildung S. 246.
[561] Siehe Anhang, 60. Abbildung S. 247.
[562] Siehe Anhang, 61. Abbildung S. 248.
[563] Siehe Anhang, 62. Abbildung S. 249.
[564] Siehe Anhang, 63. Abbildung S. 250.

Bei der Untersuchung der Entscheidungsgründe nach den tragenden Gründen fielen verschiedene Rechtsauffassungen der Gerichte auf, worüber allerdings keine statistische Erhebung stattfand. So fand sich in einigen Urteilen die Auffassung, Frage 2 der Anlage zum Personalfragebogen sei insgesamt unzulässig, da das Kultusministerium kein schützenswertes Interesse an Angaben zu bloßen Kontakten mit dem MfS habe. Andernorts wurde vertreten, eine nicht angegebene Verpflichtungserklärung stelle keine Fragebogenlüge dar, da im Gegensatz zu Fragebögen anderer Bundesländer nicht ausdrücklich danach gefragt war. Auch nach einer Zusammenarbeit mit der Abteilung K I der Kriminalpolizei sei nicht gefragt worden und die K I sei auch nicht von dem Begriff MfS mitumfasst. Teilweise differenzierten die Gerichte zwischen bloßer Nichtbeantwortung der Fragen in Anlage 1 und einer falschen Angabe. Ein Nichtantworten auf eine gestellte Frage sei keine Lüge, sondern eine offensichtliche Verweigerung der Antwort, worauf das Kultusministerium sofort durch mündliche Befragung oder dringende Anfrage bei der Gauck-Behörde hätte reagieren können. Zum Problem der Fragebogenlüge wurde auch geäußert, die Situation 1991 und das Verhalten des Kultusministeriums, ohne Differenzierung eine Kündigung auszusprechen, mindere die Schuld der pflichtwidrigen Falschangaben.

Die arbeitsgerichtlichen Urteile wurden schließlich auch auf die durch die konkretisierende höchstrichterliche Rechtsprechung entwickelten Rechtmäßigkeitskriterien der Kündigungen hin überprüft, und zwar unabhängig davon, ob zum Zeitpunkt der erstinstanzlichen Urteilsfindung die Konkretisierung der Kündigungsrechte wegen Stasi-Verstrickung bzw. Verschweigens dieser Verstrickung schon vorgenommen war.

Überprüft wurde zunächst, ob die Regelung des Abs. 5 Nr. 2 EinV als eigenständig und - insbesondere im Verhältnis zu § 626 II BGB - abschließend begriffen wurde.[565] Im Erhebungsbogen hatte diese Frage die Variablennummer v83. Da bei fast keiner Kündigung die Frist des § 626 II BGB eingehalten wurde,[566] war die systematische Stellung des Abs. 5 EinV für die überwiegende Anzahl der untersuchten Verfahren von Bedeutung. Durchweg entschieden die Thüringer Arbeitsgerichte gegen die Anwendung der zweiwöchigen Kündigungsausspruchsfrist.[567]

---

[565] BAG, Urteil vom 11.06.92 - 8 AZR 537/91, AP Art. 20 EV Nr. 3.
[566] Siehe oben S. 141.
[567] Siehe Anhang, 64. Abbildung S. 251 ff., v83.

Das Erfordernis einer Einzelfallprüfung bei Kündigungen nach Abs. 5 Nr. 2 EinV[568] wurde im Erhebungsbogen als Rechtmäßigkeitskriterium v84 registriert. Dieser Punkt war in allen Verfahren von Bedeutung, in denen zumindest auch um eine Kündigung nach Abs. 5 Nr. 2 EinV gestritten wurde. Keines der befassten Gerichte hat diese Kündigungsvorschrift als absoluten Kündigungsgrund ausgelegt.[569]

Ebenso bedeutsam für nahezu alle Kündigungen nach Abs. 5 Nr. 2 EinV ist die Vorgabe des BAG[570], bei der Einzelfallprüfung Entlastungstatsachen bis zum Zeitpunkt der Kündigung zu berücksichtigen. Überwiegend nahmen die Richter die Einzelfallprüfung auch in dieser Weise vor. Nur vereinzelt wurden Umstände, wie z. B. das Verhalten der Kläger nach 1990, nicht als entlastend gewürdigt.[571]

V86 steht für ein Rechtmäßigkeitskriterium einer ordentlichen Kündigung nach Abs. 4 EinV wegen Tätigkeit für das MfS; es müssen hierfür die Voraussetzungen des Abs. 5 Nr. 2 EinV vorliegen[572]. Dieses Kriterium hatte nur untergeordnete Bedeutung in der Untersuchungsgruppe, da das Kultusministerium kaum ordentliche Kündigungen auf MfS-Verstrickung stützte. Zwei der untersuchten erstinstanzlichen Urteile genügten dieser Vorgabe des BAG nicht.[573]

Die Frage, ob die bloße Unterzeichnung einer Verpflichtungserklärung unter den Tatbestand des Abs. 5 Nr. 2 EinV fällt, stellte sich in 44 Verfahren. Bis auf eine Ausnahme haben die Gerichte - soweit erkennbar - entsprechend der Vorgabe des BAG[574] entschieden, dass in diesen Fällen keine Tätigkeit im Sinne der Kündigungsvorschrift vorliegt.[575]

Die Anwendbarkeit des besonderen Kündigungsschutzes für Schwerbehinderte[576] - v88 - und ebenso der Kündigungsbeschränkungen nach §

---

[568] BAG, Urteil vom 11.06.92 - 8 AZR 537/91, AP Art. 20 EV Nr. 3.
[569] Siehe Anhang, 64. Abbildung S. 251 ff., v84.
[570] BAG, Urteil vom 11.06.92 - 8 AZR 537/91, AP Art. 20 EV Nr. 3 und vom 28.01.93 - 8 AZR 414/92, AuA 93, 279.
[571] Siehe Anhang, 64. Abbildung S. 251 ff., v85.
[572] BAG, Urteil vom 28.01.93 - 8 AZR 415/92, AuA 93, 279.
[573] Siehe Anhang, 64. Abbildung S. 251 ff., v86.
[574] BAG, Urteil vom 26.08.93 - 8 AZR 561/92, EzA Art. 20 EV Nr. 24.
[575] Siehe Anhang, 64. Abbildung S. 251 ff., v87.
[576] BAG, Urteil vom 16.03.94 - 8 AZR 688/92, NZA 94, 879.

15 II KSchG, § 47 BPers/PersVG-DDR[577] - v90 - wurde in fast allen gerichtlichen Entscheidungen bejaht. Dieses Problem stellte sich aber nur in Einzelfällen.[578]

Im Hinblick auf die zum Teil großen Zeitabstände zwischen dem Eingang der Gauck-Auskunft und dem Zugang der Kündigung[579] hatte die unter v89 gefasste Vorgabe des BAG, der wichtige Grund nach Abs. 5 Nr. 2 EinV könne ohne Vorliegen der Verwirkungsvoraussetzungen durch Zeitablauf entfallen,[580] in vielen Verfahren Bedeutung. Überwiegend war die Position der Gerichte zu diesem Problem nicht erkennbar, da die Kündigungen aus anderen Gründen für unwirksam erklärt wurden und eine Stellungnahme folglich entbehrlich war. Lediglich vier Urteile entsprechen in diesem Punkt nicht dem höchstrichterlich entwickelten Rechtmäßigkeitskriterium.[581]

Zur ordnungsgemäßen Anhörung des Personalrates ist die Angabe der für den Kündigungsentschluss maßgebenden Gründe erforderlich. In den hier untersuchten Kündigungsfällen wegen MfS-Verstrickung und/oder deren Verschweigen musste dem Personalrat die Gauck-Auskunft und der Inhalt der Anhörung bekannt gemacht werden.[582] Dieses Kriterium (v91) war in allen untersuchten Urteilen von Bedeutung, bis auf das Urteil in einem Verfahren zur Anfechtung eines Aufhebungsvertrages. In immerhin 29 Urteilen fand es jedoch keine Beachtung.[583]

Die Rechtmäßigkeitskriterien v92 und v93 betreffen beide die ordentliche Kündigung wegen Verschweigens einer MfS-Verstrickung. Sowohl für die Kündigung nach Abs. 4 Nr. 2 EinV[584] als auch nach § 1 II KSchG[585] hat das BAG entschieden, dass eine Fragebogenlüge nicht zwangsläufig zur persönlichen Nichteignung führt, sondern Entlastungstatsachen eine positive Prognose bezüglich Ehrlichkeit und künftiger Loyalität zulassen können. In 20 Verfahren urteilten die Gerichte nicht nach dieser Vorgabe.[586] Zur Kündigung

[577] BAG, Urteil vom 28.04.94 - 8 AZR 209/93, AP Art. 20 EV Nr. 12.
[578] Siehe Anhang, 64. Abbildung S. 251 ff., v88, v90.
[579] Siehe Anhang, 29. Abbildung S. 216.
[580] BAG, Urteil vom 28.04.94 - 8 AZR 157/93, NZA 95, 169.
[581] Siehe Anhang, 64. Abbildung S. 251 ff., v89.
[582] BAG, Urteil vom 26.05.94 - 8 AZR 395/93, AuA 95, 205.
[583] Siehe Anhang, 64. Abbildung S. 251 ff., v91.
[584] BAG, Urteil vom 13.09.95 - 8 AZR 862/94, NZA 96, 202.
[585] BAG, Urteil vom 13.06.96 - 2 AZR 483/95, NZA 97, 204.
[586] Siehe Anhang, 64. Abbildung S. 251 ff., v92.

nach § 1 II KSchG stellte das BAG[587] klar, dass wegen betont zukunftsorientierter Interessenabwägung der Rechtmäßigkeitsmaßstab nicht dem des Abs. 4 Nr. 2 EinV entspricht. Auch in diesem Punkt weichen immerhin 15 Urteile ab.[588]

Schließlich wurden die Urteile darauf hin überprüft, dass zeitlich vor 1970 liegende Tätigkeit für das MfS kaum zur Unzumutbarkeit führen, noch ein Verschweigen dieser Verstrickung Grund einer ordentlichen Kündigung sein kann.[589] In 41 Verfahren war eine derart lang zurückliegende MfS-Verstrickung Grundlage der streitigen Kündigung. 14 Urteile verstoßen gegen dieses Rechtmäßigkeitskriterium, in 24 Fällen war eine Position des Gerichts zu diesem Problem nicht erkennbar und nur in drei Urteilen wird ausdrücklich entsprechend der höchstrichterlichen Konkretisierung entschieden.[590]

Insgesamt ist festzustellen, dass die Arbeitsgerichte die vielfach undifferenzierte Kündigungspraxis des Kultusministeriums zu einem großen Teil ausgeglichen haben. Gerade jedoch bezüglich solcher Rechtmäßigkeitskriterien, die erst sehr spät durch die Obergerichte entwickelt wurden, liegen abweichende Urteile vor. Darüber hinaus hatte sicher eine geringe Erfolgsaussicht der Klage Einfluss auf die Bereitschaft der Kläger, Vergleichen über Ausscheiden aus dem Dienst zuzustimmen. Nicht alle Thüringer Arbeitsgerichte sind allerdings der frühen strengeren BAG-Rechtsprechung gefolgt, wonach die Weiterbeschäftigung eines Lehrers auch bei kurzfristiger IM-Tätigkeit mit nur wenigen Berichten regelmäßig unzumutbar ist,[591] schon das freiwillige Unterzeichnen einer Verpflichtungserklärung Zweifel an der persönlichen Eignung eines Lehrers begründet und die Falschangabe im Fragebogen ebenfalls die Ungeeignetheit für den öffentlichen Dienst offenbart.[592] Insbesondere das Arbeitsgericht Gotha hat von vornherein etwaigen entlastenden Umständen mehr Gewicht eingeräumt.

---

587 BAG, Urteil vom 13.03.97 - 2 AZR 506/96, NJ 97, 606; angedeutet bereits in BAG 13.06.96 - 2 AZR 483/95, NZA 97, 204.
588 Siehe Anhang, 64. Abbildung S. 251 ff., v93.
589 BVerfG, Urteile vom 08.07.97 - 1 BvR 2111/94 u.a., NZA 97, 992.
590 Siehe Anhang, 64. Abbildung S. 251 ff., v94.
591 BAG, Urteil vom 19.01.95 - 8 AZR 220/93, n.v.
592 BAG, Urteil vom 26.08.93 - 8 AZR 561/92, AP Art. 20 EinV Nr. 24.

8. Das gerichtliche Verfahren der 2. Instanz

a) Das zweitinstanzliche Verfahren

Von den 162 Urteilen der Thüringer Arbeitsgerichte wurden lediglich 62 rechtskräftig. Insgesamt 100-mal wurde Berufung zum Thüringer Landesarbeitsgericht eingelegt. Die Arbeitnehmer waren dabei in 42 Fällen Berufungskläger und erhoben zweimal Anschlussberufung. Das Kultusministerium legte in 58 Fällen Berufung und siebenmal Anschlussberufung ein.[593] Die Arbeitnehmer haben folglich bei vollständigem oder teilweisem Unterliegen zu 83 %, das Kultusministerium nur zu 49 % zu Rechtsmitteln gegriffen.[594]
Die Zahl der Berufungen war von Beginn der Rechtsstreite wegen MfS-Verstrickungen an sehr hoch. Im Verhältnis zur Zahl der erstinstanzlichen Urteile pro Jahr lag der Prozentsatz 1993 bei ca. 75 % und erreichte 1995 den Höchststand mit ca. 80 %. In den folgenden Jahren ging die Berufungsrate dann stark zurück und fiel bis zum Jahr 1998 auf ca. 25 % der Urteile.[595] Setzt man die eingelegten Berufungen ins Verhältnis zu allen 229 hier untersuchten Gerichtsverfahren, so ergibt sich ein Prozentsatz von rund 45 %. Dass dies eine überaus hohe Berufungsquote ist, zeigt der Vergleich mit der allgemeinen Statistik zur Arbeitsgerichtsbarkeit in Thüringen. Die Berufungsrechtstreite in den Jahren 1993 bis 1997 entsprechen zwischen ca. 3 % und 7 % der im jeweiligen Jahr anhängigen Klagen vor den Arbeitsgerichten.[596]

In elf Berufungsverfahren wurden die Originalakten des MfS von der Gauck-Behörde angefordert, in einem Verfahren lag die Stasi-Akte der Gerichtsakte noch aus dem erstinstanzlichen Verfahren bei. Damit wurden zweitinstanzlich in 12 % der Verfahren die entsprechenden Unterlagen des Staatssicherheitsdienstes der DDR verwendet - deutlich häufiger als in der ersten Instanz, wo diese Quote

---

[593] Siehe Anhang, 65. Abbildung S. 257.

[594] Zwar hatte das Kultusministerium trotz teilweisem Unterliegen weniger Anlass, bei teilweise abweisenden Urteilen Berufung einzulegen, da das gewünschte Ergebnis - Ausscheiden des gekündigten Mitarbeiters aus dem Dienst - erreicht wurde. Eine Berechnung der Rechtsmittelhäufigkeit unter Beschränkung auf die Fälle, in denen das Ministerium vollständig unterlag, ergibt allerdings kein deutlich abweichendes Ergebnis: 56 Berufungen bei 109 Urteilen = 51 %.

[595] Siehe Anhang, 66. Abbildung S. 258.

[596] Thüringer Ministerium für Justiz und Europaangelegenheiten, Thüringer Justiz - Fakten und Zahlen, S. 25; danach wurden z. B. 1994 insgesamt 25.098 Klagen erhoben und 1.512 Berufungen eingelegt.

nur 4,8 %[597] betragen hatte. Das Kultusministerium legte in weiteren sieben Verfahren Kopien aller Berichte einschließlich der Verpflichtungserklärung vor. Überwiegend, nämlich 57-mal, wurde nur die von der Gauck-Behörde vorgenommene Auswahl von Berichten zu den Gerichtsakten gereicht. 22-mal lagen gar keine Berichte und zweimal allein eine Verpflichtungserklärung vor.[598]

Beweisaufnahmen waren im Verfahren der zweiten Instanz selten: Nur sechsmal war ein Führungsoffizier Zeuge zur streitigen MfS-Verstrickung, zweimal wurde ein Mitglied des Hauptpersonalrats zur Klärung einer streitigen Personalratsanhörung vernommen und dreimal waren Ehegatten bzw. Angehörige als Zeugen geladen.[599]

In 13 Fällen legten die gekündigten Arbeitnehmer zusätzlich zu den bereits erstinstanzlich aufgebotenen Schriftstücken[600] weitere Unterlagen vor, die ihren Vortrag bezüglich der Zumutbarkeit der Weiterbeschäftigung und/oder der persönlichen Eignung stützen sollten.[601] Insgesamt fanden sich damit in 81 Prozessakten solche Unterlagen.

Ebenso wie zum Kammertermin der ersten Instanz[602] wurden aus den Verhandlungsprotokollen die verfügbaren Daten über den Inhalt der mündlichen Verhandlung erhoben. In 19 Berufungsrechtsstreiten fand keine mündliche Verhandlung statt, da sie z. B. durch Berufungsrücknahme schon vorher beendet wurden. Von den übrigen 81 Verhandlungsprotokollen enthielten 33 keine über die notwendigen Inhalte hinausgehenden Informationen. 19-mal ergingen protokollierte rechtliche Hinweise einschließlich Verweise auf die Rechtssprechung des BAG bzw. die Entscheidungspraxis des Gerichts. In fünf Verhandlungen riet das Gericht zu einem Vergleich, zweimal wurde dem Freistaat Thüringen, vertreten durch das Kultusministerium, sogar die Rücknahme der Berufung empfohlen. In den Protokollen fanden sich zudem fünf widerrufene Vergleiche, sechsmal wurden Ausführungen des Gekündigten zur vorgeworfenen Verstrickung protokolliert.[603]

---

[597] In 229 erstinstanzlichen Verfahren lagen elfmal die Stasi-Akten vor; siehe S. 143.
[598] Siehe Anhang, 67. Abbildung S. 259.
[599] Siehe Anhang, 68. Abbildung S. 259.
[600] Siehe oben Fußnote 536.
[601] Siehe Anhang, 69. Abbildung S. 260.
[602] Siehe oben Fußnote 538.
[603] Siehe Anhang, 70. Abbildung S. 261.

Bei der Ermittlung der zwischen den Parteien schwerpunktmäßig streitigen Fragen kristallisierte sich zweitinstanzlich - ebenso wie in der ersten Instanz[604] - das Problem der Verwirkung des Kündigungsrechts bzw. Zumutbarkeit infolge Zeitablaufs als am häufigsten diskutiert heraus. Ebenfalls gehäuft stritt man um die ordnungsgemäße Beteiligung des Personalrates sowie um das Vorliegen von Unzumutbarkeit der Weiterbeschäftigung im Sinne des Abs. 5 EinV.[605]

b) Der Ausgang des zweitinstanzlichen Verfahrens

22 % der zweitinstanzlichen Verfahren endeten mit einer Rücknahme der Berufung. Die Vergleichsquote lag bei 25 %, wobei zehn Vergleiche eine Weiterbeschäftigung, 15 ein Ende des Arbeitsverhältnisses zum Inhalt hatten. Insgesamt ergingen 53 Urteile, wovon nur fünf die Wirksamkeit der außerordentlichen Kündigung und vier die Wirksamkeit der ordentlichen Kündigung feststellten. Die übrigen 44 Berufungsurteile befanden die jeweils ausgesprochenen Kündigungen für unwirksam.[606]

Der überwiegende Teil der Berufungsrechtsstreite endete zwischen 1995 und 1998.[607] Bei einer Gegenüberstellung der verschiedenen Beendigungsarten in den einzelnen Jahrgängen fällt auf, dass die Quote der Vergleiche über eine Weiterbeschäftigung des Klägers im Jahr 1998 am höchsten war. Die prozentual meisten Vergleiche über ein Ende des Arbeitsverhältnisses wurden 1995 geschlossen. Dagegen war der Anteil der Urteile, die das Fortbestehen der Arbeitsverhältnisse und damit die Unwirksamkeit der jeweils ausgesprochenen Kündigungen feststellten, 1995 deutlich geringer als in den folgenden Jahren.[608]

Gründe für die zahlreichen Rücknahmen der Berufung sind kaum erkennbar. Lediglich in zwei Fällen lässt sich den Akten als Motiv ein außergerichtlicher Vergleich entnehmen. Der Großteil der Berufungsrücknahmen, nämlich 19 von 22 sind dem Kultusministerium zuzuordnen.

Vergleiche, in denen eine Weiterbeschäftigung des Klägers vereinbart wurde, lauteten zumeist auf Ende des Arbeitsverhältnisses in der Vergangenheit und Neueinstellung des Klägers, ohne dass die Beschäftigungszeit als unterbrochen

---

[604] Siehe oben Fußnote 539.
[605] Siehe Anhang, 71. Abbildung S. 262.
[606] Siehe Anhang, 72. Abbildung S. 263.
[607] Siehe Anhang, 73. Abbildung S. 264.
[608] Siehe Anhang, 74. Abbildung S. 265.

gelten soll.[609] Die gütlichen Einigungen über das Ausscheiden des Klägers aus dem Dienst konnten ihrem Inhalt nach - wie auch in der ersten Instanz - in zwei Gruppen von standardisierten Vergleichen[610] eingeordnet werden.[611] Lediglich zweimal wurde eine Abfindung vereinbart.

Den Entscheidungsgründen der Urteile, denen zufolge die überprüfte außerordentliche Kündigung wirksam ausgesprochen wurde, ist durchweg als tragende Argumentation ausreichend schwerwiegende Verstrickung zu entnehmen.[612] Die vier Berufungsurteile, nach denen im Ergebnis die ordentliche Kündigung rechtmäßig war, gründen dies auf eine Nebenpflichtverletzung durch Falschangaben im Personalfragebogen.[613]

Auch die tragenden Gründe der Urteile, die alle jeweils ausgesprochenen Kündigungen für unwirksam erachteten, wurden - soweit möglich[614] - analysiert. Unter Zulassung von Mehrfachantworten fand sich 22-mal die Begründung, nach Interessenabwägung rechtfertige das Verschweigen der vorgeworfenen oder festgestellten MfS-Verstrickung keine Kündigung. In 14 Urteilen lautete es, für eine Unzumutbarkeit der Weiterbeschäftigung liege keine ausreichend schwere Verstrickung vor; achtmal fehlte die Unzumutbarkeit wegen Zeitablaufs.[615]

Den Berufungsurteilen[616] wurde der nach Überzeugung des Gerichts bestehende Verstrickungsgrad entnommen. Der leichteste Grad 1 wurde in neun Urteilen angenommen. Grad 2 kam nur zweimal vor. Am häufigsten, nämlich in 22 Fällen, gingen die Gerichte von einer Stasi-Verstrickung dritten Grades aus. Grad 4 lag nach Überzeugung des Berufungsgerichts acht, Grad 5 zweimal vor.[617] Im Vergleich zu den jeweiligen erstinstanzlichen Urteilen gab es nur drei Abweichungen.

Von den Urteilen, deren Tatbestand von einem Verstrickungsgrad 1 ausgeht, stellten sieben die Unwirksamkeit der jeweils ausgesprochenen Kündigungen

[609] Siehe Anhang, 75. Abbildung S. 266.
[610] Näher zu den Formen der Vergleiche oben S. 148.
[611] Siehe Anhang, 76. Abbildung S. 267.
[612] Siehe Anhang, 77. Abbildung S. 267.
[613] Siehe Anhang, 78. Abbildung S. 268.
[614] Acht Berufungsurteile enthielten gemäß §§ 46 II ArbGG, 495I, 313a I ZPO keinen Tatbestand und keine Entscheidungsgründe.
[615] Siehe Anhang, 79. Abbildung S. 269.
[616] Soweit die Urteile dazu Angaben beinhalteten.
[617] Siehe Anhang, 80. Abbildung S. 270.

fest. Zweimal entschied das Berufungsgericht für ein Ende des Arbeitsverhältnisses durch wirksam ausgesprochene ordentliche Kündigung wegen Fragebogenlüge.[618]

Beide Urteile der Berufungsverfahren, denen nach Überzeugung des Gerichts der Verstrickungsgrad 2 zugrunde lag, endeten mit der Feststellung, dass das Arbeitsverhältnis fortbesteht.[619]

Bei Vorliegen von Sachverhalten, die dem Verstrickungsgrad 3 zugeordnet werden können, entschieden die Berufungsurteile bis auf wenige Ausnahmen zugunsten der Kläger.[620]

Die Berufungsurteile in Verfahren wegen Kündigungen aufgrund Stasi-Verstrickung des Grades 4 und/oder Verschweigens dieser Verstrickung endeten fünfmal mit dem Fortbestehen des Arbeitsverhältnisses, zwei Urteile hielten die außerordentliche Kündigung und ein Urteil die ordentliche Kündigung für wirksam.[621]

Lediglich in zwei Berufungsurteilen wurde eine so schwere Stasi-Verstrickung festgestellt, dass sie dem Grad 5 entspricht. Beide Urteile erachteten die außerordentliche Kündigung für wirksam.[622]

Auch die Berufungsurteile wurden anhand der Rechtmäßigkeitskriterien überprüft, die nach Abschluss der Konkretisierung der Kündigungsvorschriften bestehen.

Wie schon in der ersten Instanz[623] war das Ausschließlichkeitsverhältnis von Abs. 5 EinV zu § 626 BGB[624] und das Erfordernis einer Einzelfallprüfung[625] für die überwiegenden Urteile von Bedeutung. Durchweg entschieden die Berufungsgerichte zu beiden Fragen entsprechend der höchstrichterlichen Vorgaben.[626]

---

[618] Siehe Anhang, 81. Abbildung S. 271.
[619] Siehe Anhang, 82. Abbildung S. 271.
[620] Siehe Anhang, 83. Abbildung S. 272.
[621] Siehe Anhang, 84. Abbildung S. 272.
[622] Siehe Anhang, 85. Abbildung S. 273.
[623] Siehe oben Fußnoten 567 und 569.
[624] BAG, Urteil vom 11.06.92 - 8 AZR 537/91, AP Art. 20 EV Nr. 3.
[625] BAG, Urteil vom 11.06.92 - 8 AZR 537/91, AP Art. 20 EV Nr. 3.
[626] Siehe Anhang, 86. Abbildung S. 273 ff., v113, v114.

Die Vorgabe des BAG[627], bei der Einzelfallprüfung Entlastungstatsachen bis zum Zeitpunkt der Kündigung zu berücksichtigen, war ebenso bedeutsam und wurde bis auf zwei Fälle umgesetzt.[628]

Für eine ordentliche Kündigung nach Abs. 4 EinV wegen Tätigkeit für das MfS - so das BAG - müssen die Voraussetzungen des Abs. 5 Nr. 2 EinV vorliegen.[629] In den wenigen untersuchten Berufungsurteilen, in denen dieses Problem relevant wurde, entsprachen die Richter diesem Kriterium.[630]

Noch geringere Bedeutung als in der ersten Instanz hatte für die Berufungsurteile die Frage, ob eine Verpflichtungserklärung allein das Tatbestandsmerkmal des Abs. 5 Nr. 2 EinV - Tätigkeit für das MfS - erfüllt.[631] Die Berufungsgerichte entschieden durchweg entsprechend der Vorgabe des BAG[632].[633]

Nur in Einzelfällen war zweitinstanzlich über die Anwendbarkeit des besonderen Kündigungsschutzes für Schwerbehinderte[634] und die Kündigungsbeschränkungen nach § 15 II KSchG[635] zu befinden. Keines der Berufungsgerichte entschied gegen die Anwendung dieser Vorschriften.[636]

Ebenso wie schon erstinstanzlich war die Vorgabe des BAG, der wichtige Grund nach Abs. 5 Nr. 2 EinV könne ohne Vorliegen der Verwirkungsvoraussetzungen durch Zeitablauf entfallen,[637] in den überwiegenden Verfahren von Bedeutung. In nur zwei Berufungsurteilen fand dies keine Berücksichtigung.[638]

In nahezu allen Berufungsrechtsstreiten war die Personalratsanhörung relevant. Die meisten Urteile aber äußern sich zu diesem Problem nicht, weil z. B. die

---

[627] BAG, Urteil vom 11.06.92 - 8 AZR 537/91, AP Art. 20 EV Nr. 3 und vom 28.01.93 - 8 AZR 415/92, AuA 93, 279.
[628] Siehe Anhang, 86. Abbildung S. 273 ff., v115.
[629] BAG, Urteil vom 28.01.93 - 8 AZR 415/92, AuA 93, 279.
[630] Siehe Anhang, 86. Abbildung S. 273 ff., v116.
[631] Dieses Kriterium war erstinstanzlich in 27 % der Urteile, zweitinstanzlich in 15 % der Urteile relevant; siehe zur ersten Instanz oben Fußnote 575.
[632] BAG, Urteil vom 26.08.93 - 8 AZR 561/92, EzA Art. 20 EV Nr. 24.
[633] Siehe Anhang, 86. Abbildung S. 273 ff., v117.
[634] BAG, Urteil vom 16.03.94 - 8 AZR 688/92, NZA 94, 879.
[635] BAG, Urteil vom 28.04.94 - 8 AZR 209/93, AP Art. 20 EV Nr. 12.
[636] Siehe Anhang, 86. Abbildung S. 273 ff., v118 und v120.
[637] BAG, Urteil vom 28.04.94 - 8 AZR 157/93, NZA 95, 169.
[638] Siehe Anhang, 86. Abbildung S. 273 ff., v119.

Kündigungen schon aus anderen Gründen unwirksam waren oder die Personalratsanhörung unstreitig gestellt wurde. Immerhin sechsmal entschieden die Gerichte nicht entsprechend der Vorgabe des BAG[639], dass bloßer Hinweis auf Gauck-Auskunft und Anhörung den Anforderungen an eine ordnungsgemäße Personalratsanhörung nicht genügt.[640]

Auf zwei weitere Rechtmäßigkeitskriterien, die beide die ordentliche Kündigung wegen Verschweigens einer MfS-Verstrickung betreffen, wurden die Berufungsurteile überprüft. Das BAG hatte entschieden, dass eine Fragebogenlüge nicht zwangsläufig zur persönlichen Nichteignung führt, sondern Entlastungstatsachen eine positive Prognose bezüglich Ehrlichkeit und künftiger Loyalität zulassen können.[641] Bis auf 3 Fälle urteilten die Berufungsgerichte nach dieser Vorgabe.[642] Zur Kündigung nach § 1 II KSchG entschied das BAG[643], dass wegen betont zukunftsorientierter Interessenabwägung der Rechtmäßigkeitsmaßstab nicht dem des Abs. 4 Nr. 2 EinV entspricht. Ebenfalls in drei Fällen weichen die Berufungsurteile ab.[644]

Schlussendlich war bei der Entscheidung über die Wirksamkeit der Kündigungen zu beachten, dass zeitlich vor 1970 liegende Tätigkeit für das MfS kaum zur Unzumutbarkeit im Sinne Abs. 5 Nr. 2 EinV führen kann, noch ein Verschweigen dieser Verstrickung eine ordentliche Kündigung rechtfertigt.[645] Solche lang zurückliegenden Verstrickungen kamen in nur wenigen Berufungsverfahren vor; drei Urteile berücksichtigten diesen Umstand nicht im Sinne der höchstrichterlichen Konkretisierung.[646]

In Bezug auf die am häufigsten diskutierte Frage, ob der Zeitablauf zwischen Kenntnis der Kündigungsgründe und dem Ausspruch der Kündigung unter dem Gesichtspunkt des widersprüchlichen Verhaltens zur Zumutbarkeit der Weiterbeschäftigung führt, hat das Thüringer Landesarbeitsgericht mit dem Ziel größerer Rechtssicherheit versucht, eine feste Zeitgrenze zu bestimmen. Das

---

639 BAG, Urteil vom 26.05.94 - 8 AZR 395/93, AuA 95, 205.
640 Siehe Anhang, 86. Abbildung S. 273 ff., v121.
641 Für die Kündigung nach Abs. 4 Nr. 2 EinV: BAG, Urteil vom 13.09.95 - 2 AZR 862/94, NZA 96, 202; für die Kündigung nach § 1 II KSchG: BAG, Urteil vom 13.06.96 - 2 AZR 483/95, NZA 97, 204.
642 Siehe Anhang, 86. Abbildung S. 273 ff., v122.
643 BAG, Urteil vom 13.03.97 - 2 AZR 506/96, NJ 97, 606; angedeutet bereits im Urteil vom 13.06.96 - 2 AZR 483/95, NZA 97, 204.
644 Siehe Anhang, 86. Abbildung S. 273 ff., v123.
645 BVerfG, Urteile vom 08.07.97 - 1 BvR 2111/94 u.a., NZA 97, 992.
646 Siehe Anhang, 86. Abbildung S. 273 ff., v124.

BAG widersprach dem jedoch:[647] Eine feste Zeitgrenze gebe es nicht. Vielmehr sei im Einzelfall zu prüfen, aus welchen Gründen nicht innerhalb der Zweiwochenfrist gekündigt wurde. Darüber hinaus habe eine Abwägung des Zeitablaufs mit dem Gewicht der Kündigungsgründe zu erfolgen. Diese Rechtsprechung führt zu dem gewünschten Ziel, die Kündigung eines schwer belasteten Arbeitnehmer trotz fehlendem schnellstmöglichen Kündigungsausspruchs gerichtlich zu halten. Die Systematik des allgemeinen Kündigungsrechts, wonach bei Vorliegen schwerwiegender Gründe die Kündigung umgehend ausgesprochen werden muss, wird allerdings ins Gegenteil verkehrt, wenn man im Falle des Abs. 5 Nr. 2 EinV eine längere Kündigungsausspruchsfrist gewährt, je gewichtiger die Stasi-Verstrickung sich darstellt.

9. Revision

Vier der insgesamt 53 Berufungsurteile ließen die Revision zu, 41 Urteile nicht. In acht Verfahren erklärten die Parteien Rechtsmittelverzicht.[648] Gegen die Nichtzulassung der Revision wurde fünfmal Nichtzulassungsbeschwerde erhoben,[649] die aber nur in einem Fall erfolgreich war.

Gegen vier Berufungsurteile des Landesarbeitsgerichts Thüringen wurde Revision eingelegt, zweimal vom Kultusministerium und zweimal seitens der Kläger. Das Bundesarbeitsgericht hob zwei Urteile auf und verwies zurück an das Berufungsgericht.[650] Dort endeten beide Verfahren mit dem Feststellungsurteil, dass das Arbeitsverhältnis fortbesteht. Einer der in dritter Instanz anhängigen Rechtsstreite wurde gütlich durch außergerichtlichen Vergleich beigelegt. Eine Revision des Kultusministeriums war erfolgreich, das BAG[651] hob das Berufungsurteil auf und wies die Klage ab.

---

[647] BAG, Urteil vom 11.09.97 - 8 AZR 524/96, n.v.
[648] Siehe Anhang, 87. Abbildung S. 278.
[649] Siehe Anhang, 88. Abbildung S. 279.
[650] BAG, Urteile vom 19.01.95 - 8 AZR 220/93, n.v.; 04.12.97 - 2 AZR 750/96, NZA 98, 474.
[651] BAG, Urteil vom 11.09.97 - 8 AZR 524/96, n.v.

F. Zusammenfassung und Auswertung

Zusammenfassend ergibt die Untersuchung folgendes Ergebnis für die Beschäftigten des Kultusministeriums: Von allen laut Gauck-Auskunft MfS-belasteten Arbeitnehmern der Untersuchungsgruppe sind 92 aus dem Dienst ausgeschieden, 125 wurden weiterbeschäftigt.[652] Die zur Überzeugung des Gerichts nachgewiesene MfS-Verstrickung unter den Weiterbeschäftigten stellt sich wie folgt dar: In zwei Fällen wurde gar keine Stasi-Belastung nachgewiesen, 44-mal entsprach der Sachverhalt dem Verstrickungsgrad 1, siebenmal Grad 2. Die größte Gruppe mit 51 Fällen entfällt auf Verstrickungsgrad 3. Immerhin neun der Weiterbeschäftigten haben eine MfS-Vergangenheit, die dem hier festgelegten Grad 4 entspricht. In einem Fall[653] liegt sogar eine Verstrickung Grad 5 vor.[654]

Mit Hilfe des Sonderkündigungsrechts wurde - bis auf die vorgenannten Ausnahmen - im Thüringer Schuldienst also erreicht, stark belastete Arbeitnehmer zu entfernen. Allerdings wurde - wie vermutet - einer großen Zahl Beschäftigter mit nur geringer MfS-Belastung ebenfalls die Kündigung ausgesprochen. Das mag mit dem Argument begründet werden, dass jedes einzelne Rädchen im Getriebe des MfS letztendlich zum Funktionieren des Bespitzelungssystems beigetragen hat. Ohne die zahlreichen Zuträger konnte die Maschinerie der Überwachung nicht arbeiten. Wie in Kapitel B beschrieben, sammelte und verwertete die Staatssicherheit jede, dem Informanten noch so banal erscheinende Information. Dennoch besteht für die Anwendung der Sonderkündigungsrechte die rechtsstaatliche Notwendigkeit[655], im Rahmen einer Einzelfallabwägung unterschiedliche Handlungen und Beteiligungsweisen

---

652 Siehe Anhang, 89. Abbildung S. 279; von den insgesamt 220 Betroffenen konnte in drei Fällen wegen außergerichtlicher Einigung keine Feststellung getroffen werden.

653 In diesem Fall entschied das Gericht trotz schwerwiegender Verstrickung, dass die Kündigung rechtsmissbräuchlich und damit unwirksam ist, da im Fragebogen die Verstrickung im wesentlichen angegeben war und dennoch eine Einstellung in den Schuldienst erfolgte.

654 Zugrundegelegt wurde für diese Aufstellung jeweils der Verstrickungsgrad, den das letztentscheidende Gericht festgestellt hat. Gab das zweitinstanzliche Urteil keinen Aufschluss über die zur Überzeugung des Gerichts nachgewiesene MfS-Verstrickung, weil die Kündigung aus anderen Gründen unwirksam war, wurde - soweit möglich - auf die Feststellungen im erstinstanzlichen Urteil zurückgegriffen. Zu elf der Weiterbeschäftigten war ein nachgewiesener Verstrickungsgrad nicht feststellbar.

655 BVerfG, Urteil vom 24.04.91 - 1 BvR 13/90, EzA Art. 13 EV Nr. 1: Art. 12 GG fordert einen Mindeststandard an Kündigungsschutz.

differenzierte zu gewichten.[656] Diese Differenzierung ist vom Thüringer Kultusministerium zu oft nicht geleistet worden. Bei den gekündigten Arbeitnehmern der Untersuchungsgruppe lagen überwiegend nur geringe Stasi-Verstrickungen vor, weil sie beispielsweise lange zurücklagen oder ausschließlich im Zusammenhang mit dem Militärdienst aufgetreten sind. Lehrer, die ihre Schüler und ihre Kollegen bespitzelt haben, waren eher die Ausnahme. Die Ursache für die fehlende oder nicht ausreichend differenzierende Einzelfallabwägung lag allerdings nicht allein in einer Unsicherheit bei der Anwendung des Sonderrechts oder gar einer "anfänglichen Hysterie"[657] im Hinblick auf das Thema MfS, da sich die Kündigungspraxis auch nach deutlicher höchstrichterlicher Rechtsprechung und zahlreichen untergerichtlichen Urteilen über die Unwirksamkeit der ausgesprochenen Kündigungen zunächst nicht verändert hat.[658] Der Vorwurf, die öffentliche Verwaltung habe die Vorgaben der Rechsprechung nur ungenügend umgesetzt,[659] hat sich insofern in der vorliegenden Untersuchung bestätigt.

Schwierigkeiten hatte die Verwaltung aber nicht nur bei der Anwendung der Sonderkündigungsvorschriften, sondern auch völlig unabhängig vom Sonderrecht. Dies zeigen die zahlreichen klagestattgebenden Urteile, die begründet sind mit fehlerhafter Personalratsanhörung, Verwirkung wegen widersprüchlichen Verhaltens des kündigenden Ministeriums oder sogar unzureichendem Sachvortrag des Beklagten im Prozess.[660] Die Unwirksamkeit vieler der ausgesprochenen Kündigungen beruhte also nicht oder jedenfalls nicht allein auf der misslungenen Grenzziehung zwischen "gebotener Maßnahme und unzulässiger Sanktion"[661]. Dem Ansehen des öffentlichen Arbeitgebers - das herzustellen Ziel des Sonderkündigungsrechts gewesen ist - war es jedoch wenig dienlich, wenn Kündigungen wegen Stasi-Mitarbeit aufgrund mangelhafter Personalratsbeteiligung für unwirksam erklärt werden mussten.[662]

Der Umstand, dass im Rahmen der Überprüfung von Richtern und Staatsanwälten kaum Klagen gegen die Entscheidungen erhoben worden sind, wird der besonders intensiven und erfolgreichen Arbeit der Überprüfungsausschüsse zugeschrieben.[663] Überträgt man diesen Gedanken auf die

[656] Weiss/Kreuder, ArbuR 94, 13.
[657] Lansnicker/Schwirtzek, VIZ 2000, 138.
[658] Vgl. oben Fußnote 523.
[659] Stapelfeld, DtZ 95, 186.
[660] Siehe Anhang, 56. Abbildung S. 243 und 79. Abbildung S. 269.
[661] Dammann, Demokratie und Recht 91, 248.
[662] Berkowsky, AuA 96, 128.
[663] Jentsch, in: FS für Gitter, S. 8.

Stasi-Überprüfung im Thüringer Kultusministerium, wo die Klagequote gegen die ausgesprochenen Kündigungen bei ca. 85 % lag,[664] deutet dies auf großes Misstrauen der Gekündigten gegen die Arbeit der Überprüfungskommission hin. Sicher aber haben auch fehlende berufliche Alternativen der Lehrer zu dieser erhöhten Klagebereitschaft beigetragen. Schließlich schaffte eine Kündigungspraxis wie die vorliegende keine günstigen Rahmenbedingungen für eine wünschenswerte persönliche Aufarbeitung[665] durch die belasteten Personen selbst.

Der Thüringer Arbeitsgerichtsbarkeit ist es zum Teil gelungen, die problematische Kündigungspraxis des Kultusministeriums auszugleichen. Die hohe Berufungsquote allerdings, die erst 1997 deutlich zurückging,[666] zeigt mangelnde Rechtsklarheit im Bereich der Stasi-Kündigungen. Rechtssicherheit/ Rechtsklarheit bedeutet Vorhersehbarkeit der Entscheidungen,[667] die schon im Hinblick auf die fehlende feste Zeitgrenze beim Kündigungsausspruch nicht gegeben war. Das Prozessrisiko war für die Parteien schwer abschätzbar. Insbesondere der beklagte Freistaat Thüringen, vertreten durch das Kultusministerium, war von der "überholenden Rechtsprechung" betroffen: Die Erfolgsaussichten vieler Klagen änderten sich durch jeweils aktuelle höchstrichterliche Urteile; häufig gab es die konkretisierenden Vorgaben des BAG, die dann zur Unwirksamkeit der Kündigungen führten, zum Zeitpunkt der Kündigung oder bei Berufungseinlegung noch nicht. Die erst über mehrere Jahre schrittweise Konkretisierung der Kündigungsinstrumentarien durch die höchstrichterliche Rechtsprechung hatte zur Folge, dass spät Gekündigte und diejenigen, die den Gang durch die Instanzen angetreten sind, besser gestellt waren.[668] Einige der frühen Kündigungen, die den später entwickelten Maßstäben nicht standgehalten hätten, wurden gerichtlich bestätigt, wobei allerdings die Rechtsprechung unter den Thüringer Arbeitsgerichten zunächst uneinheitlich war.

Problematisch und sicherlich auch Mitursache für die hohe Berufungsquote war im Bereich der Gerichtsbarkeit die weitgehende Ersetzung des Justizpersonals: So amtierten in den fünf neuen Bundesländern Ende 1994 nur 68 "Ostrichter" auf den 278 Richterstellen der Arbeitsgerichtsbarkeit.[669] Ein Großteil der

---

[664] Siehe oben unter Kap. E . II. 2.
[665] Weichert, KJ 91, 459 f.
[666] Siehe Anhang, 66. Abbildung S. 258.
[667] Majer, KJ 92, 165.
[668] Lansnicker/Schwirtzek, VIZ 2000, 138.
[669] Dieterich, NZA 95, 556.

Thüringer Arbeitsrichter kannte also die Rechtswirklichkeit, über die zu urteilen war, nicht. Die Sprache des MfS in den Richtlinien, Durchführungsbestimmungen und in den Akten entsprach nicht der Lebenswirklichkeit der DDR.[670] Sie zu entschlüsseln und die Bedeutung der Aussagen in den Akten richtig einzuordnen, stellte einen Richter aus den alten Bundesländern vor eine schwierige Aufgabe, die wohl erst nach mehrjähriger Erfahrung und durch ein hohes Maß an Einfühlvermögen zu bewältigen war.

Abschließend ist festzustellen, dass die Sonderkündigungsvorschriften für die Kündigung wegen MfS-Verstrickung und/oder Verschweigens dieser Verstrickung einer differenzierten, verfassungsgemäßen Auslegung und Konkretisierung zugänglich waren. Der Normverzicht durch die Einigungsvertragsparteien ermöglichte eine gesetzlich nicht erreichbare Einzelfallgerechtigkeit.[671] Allerdings war der Prozess der Konkretisierung des Sonderrechts durch das Bundesarbeitsgericht sowie auch das Bundesverfassungsgericht erst dann abgeschlossen und es standen dem Gesetzesanwender auch erst dann zahlreiche Kriterien zur Entscheidungsfindung zur Verfügung, als nur noch wenige Entscheidungen zu treffen waren. Insbesondere wenn die Entscheidungen des Bundesverfassungsgericht vom 08.07.1997[672] als "mitentscheidender Wendepunkt"[673] bezeichnet werden, so zeigt die vorliegende Untersuchung, dass zu diesem Zeitpunkt nicht nur ein Großteil der Kündigungen bereits ausgesprochen, sondern auch eine erhebliche Zahl von Kündigungsschutzverfahren längst beendet waren.

Zunächst schufen die Sonderregelungen ein "Niemandsland juristischer Argumentation"[674]. Der alternative Weg, MfS-belastetes Personal aus dem öffentlichen Dienst zu entfernen, wären die allgemeinen Kündigungsvorschriften, nämlich § 626 BGB und § 1 KSchG gewesen. Es kann nach der vorliegenden Untersuchung nur vermutet werden, welche Probleme dabei entstanden wären. Auch wenn allgemeine Grundsätze als Eckdaten zur Orientierung von Anfang an bestanden hätten, wären höchstrichterliche Vorgaben zur Anwendung des Kündigungsrechts auf die speziellen Fälle der

---

[670] Ascheid, Die Kündigungsgründe nach dem Einigungsvertrag, S. 94; Battis, Aufbau des öffentlichen Dienstes in den neuen Bundesländern, S. 82 f.; Majer, KJ 92, 166; siehe dazu auch oben, Kapitel B VII., S. 61.

[671] Hillermeier, LKV 95, 141.

[672] BVerfG, Urteile vom 08.07.97 1 BvR 1934/93 und 1 BvR 2111/94 u.a., NJW 97 2305 ff.

[673] Lansnicker/Schwirtzek, VIZ 2000, 138.

[674] Preis, ArbuR 94, 172; Oetker, Das Kündigungsrecht im Wandel der Arbeits- und Sozialordnung, S. 82, spricht diesbezüglich von "zumindest schwer lösbaren Interpretationsproblemen".

MfS-Verstrickung ebenfalls erforderlich gewesen. Praktische Schwierigkeiten hätte sicherlich vor allem die Einhaltung der Kündigungserklärungsfrist des § 626 II BGB bereitet. Zumindest im untersuchten Fall scheint der öffentliche Arbeitgeber zwar mit der Anwendung des Sonderrechts überfordert gewesen zu sein. Es muss aber dennoch bezweifelt werden, ob die Alternative zu einem anderen Ergebnis geführt hätte, da die Umsetzung bekannter und auskommentierter Vorschriften und Rechtsgrundsätze, wie beispielsweise zur Personalratsbeteiligung, ebenso problematisch war.

Die Sonderkündigungsvorschriften haben in dem Bereich der MfS-Kündigungen sicher erreicht, den öffentlichen Dienst von stark belastetem Personal zu säubern. Zweifel am Erfolg bestehen jedoch hinsichtlich des Ziels, das Vertrauen in den Rechtsstaat und die Akzeptanz der öffentlichen Verwaltung in der Bevölkerung zu erringen. Dafür wäre es unerlässlich gewesen, dass die Anwendung der Regelungen, die dieses Ziel verfolgten, von Anfang an rechtsstaatlichen Erfordernissen entsprochen hätte. Es bietet sicherlich nicht nur für den juristischen Laien ein verwirrendes Bild, wenn ein großer Teil der wegen MfS-Verstrickung angeblich im öffentlichen Dienst nicht mehr zumutbaren Gekündigten dann nach gerichtlicher Entscheidung - vielleicht erst der zweiten oder gar dritten Instanz - doch im Schuldienst verblieben sind. Ebenfalls weckt es sicher nicht das Vertrauen der Betroffenen in den Rechtsstaat, die nach in Aussicht stellen der Kündigung einen Aufhebungsvertrag unterschrieben haben oder mit ihren Kündigungsschutzklagen scheiterten und später die in ihrem Fall nicht berücksichtigten höchstrichterlichen Maßstäbe für die Wirksamkeit solcher Kündigungen zur Kenntnis nehmen mussten. Durch den langwierigen Konkretisierungsprozess entstand eine enorme Ungleichbehandlung unter den Betroffenen, welche erhebliche Zweifel an der Herstellung eines Rechtsfriedens aufkommen lässt.[675] Es mag zutreffend als ungerecht empfunden werden, dass MfS-belastete Bedienstete, die auf die Fragen im Personalbogen wahrheitsgemäß geantwortet haben, gekündigt und mit ihrer Kündigungsschutzklage abgewiesen wurden, wohingegen sich ein Verschweigen der MfS-Verstrickung für andere als arbeitsplatzerhaltend herausgestellt hat. Dennoch mussten die Fehler bei der Überprüfung des öffentlichen Dienstes - wenn auch um den Preis dieser Ungerechtigkeit - beendet werden.[676]

---

[675] Deutscher Bundestag, Schlussbericht der Enquete-Kommission, Drucksache 13/11000, S. 42.

[676] Anders: Deutscher Bundestag, Schlussbericht der Enquete-Kommission, Drucksache 13/11000, S. 42, wo das Aufweichen der Bewertungsmaßstäbe moniert wird.

Das gewünschte politische Signal, das von Abs. 5 Nr. 2 EinV ausgehen sollte, konnte in der Weise missgedeutet werden, als bei der Entscheidung über den Verbleib im öffentlichen Dienst eine gesellschaftliche Aufarbeitung der DDR-Vergangenheit an die Stelle rechtsstaatlicher Einzelfallabwägung trat.[677] Jetzt, mehr als zehn Jahre nach dem Beitritt, hat Abs. 5 Nr. 2 EinV als politisches Signal keine Bedeutung mehr. Auch die weiteren, mit dieser Sonderkündigungsvorschrift ursprünglich verfolgten Ziele können den Fortbestand der Regelung kaum noch rechtfertigen: Der Aufbau einer rechtsstaatlichen Verwaltung im Beitrittsgebiet ist zwischenzeitlich abgeschlossen. Um das Vertrauen der Bevölkerung der neuen Bundesländer in den Rechtsstaat zu erringen, bedarf es Abs. 5 Nr. 2 EinV ebenfalls nicht, da die vor dem 03.10.1990 im öffentlichen Dienst Beschäftigten bereits überprüft sind. Zwar sind die eingegangenen Gauck-Auskünfte über MfS-Verstrickung immer nur vorläufig, jedoch nimmt die Wahrscheinlichkeit, dass die Stasi-Akten neue Erkenntnisse preisgeben, mit den Jahren ab.[678] Es nimmt aber die Bedeutung einer früheren MfS-Mitarbeit, die nun mindestens zehn Jahre zurückliegt, ebenfalls ab und es muss sich um eine schwerwiegende Verstrickung handeln, wenn heute noch eine Kündigung auf Abs. 5 Nr. 2 EinV gestützt werden soll. Für derartige Fälle stehen aber die allgemeinen Kündigungsvorschriften zu Verfügung, weshalb es des unbefristet geltenden Sonderkündigungsrechts nicht mehr bedarf.[679]

---

677 Battis, Aufbau des öffentlichen Dienstes in den neuen Bundesländern, S. 81.
678 Schlink, Vergangenheit als Zumutung, S. 342.
679 Ebenfalls gegen eine unbefristete Geltung des Abs. 5 Nr. 2 EinV: Schlink, Vergangenheit als Zumutung, S. 353 ff.

G. Anhang

1. Erhebungsbogen

v1	Gericht						
	Gotha	Suhl	Jena	Gera	Erfurt	Eisenach	Nordhausen
v2	Aktenzeichen						
v3	Name						
v4	Geburtsjahr						
v5	Geschlecht	männlich	weiblich				
v6	Tätigkeit vor der Kündigung						
	Lehrer/in am Gymnasium	Regelschule	Grundschule	Sonstiges			
v7	Datum der Eingabe						

<u>Teil 1: Kündigungsverfahren</u>

A. Angaben im Personalfragebogen:

v8	Datum der Angaben				
v9	Frage 1: "Haben Sie mit dem Ministerium für Staatssicherheit (MfS) oder dem Amt für Nationale Sicherheit (AfNS) hauptamtlich / nebenamtlich gegen Vergütung / ohne Vergütung oder in sonstiger Weise zusammengearbeitet?"				
	"Nein"	"Ja"	keine Angabe	ausführliche Erklärung in Anlage:	Sonstiges
v10	Frage 2: "Sind Sie von einem der in der Nr. 1 genannten Dienste zur Mitarbeit angesprochen worden? (Wenn ja, wann, mit welchem Ergebnis?)"				
	"Nein"	"Ja"	keine Angabe	ausführliche Erklärung in Anlage:	Sonstiges

B. Individuelle Verstrickung

v11	Eingangsdatum der Gauckauskunft						
	Inhalt der Gauckauskunft						
v12	(IM-Kategorie)						
	IMS	GMS	IMK	IMV / IMB	GI	IM der K I	Sonstiges
v13	(Deckname)						
	ja	nein					
v14	(Hauptabteilung / Abteilung)						
	HA I (Abwehrarbeit NVA / Grenztruppen)	Sonstiges					
v15	(Führungsoffizier)	Führungs- IM					
	(Umfang der Akten)						
v16	Teil I - Personalakte						
v17	Teil II - Arbeits-, Berichtsakte						

v17	Teil II - Arbeits-, Berichtsakte			
v18	GMS-Akte			
v18	(Vorlauf des IM-Vorgangs)	ja	nein	
v20	Beginn			
v21	Ende			
v22	Dauer			
v23	(Kontaktphase)	ja	nein	
v24	Beginn			
v25	Ende			
	(Dauer der IM-Registrierung)			
v26	von			
v27	bis			
v28	Dauer			
v29	(Persönliche Verpflichtung mit Unterschrift)			
	Schweigeverpflichtung	Verpflichtung zur Zusammenarbeit/Unterstützung	keine	
v30	Datum			
v31	(Grund und Ziel der Werbung)			
v32	(Werbung erfolgte auf der Grundlage)			
	Überzeugung	Rückversicherungsbestrebungen	Sonstiges	
v33	(Grund der Beendigung)			
	Auflösung des MfS	Beendigung des aktiven Wehrdienstes	Perspektivlosigkeit	Sonstiges
v34	(besondere Aufträge)			
	(Art und Umfang der Berichte)			
v35	handschriftliche Berichte mit Decknamen/Klarnamen unterzeichnet			
v36	maschinegeschriebene Berichte mit Decknamen/Klarnamen unterzeichnet			
v37	Treffberichte des Führungsoffiziers			
v38	Aktenvermerke des FO zu mündlichen Informationen des IM			
v39	Sonstiges			
v40	(Art und Umfang der Zuwendung/Vergütung)			
	Bargeld	Sonstiges	keine	
v41	(Auszeichnungen)			
	keine	ja, und zwar		
v42	(Bemerkungen)			

	Dauer der Tätigkeit
v43	Beginn der Informationstätigkeit (falls Tätigkeit vor der IM-Registrierung)
v44	letzte erkennbare Tätigkeit (Treff oder Bericht)
v45	Dauer der IM-Tätigkeit
v46	Grad der Verstrickung unter Zugrundelegung der Gauck-Akte
	1 (nur Verpflichtungserklärung ohne späteres Tätigwerden / Tätigkeit vor 1970)
	2 (keine personenbezogenen Berichte/IMK ohne nennenswerte Zuwendungen bzw. für kurze Zeit/erkennbare Druckausübung bei der Werbung ohne denunziatorische Berichterstattung/eigener Abbruch der Kontakte ohne vorherige denunziatorische Berichterstattung)
	3 (Tätigkeit vor dem 21. Lebensjahr / sehr kurze Tätigkeit, Tätigkeit ausschließlich während der Armeezeit oder GMS ohne schwer denunziatorische Berichte / alle übrigen IMK/KW / erkennbarer Versuch, sich zu entziehen)
	4 (Sonstige)
	5 (langjährige ergiebige Berichterstattung mit nicht unerheblichen Zuwendungen oder Auszeichnungen / mehrere schwer belastende Berichte über Schüler oder Kollegen)
v47	Haschke-Gutachten
	eingeholt, (Datum des Gutachtens) (Inhalt) · nicht eingeholt

C. Anhörung

v48	Anhörung auf der Ebene des Ministeriums		Anhörung im Rahmen der Eignungsprüfung auf Schulamtsebene		
v49	Datum der Anhörung				
v50	Dauer				
v51	Begleitperson				
	keine	Ehepartner	Personalratsmitglied	Rechtsanwalt	Sonstige
v52	wesentlicher Inhalt				
v53	Entscheidung der Kommission	Kündigung 3:0	Kündigung 2:1	Sonstiges	
v54	Kurzbegründung				

D. Personalratsanhörung

v55	Beginn der Mitwirkungsfrist			
v56	mit der Anhörung dem Personalrat zur Verfügung gestellte Informationen			
	Kündigungsentwurf	Protokoll der Anhörung	pers. Daten	Gauck-Auskunft
	Verpflichtungserklärung	Fragebogen	Sonstiges	
v57	Erörterung	nicht durchgeführt	durchgeführt (Datum)	

	keine	"äußert sich zur ao. Kü. nicht"	"äußert sich zur o. Kü. nicht"	erhebt Einwände
v59	Datum			

E. Kündigung

v60	Datum der Kündigungserklärung			
v61	Zeitspanne zwischen v42 und v47 in Arbeitstagen			
v62	Zugang der Kündigungserklärung			
v63	Kündigungsart			
	außerordentlich	ordentlich	außerordentlich und hilfsweise ordentlich	
v64	Kündigungsgrund			
	Tätigkeit für das MfS	Fragebogenlüge	beides	Sonstiges
v65	Rechtsvorschrift, auf die die Kündigung gestützt wird			
	Abs. 5 Nr. 2 EinV	§ 626 BGB	Abs. 4 Nr. 1 EinV	§ 1 II KSchG
	Besondere Probleme bei der Anwendung des Sonderkündigungsrechts			
v66	Besonderer Kündigungsschutz für Schwerbehinderte gilt auch für Kündigungen nach Abs. 5 Nr. 2 EinV (BAG 16.03.94)			
	Kriterium erfüllt	Kriterium nicht erfüllt	Kriterium hatte für diesen Fall keine Bedeutung	
v67	Kündigungsbeschränkungen nach § 15 II KSchG, § 47 BPers/PersVG-DDR finden Anwendung (BAG 28.4.94)			
	Kriterium erfüllt	Kriterium nicht erfüllt	Kriterium hatte für diesen Fall keine Bedeutung	
v68	Sonstige			
v69	**G. Besonderheiten**			

<u>Teil 2: Gerichtliches Verfahren der 1. Instanz</u>

v70	Datum der Anhängigkeit des Rechtsstreits			
v71	PKH nicht beantragt	PKH beantragt und abgelehnt	PKH beantragt und bewilligt	
v72	Vertretung des Gekündigten im gerichtlichen Verfahren			
	keine	Rechtsanwalt	DGB	
v73	Hinzuziehung der Stasi-Akte / Auszüge			
	nein	vor der Güteverhandlung	ohne konkreten Beweisantritt	nach konkretem Beweisantritt
	Vorlage einer Auswahl aus den Berichten	Vorlage aller Berichte	Verpflichtungserklärung	
	Sonstiges			
v74	Beweisaufnahme			
	Vernehmung des Personalrats	Vernehmung des Führungsoffiziers	Sonstiges	

v75	(Beweisthema) (grober Inhalt der Aussagen)				
v76	Vorgelegte Beurteilungen / Sonstige Schriftstücke				
	Beurteilung des Schulleiters	Schreiben einzelner Schüler/Eltern	Unterschriftensammlungen		
	Sonstiges				
v77	Protokoll der mündlichen Verhandlung				
v78	Streit um				
	Beweiswert der Stasi-Unterlagen	Darlegungs- und Beweislast	Kündigungsfristen		
	Beteiligung des Personalrats	Sonstiges			
v79	Grad der nachgewiesenen Verstrickung nach Beweiswürdigung durch das Gericht				
	1	2	3	4	5
v80	Ausgang des erstinstanzlichen Rechtsstreits				
	Klagerücknahme	Vergleich über Weiterbeschäftigung	Vergleich über Ausscheiden	Klage abgewiesen	Klage erfolgreich
v81	tragende Gründe / wesentlicher Inhalt				
v82	Datum				
	Entspricht die Entscheidung den Maßstäben der höchstrichterlichen Rspr.?				
v83	Abs. 5 eigenständig und abschließend; § 626 II BGB auch nicht entsprechend (BAG 11.6.92)				
	Kriterium erfüllt	Kriterium nicht erfüllt	nicht erkennbar	Kriterium hatte für diesen Fall keine Bedeutung	
v84	Abs. 5 ist kein absoluter Kündigungsgrund, Einzelfallprüfung ist erforderlich (BAG 11.6.92)				
	Kriterium erfüllt	Kriterium nicht erfüllt	nicht erkennbar	Kriterium hatte für diesen Fall keine Bedeutung	
v85	Entlastungstatsachen bis zum Zeitpunkt der Kündigung sind zu berücksichtigen (BAG 11.6.92)				
	Kriterium erfüllt	Kriterium nicht erfüllt	nicht erkennbar	Kriterium hatte für diesen Fall keine Bedeutung	
v86	Bei ordentlicher Kündigung nach Abs. 4 wegen Tätigkeit für MfS müssen die Voraussetzungen des Abs. 5 Nr. 2 vorliegen (BAG 28.1.93)				
	Kriterium erfüllt	Kriterium nicht erfüllt	nicht erkennbar	Kriterium hatte für diesen Fall keine Bedeutung	
v87	Verpflichtungserklärung allein ist keine Tätigkeit i. S. Abs. 5 Nr. 2 EinV (BAG 26.8.93)				
	Kriterium erfüllt	Kriterium nicht erfüllt	nicht erkennbar	Kriterium hatte für diesen Fall keine Bedeutung	
v88	Besonderer Kündigungsschutz für Schwerbehinderte gilt auch für Kündigungen nach Abs. 5 Nr. 2 EinV (BAG 16.03.94)				

	Kriterium erfüllt	Kriterium nicht erfüllt	nicht erkennbar	Kriterium hatte für diesen Fall keine Bedeutung
v89	Der wichtige Grund nach Abs. 5 Nr. 2 EinV kann ohne Vorliegen der Verwirkungsvoraussetzungen durch Zeitablauf entfallen (BAG 28.4.94)			
	Kriterium erfüllt	Kriterium nicht erfüllt	nicht erkennbar	Kriterium hatte für diesen Fall keine Bedeutung
v90	Kündigungsbeschränkungen nach § 15 II KSchG, § 47 BPers/PersVG-DDR finden Anwendung (BAG 28.4.94)			
	Kriterium erfüllt	Kriterium nicht erfüllt	nicht erkennbar	Kriterium hatte für diesen Fall keine Bedeutung
v91	Ordnungsgemäße Anhörung des Personalrats erfordert Angabe der für den Kündigungsentschluss maßgebenden Gründe; bloßer Hinweis auf Gauck-Auskunft und Anhörung reicht nicht (BAG 26.5.94)			
	Kriterium erfüllt	Kriterium nicht erfüllt	nicht erkennbar	Kriterium hatte für diesen Fall keine Bedeutung
v92	Fragebogenlüge führt nicht zwangsläufig zur pers. Nichteignung, Entlastungstatsachen können aber zu einer positiven Prognose bezüglich Ehrlichkeit und künftige Loyalität führen (BAG 13.9.95, 13.6.96)			
	Kriterium erfüllt	Kriterium nicht erfüllt	nicht erkennbar	Kriterium hatte für diesen Fall keine Bedeutung
v93	Fehlende Verhinderung des Dienststellenleiters bei der Personalratsanhörung führt nicht zur Unwirksamkeit der Kündigung (BAG 26.10.95)			
	Kriterium erfüllt	Kriterium nicht erfüllt	nicht erkennbar	Kriterium hatte für diesen Fall keine Bedeutung
v94	§ 1 II KSchG entspricht wegen betont zukunftsorientierter Interessenabwägung nicht dem Abs. 4 EinV (BAG 13.3.97)			
	Kriterium erfüllt	Kriterium nicht erfüllt	nicht erkennbar	Kriterium hatte für diesen Fall keine Bedeutung
v95	Tätigkeit vor 1970 kein geeignetes Indiz für Nichteignung und Weiterbeschäftigung kaum unzumutbar, Frage daher unzulässig, AN darf falsche Angaben machen (BVerfG Urt. vom 8.7.97)			
	Kriterium erfüllt	Kriterium nicht erfüllt	nicht erkennbar	Kriterium hatte für diesen Fall keine Bedeutung
v96	Besonderheiten			

3. Teil: Berufung/Revision

v100	Berufung			
	nicht eingelegt	durch AN eingelegt	durch TKM eingelegt	Anschlussberufung
v101	Aktenzeichen			
v102	Datum			
v103	Hinzuziehung der Stasi-Akte / Auszüge			
	nein	ohne konkreten Beweisantritt	nach konkretem Beweisantritt	
	Vorlage einer Auswahl aus den Berichten	Vorlage aller Berichte	Verpflichtungserklärung	
	Sonstiges			
v104	Beweisaufnahme			
	Vernehmung des Personalrats	Vernehmung des Führungsoffiziers	Sonstiges	

v105	(Beweisthema) (grober Inhalt der Aussagen)				
v106	Vorgelegte Beurteilungen / Sonstige Schriftstücke				
	Beurteilung des Schulleiters	Schreiben einzelner Schüler/Eltern	Unterschriftensammlungen		
	Sonstiges				
v107	Protokoll der mündlichen Verhandlung				
v108	Streit um				
	Beweiswert der Stasi-Unterlagen	Darlegungs- und Beweislast	Kündigungsfristen		
	Beteiligung des Personalrats	Sonstiges			
v109	Grad der nachgewiesenen Verstrickung nach Beweiswürdigung durch das Gericht				
	1	2	3	4	5
v110	Ausgang der zweiten Instanz				
	Berufungs-rücknahme	Vergleich über Weiterbeschäftigung	Vergleich über Ausscheiden	Berufung zurück-gewiesen	Berufung erfolgreich
v111	tragende Gründe / wesentlicher Inhalt				
v112	Datum				
	Entspricht die Entscheidung den Maßstäben der höchstrichterlichen Rspr.?				
v113	Abs. 5 eigenständig und abschließend; § 626 II BGB auch nicht entsprechend (BAG 11.6.92)				
	Kriterium erfüllt	Kriterium nicht erfüllt	nicht erkennbar	Kriterium hatte für diesen Fall keine Bedeutung	
v114	Abs. 5 ist kein absoluter Kündigungsgrund, Einzelfallprüfung ist erforderlich (BAG 11.6.92)				
	Kriterium erfüllt	Kriterium nicht erfüllt	nicht erkennbar	Kriterium hatte für diesen Fall keine Bedeutung	
v115	Entlastungstatsachen bis zum Zeitpunkt der Kündigung sind zu berücksichtigen (BAG 11.6.92)				
	Kriterium erfüllt	Kriterium nicht erfüllt	nicht erkennbar	Kriterium hatte für diesen Fall keine Bedeutung	
v116	Bei ordentlicher Kündigung nach Abs. 4 wegen Tätigkeit für MfS müssen die Voraussetzungen des Abs. 5 Nr. 2 vorliegen (BAG 28.1.93)				
	Kriterium erfüllt	Kriterium nicht erfüllt	nicht erkennbar	Kriterium hatte für diesen Fall keine Bedeutung	
v117	Verpflichtungserklärung allein ist keine Tätigkeit i. S. Abs. 5 Nr. 2 EinV (BAG 26.8.93)				
	Kriterium erfüllt	Kriterium nicht erfüllt	nicht erkennbar	Kriterium hatte für diesen Fall keine Bedeutung	
v118	Besonderer Kündigungsschutz für Schwerbehinderte gilt auch für Kündigungen nach Abs. 5 Nr. 2 EinV (BAG 16.03.94)				

	Kriterium erfüllt	Kriterium nicht erfüllt	nicht erkennbar	Kriterium hatte für diesen Fall keine Bedeutung
v119	Der wichtige Grund nach Abs. 5 Nr. 2 EinV kann ohne Vorliegen der Verwirkungsvoraussetzungen durch Zeitablauf entfallen (BAG 28.4.94)			
	Kriterium erfüllt	Kriterium nicht erfüllt	nicht erkennbar	Kriterium hatte für diesen Fall keine Bedeutung
v120	Kündigungsbeschränkungen nach § 15 II KSchG, § 47 BPers/PersVG-DDR finden Anwendung (BAG 28.4.94)			
	Kriterium erfüllt	Kriterium nicht erfüllt	nicht erkennbar	Kriterium hatte für diesen Fall keine Bedeutung
v121	Ordnungsgemäße Anhörung des Personalrats erfordert Angabe der für den Kündigungsentschluss maßgebenden Gründe; bloßer Hinweis auf Gauck-Auskunft und Anhörung reicht nicht (BAG 26.5.94)			
	Kriterium erfüllt	Kriterium nicht erfüllt	nicht erkennbar	Kriterium hatte für diesen Fall keine Bedeutung
v122	Fragebogenlüge führt nicht zwangsläufig zur persönl. Nichteignung, Entlastungstatsachen können aber zu einer positiven Prognose bezüglich Ehrlichkeit und künftige Loyalität führen (BAG 13.9.95, 13.6.96)			
	Kriterium erfüllt	Kriterium nicht erfüllt	nicht erkennbar	Kriterium hatte für diesen Fall keine Bedeutung
v123	Fehlende Verhinderung des Dienststellenleiters bei der Personalratsanhörung führt nicht zur Unwirksamkeit der Kündigung (BAG 26.10.95)			
	Kriterium erfüllt	Kriterium nicht erfüllt	nicht erkennbar	Kriterium hatte für diesen Fall keine Bedeutung
v124	§ 1 II KSchG entspricht wegen betont zukunftsorientierter Interessenabwägung nicht dem Abs. 4 EinV (BAG 13.3.97)			
	Kriterium erfüllt	Kriterium nicht erfüllt	nicht erkennbar	Kriterium hatte für diesen Fall keine Bedeutung
v125	Tätigkeit vor 1970 kein geeignetes Indiz für Nichteignung und Weiterbeschäftigung kaum unzumutbar, Frage daher unzulässig, AN darf falsche Angaben machen (BVerfG Urt. vom 8.7.97)			
	Kriterium erfüllt	Kriterium nicht erfüllt	nicht erkennbar	Kriterium hatte für diesen Fall keine Bedeutung
v126	Besonderheiten			
v127	Revision			
	zugelassen	nicht zugelassen		
v128	Nichtzulassungsbeschwerde			
	ja	nein		
v129	Ergebnis der Nichtzulassungsbeschwerde			
	erfolgreich	nicht erfolgreich		
v130	Revision			
	nicht eingelegt	durch AN eingelegt	durch TKM eingelegt	
v131	Aktenzeichen			
v132	Ergebnis der Revision			
	Revision erfolgreich	Revision zurückgewiesen	Aufhebung und Zurückverweisung	Sonstiges
v133	Datum			

v134	tragende Gründe / wesentlicher Inhalt				
v135	Aktenzeichen der zurückverwiesenen Sache				
v136	Hinzuziehung der Stasi-Akte / Auszüge				
	nein	ohne konkreten Beweisantritt	nach konkreten Beweisantritt		
	Vorlage einer Auswahl aus den Berichten	Vorlage aller Berichte	Verpflichtungserklärung		
	Sonstiges				
v137	Beweisaufnahme				
	Vernehmung des Personalrats	Vernehmung des Führungsoffiziers	Sonstiges		
v138	(Beweisthema) (grober Inhalt der Aussagen)				
v139	Grad der nachgewiesenen Verstrickung nach Beweiswürdigung durch das Gericht				
	1	2	3	4	5
v140	Entscheidung				
	Berufungs-rücknahme	Vergleich über Weiter-beschäftigung	Vergleich über Ausscheiden	Berufung zurück-gewiesen	Berufung erfolgreich
v141	tragende Gründe / wesentlicher Inhalt				
v142	Datum				

4. Teil: Folgekündigung

v150	Aktenzeichen

A. Personalratsanhörung

v151	Beginn der Mitwirkungsfrist			
v152	mit der Anhörung dem zur Verfügung gestellte Informationen			
	Kündigungsentwurf	Protokoll der Anhörung	pers. Daten	Gauck-Auskunft
	Verpflichtungserklärung	Fragebogen	Sonstiges	
v153	Erörterung	nicht durchgeführt	durchgeführt (Datum)	

v154	Reaktion der Personalvertretung				
	keine	"äußert sich zur ao. Kü. nicht"	"äußert sich zur o. Kü. nicht"	erhebt Einwände	
v155	Datum				

B. Kündigung

v156	Datum der Kündigungserklärung			
v157	Zeitspanne zwischen v151 und v 156 in Arbeitstagen			
v158	Zugang			
v159	Kündigungsart			
	außerordentlich	ordentlich	außerordentlich und hilfsweise ordentlich	
v160	Kündigungsgrund			
	Tätigkeit für das MfS	Fragebogenlüge	beides	Sonstiges
v161	Rechtsvorschrift, auf die die Kündigung gestützt wird			
	Abs. 5 Nr. 2 EinV	§ 626 BGB	Abs. 4 Nr. 1 EinV	§ 1 II KSchG
	Besondere Probleme bei der Anwendung des Sonderkündigungsrechts			
v162	Besonderer Kündigungsschutz für Schwerbehinderte gilt auch für Kündigungen nach Abs. 5 Nr. 2 EinV (BAG 16.03.94)			
	Kriterium erfüllt	Kriterium nicht erfüllt	Kriterium hatte für diesen Fall keine Bedeutung	
v163	Kündigungsbeschränkungen nach § 15 II KSchG, § 47 BPers/PersVG-DDR finden Anwendung (BAG 28.4.94)			
	Kriterium erfüllt	Kriterium nicht erfüllt	Kriterium hatte für diesen Fall keine Bedeutung	
v164	Sonstige			
v165	**Besonderheiten**			

C. Gerichtliches Verfahren der 1. Instanz

v166	Datum der Anhängigkeit des Rechtsstreits			
v167	PKH nicht beantragt	PKH beantragt und abgelehnt	PKH beantragt und bewilligt	
v168	Vertretung des Gekündigten im gerichtlichen Verfahren			
	keine	Rechtsanwalt	DGB	
v169	Hinzuziehung der Stasi-Akte / Auszüge			
	nein	vor der Güteverhandlung	ohne konkreten Beweisantritt	nach konkretem Beweisantritt
	Vorlage einer Auswahl aus den Berichten	Vorlage aller Berichte	Verpflichtungserklärung	
	Sonstiges			
v170	Beweisaufnahme			
	Vernehmung des Personalrats	Vernehmung des Führungsoffiziers	Sonstiges	

v171	(Beweisthema) (grober Inhalt der Aussagen)				
v172	Vorgelegte Beurteilungen / Sonstige Schriftstücke				
	Beurteilung des Schulleiters	Schreiben einzelner Schüler/Eltern	Unterschriftensammlungen		
	Sonstiges				
v173	Protokoll der mündlichen Verhandlung				
v174	Streit um				
	Beweiswert der Stasi-Unterlagen	Darlegungs- und Beweislast	Kündigungsfristen		
	Beteiligung des Personalrats	Sonstiges			
v175	Grad der nachgewiesenen Verstrickung nach Beweiswürdigung durch das Gericht				
	1	2	3	4	5
v176	Ausgang des erstinstanzlichen Rechtsstreits				
	Klagerücknahme	Vergleich über Weiterbeschäftigung	Vergleich über Ausscheiden	Klage abgewiesen	Klage erfolgreich
v177	tragende Gründe / wesentlicher Inhalt				
v178	Datum				
	Entspricht die Entscheidung den Maßstäben der höchstrichterlichen Rspr.?				
v179	Abs. 5 eigenständig und abschließend; § 626 II BGB auch nicht entsprechend (BAG 11.6.92)				
	Kriterium erfüllt	Kriterium nicht erfüllt	nicht erkennbar	Kriterium hatte für diesen Fall keine Bedeutung	
v180	Abs. 5 ist kein absoluter Kündigungsgrund, Einzelfallprüfung ist erforderlich (BAG 11.6.92)				
	Kriterium erfüllt	Kriterium nicht erfüllt	nicht erkennbar	Kriterium hatte für diesen Fall keine Bedeutung	
v181	Entlastungstatsachen bis zum Zeitpunkt der Kündigung sind zu berücksichtigen (BAG 11.6.92)				
	Kriterium erfüllt	Kriterium nicht erfüllt	nicht erkennbar	Kriterium hatte für diesen Fall keine Bedeutung	
v182	Bei ordentlicher Kündigung nach Abs. 4 wegen Tätigkeit für MfS müssen die Voraussetzungen des Abs. 5 Nr. 2 vorliegen (BAG 28.1.93)				
	Kriterium erfüllt	Kriterium nicht erfüllt	nicht erkennbar	Kriterium hatte für diesen Fall keine Bedeutung	
v183	Verpflichtungserklärung allein ist keine Tätigkeit i. S. Abs. 5 Nr. 2 EinV (BAG 26.8.93)				

	Kriterium erfüllt	Kriterium nicht erfüllt	nicht erkennbar	Kriterium hatte für diesen Fall keine Bedeutung
v184	Besonderer Kündigungsschutz für Schwerbehinderte gilt auch für Kündigungen nach Abs. 5 Nr. 2 EinV (BAG 16.03.94)			
	Kriterium erfüllt	Kriterium nicht erfüllt	nicht erkennbar	Kriterium hatte für diesen Fall keine Bedeutung
v185	Der wichtige Grund nach Abs. 5 Nr. 2 EinV kann ohne Vorliegen der Verwirkungsvoraussetzungen durch Zeitablauf entfallen (BAG 28.4.94)			
	Kriterium erfüllt	Kriterium nicht erfüllt	nicht erkennbar	Kriterium hatte für diesen Fall keine Bedeutung
v186	Kündigungsbeschränkungen nach § 15 II KSchG, § 47 BPers/PersVG-DDR finden Anwendung (BAG 28.4.94)			
	Kriterium erfüllt	Kriterium nicht erfüllt	nicht erkennbar	Kriterium hatte für diesen Fall keine Bedeutung
v187	Ordnungsgemäße Anhörung des Personalrats erfordert Angabe der für den Kündigungsentschluss maßgebenden Gründe; bloßer Hinweis auf Gauck-Auskunft und Anhörung reicht nicht (BAG 26.5.94)			
	Kriterium erfüllt	Kriterium nicht erfüllt	nicht erkennbar	Kriterium hatte für diesen Fall keine Bedeutung
v188	Fragebogenlüge führt nicht zwangsläufig zur pers. Nichteignung, Entlastungstatsachen können aber zu einer positiven Prognose bezüglich. Ehrlichkeit und künftige Loyalität führen (BAG 13.9.95, 13.6.96)			
	Kriterium erfüllt	Kriterium nicht erfüllt	nicht erkennbar	Kriterium hatte für diesen Fall keine Bedeutung
v189	Fehlende Verhinderung des Dienststellenleiters bei der Personalratsanhörung führt nicht zur Unwirksamkeit der Kündigung (BAG 26.10.95)			
	Kriterium erfüllt	Kriterium nicht erfüllt	nicht erkennbar	Kriterium hatte für diesen Fall keine Bedeutung
v190	§ 1 II KSchG entspricht wegen betont zukunftsorientierter Interessenabwägung nicht dem Abs. 4 EinV (BAG 13.3.97)			
	Kriterium erfüllt	Kriterium nicht erfüllt	nicht erkennbar	Kriterium hatte für diesen Fall keine Bedeutung
v191	Tätigkeit vor 1970 kein geeignetes Indiz für Nichteignung und Weiterbeschäftigung kaum unzumutbar, Frage daher unzulässig, AN darf falsche Angaben machen (BVerfG Urt. vom 8.7.97)			
	Kriterium erfüllt	Kriterium nicht erfüllt	nicht erkennbar	Kriterium hatte für diesen Fall keine Bedeutung
v192	Besonderheiten			
	Ruhen des Verfahrens wg. Vorgreiflichkeit des laufenden Verfahrens zur vorherigen Kündigung			
	Streit um Weiterbeschäftigung		Sonstiges	

D. Berufung/Revision

v193	Berufung		
	nicht eingelegt	durch AN eingelegt	durch TKM eingelegt
v194	Aktenzeichen		
v195	Datum		
v196	Hinzuziehung der Stasi-Akte / Auszüge		
	nein	ohne konkreten Beweisantritt	nach konkretem Beweisantritt

	Vorlage einer Auswahl aus den Berichten	Vorlage aller Berichte	Verpflichtungserklärung		
	Sonstiges				
v197	Beweisaufnahme				
	Vernehmung des Personalrats	Vernehmung des Führungsoffiziers	Sonstiges		
v198	(Beweisthema) (grober Inhalt der Aussagen)				
v199	Vorgelegte Beurteilungen / Sonstige Schriftstücke				
	Beurteilung des Schulleiters	Schreiben einzelner Schüler/Eltern	Unterschriftensammlungen		
	Sonstiges				
v200	Protokoll der mündlichen Verhandlung				
v201	Streit um				
	Beweiswert der Stasi-Unterlagen	Darlegungs- und Beweislast	Kündigungsfristen		
	Beteiligung des Personalrats	Sonstiges			
v202	Grad der nachgewiesenen Verstrickung nach Beweiswürdigung durch das Gericht				
	1	2	3	4	5
v203	Ausgang der zweiten Instanz				
	Berufungs-rücknahme	Vergleich über Weiterbeschäftigung	Vergleich über Ausscheiden	Berufung zurück-gewiesen	Berufung erfolgreich
v204	tragende Gründe / wesentlicher Inhalt				
v205	Datum				
	Entspricht die Entscheidung den Maßstäben der höchstrichterlichen Rspr.?				
v206	Abs. 5 eigenständig und abschließend; § 626 II BGB auch nicht entsprechend (BAG 11.6.92)				
	Kriterium erfüllt	Kriterium nicht erfüllt	nicht erkennbar	Kriterium hatte für diesen Fall keine Bedeutung	
v207	Abs. 5 ist kein absoluter Kündigungsgrund, Einzelfallprüfung ist erforderlich (BAG 11.6.92)				
	Kriterium erfüllt	Kriterium nicht erfüllt	nicht erkennbar	Kriterium hatte für diesen Fall keine Bedeutung	
v208	Entlastungstatsachen bis zum Zeitpunkt der Kündigung sind zu berücksichtigen (BAG 11.6.92)				
	Kriterium erfüllt	Kriterium nicht erfüllt	nicht erkennbar	Kriterium hatte für diesen Fall keine Bedeutung	

v209	Bei ordentlicher Kündigung nach Abs. 4 wegen Tätigkeit für MfS müssen die Voraussetzungen des Abs. 5 Nr. 2 vorliegen (BAG 28.1.93)			
	Kriterium erfüllt	Kriterium nicht erfüllt	nicht erkennbar	Kriterium hatte für diesen Fall keine Bedeutung
v210	Verpflichtungserklärung allein ist keine Tätigkeit i. S. Abs. 5 Nr. 2 EinV (BAG 26.8.93)			
	Kriterium erfüllt	Kriterium nicht erfüllt	nicht erkennbar	Kriterium hatte für diesen Fall keine Bedeutung
v211	Besonderer Kündigungsschutz für Schwerbehinderte gilt auch für Kündigungen nach Abs. 5 Nr. 2 EinV (BAG 16.03.94)			
	Kriterium erfüllt	Kriterium nicht erfüllt	nicht erkennbar	Kriterium hatte für diesen Fall keine Bedeutung
v212	Der wichtige Grund nach Abs. 5 Nr. 2 EinV kann ohne Vorliegen der Verwirkungsvoraussetzungen durch Zeitablauf entfallen (BAG 28.4.94)			
	Kriterium erfüllt	Kriterium nicht erfüllt	nicht erkennbar	Kriterium hatte für diesen Fall keine Bedeutung
v213	Kündigungsbeschränkungen nach § 15 II KSchG, § 47 BPers/PersVG-DDR finden Anwendung (BAG 28.4.94)			
	Kriterium erfüllt	Kriterium nicht erfüllt	nicht erkennbar	Kriterium hatte für diesen Fall keine Bedeutung
v214	Ordnungsgemäße Anhörung des Personalrats erfordert Angabe der für den Kündigungsentschluss maßgebenden Gründe; bloßer Hinweis auf Gauck-Auskunft und Anhörung reicht nicht (BAG 26.5.94)			
	Kriterium erfüllt	Kriterium nicht erfüllt	nicht erkennbar	Kriterium hatte für diesen Fall keine Bedeutung
v215	Fragebogenlüge führt nicht zwangsläufig zur pers. Nichteignung, Entlastungstatsachen können aber zu einer positiven Prognose bezüglich Ehrlichkeit und künftige Loyalität führen (BAG 13.9.95, 13.6.96)			
	Kriterium erfüllt	Kriterium nicht erfüllt	nicht erkennbar	Kriterium hatte für diesen Fall keine Bedeutung
v216	Fehlende Verhinderung des Dienststellenleiters bei der Personalratsanhörung führt nicht zur Unwirksamkeit der Kündigung (BAG 26.10.95)			
	Kriterium erfüllt	Kriterium nicht erfüllt	nicht erkennbar	Kriterium hatte für diesen Fall keine Bedeutung
v217	§ 1 II KSchG entspricht wegen betont zukunftsorientierter Interessenabwägung nicht dem Abs. 4 EinV (BAG 13.3.97)			
	Kriterium erfüllt	Kriterium nicht erfüllt	nicht erkennbar	Kriterium hatte für diesen Fall keine Bedeutung
v218	Tätigkeit vor 1970 kein geeignetes Indiz für Nichteignung und Weiterbeschäftigung kaum unzumutbar, Frage daher unzulässig, AN darf falsche Angaben machen (BVerfG Urt. vom 8.7.97)			
	Kriterium erfüllt	Kriterium nicht erfüllt	nicht erkennbar	Kriterium hatte für diesen Fall keine Bedeutung
v219	Besonderheiten			
v220	Revision			
	zugelassen	nicht zugelassen		
v221	Nichtzulassungsbeschwerde			
	ja	nein		
v222	Ergebnis der Nichtzulassungsbeschwerde			
	erfolgreich	nicht erfolgreich		
v223	Revision			
	nicht eingelegt	durch AN eingelegt	durch TKM eingelegt	

v224	Aktenzeichen				
v225	Ergebnis der Revision				
	Revision erfolgreich	Revision zurückgewiesen	Aufhebung und Zurückverweisung	Sonstiges	
v226	Datum				
v227	tragende Gründe / wesentlicher Inhalt				
v228	Aktenzeichen der zurückverwiesenen Sache				
v229	Hinzuziehung der Stasi-Akte / Auszüge				
	nein	vor der Güteverhandlung	ohne konkreten Beweisantritt	nach konkreten Beweisantritt	
	Vorlage einer Auswahl aus den Berichten	Vorlage aller Berichte	Verpflichtungserklärung		
	Sonstiges				
v230	Beweisaufnahme				
	Vernehmung des Personalrats	Vernehmung des Führungsoffiziers	Sonstiges		
v231	(Beweisthema) (grober Inhalt der Aussagen)				
v232	Grad der nachgewiesenen Verstrickung nach Beweiswürdigung durch das Gericht				
	1	2	3	4	5
v233	Entscheidung				
	Berufungs-rücknahme	Vergleich über Weiterbeschäftigung	Vergleich über Ausscheiden des AN	Berufung zurück-gewiesen	Berufung erfolgreich
v234	tragende Gründe / wesentlicher Inhalt				
v235	Datum				

2. Abbildung: Verteilung der untersuchten Verfahren auf die Arbeitsgerichte

Statistiken Gericht		
N	Gültig	229
	Fehlend	0

Gericht					
		Häufigkeit	Prozent	Gültige Prozente	Kumulierte Prozente
Gültig	Gotha	22	9,6	9,6	9,6
	Suhl	54	23,6	23,6	33,2
	Jena	21	9,2	9,2	42,4
	Gera	40	17,5	17,5	59,8
	Erfurt	33	14,4	14,4	74,2
	Eisenach	45	19,7	19,7	93,9
	Nordhausen	14	6,1	6,1	100,0
	Gesamt	229	100,0	100,0	

Gericht

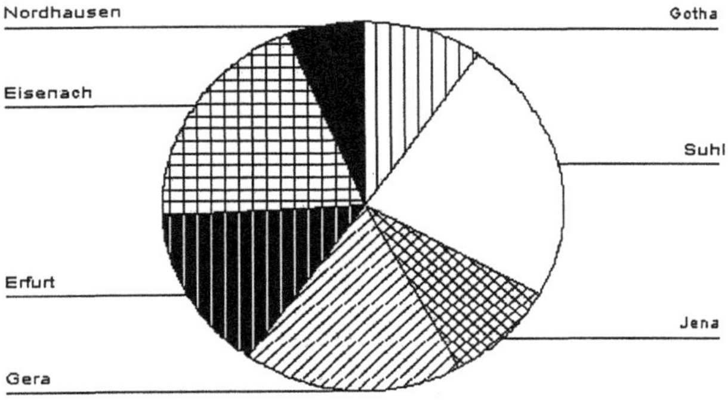

3. Abbildung: Geschlecht der Klagepartei

Statistiken Geschlecht der Klagepartei		
N	Gültig	220
	Fehlend	0

Geschlecht der Klagepartei					
		Häufigkeit	Prozent	Gültige Prozente	Kumulierte Prozente
Gültig	Männlich	156	70,9	70,9	70,9
	Weiblich	64	29,1	29,1	100,0
	Gesamt	220	100,0	100,0	

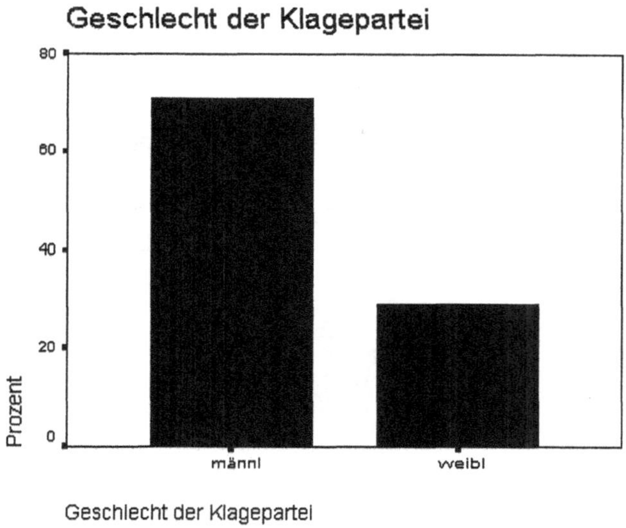

4. Abbildung: Tätigkeit bis zur Kündigung

Statistiken Tätigkeit bis zur Kündigung		
N	Gültig	213
	Fehlend	7

Tätigkeit bis zur Kündigung					
		Häufigkeit	Prozent	Gültige Prozente	Kumulierte Prozente
Gültig	Gymnasium	37	16,8	17,4	17,4
	Regelschule	73	33,2	34,3	51,6
	Grundschule	30	13,6	14,1	65,7
	BBS	49	22,3	23,0	88,7
	Förderschule	19	8,6	8,9	97,7
	Sonstige	4	1,8	1,9	99,5
	Nichtlehrer	1	,5	,5	100,0
	Gesamt	213	96,8	100,0	
Fehlend		7	3,2		
Gesamt		220	100,0		

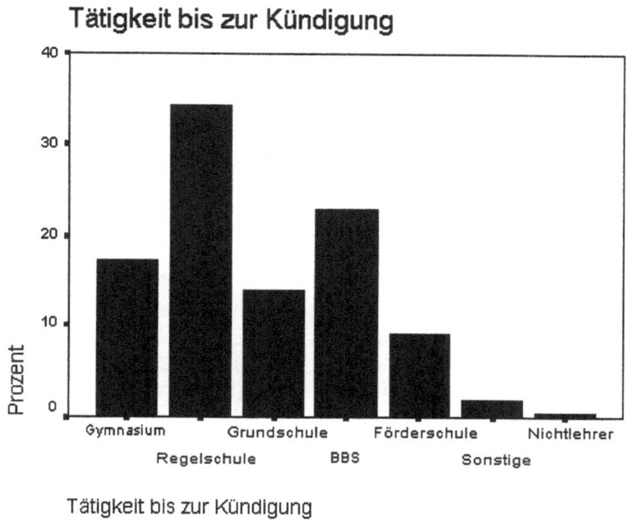

5. Abbildung: Geburtsjahr der Klagepartei

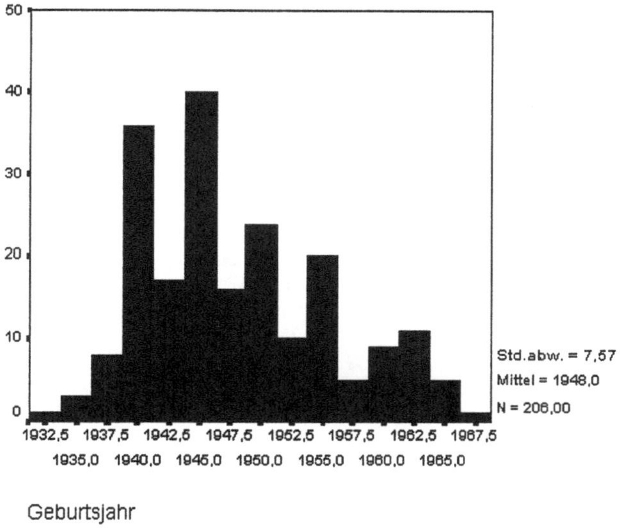

6. Abbildung: Antwort auf Frage 1

Statistiken Antwort auf Frage 1		
N	Gültig	204
	Fehlend	16

Antwort auf Frage 1		Häufigkeit	Prozent	Gültige Prozente	Kumulierte Prozente
Gültig	"Nein"	148	67,3	72,5	72,5
	Keine Angabe	33	15,0	16,2	88,7
	"Entfällt"	8	3,6	3,9	92,6
	Zusammenarbeit oder Auskünfte aufgrund dienstlicher Verpflichtung eingeräumt	8	3,6	3,9	96,6
	Zeitraum der Zusammenarbeit wahrheitsgemäß angegeben	4	1,8	2,0	98,5
	Unvollständige Angaben, aber Zusammenarbeit eingeräumt	3	1,4	1,5	100,0
	Gesamt	204	92,7	100,0	
Fehlend		16	7,3		
Gesamt		220	100,0		

7. Abbildung: Antwort auf Frage 2

Statistiken Antwort auf Frage 2		
N	Gültig	204
	Fehlend	16

Antwort auf Frage 2		Häufigkeit	Prozent	Gültige Prozente	Kumulierte Prozente
Gültig	"Nein"	113	51,4	55,4	55,4
	Keine Angabe	12	5,5	5,9	61,3
	"Entfällt"	5	2,3	2,5	63,7
	Angesprochen/befragt, aber Mitarbeit abgelehnt bzw. keine Infos erteilt	36	16,4	17,6	81,4
	Sonstige falsche/grob unvollständige Angaben	23	10,5	11,3	92,6
	Ausführliche Erklärung in Anlage	3	1,4	1,5	94,1
	Kontakte nicht nachweisbar falsch angegeben	12	5,5	5,9	100,0
	Gesamt	204	92,7	100,0	
Fehlend		16	7,3		
Gesamt		220	100,0		

8. Abbildung: IM-Kategorie

Category label	Code	Pct of Count	Pct of Responses	Cases
IMS	1	97	37,6	44,7
GMS	2	67	26,0	30,9
IMK	3	20	7,8	9,2
IMV/IMB	4	8	3,1	3,7
GI	5	45	17,4	20,7
IM der K I	6	4	1,6	1,8
KP	7	7	2,7	3,2
FIM	8	2	0,8	0,9
Mitverpflichteter Ehepartner	9	4	1,6	1,8
IM-Vorlauf	10	2	0,8	0,9
Kandidat für hauptamtl. Tätigkeit	11	1	0,4	0,5
Hauptamtlicher Mitarbeiter	12	1	0,4	0,5
		-------	------	-------
Total responses		258	100,0	118,9

3 missing cases; 217 valid cases

9. Abbildung: Wurde vom IM ein Deckname verwendet?

Statistiken Deckname vom IM verwendet?		
N	Gültig	216
	Fehlend	4

Deckname vom IM verwendet?					
		Häufigkeit	Prozent	Gültige Prozente	Kumulierte Prozente
Gültig	Ja	183	83,2	84,7	84,7
	Nein	33	15,0	15,3	100,0
	Gesamt	216	98,2	100,0	
Fehlend		4	1,8		
Gesamt		220	100,0		

10. Abbildung: Kategorie der IM, die keinen Decknamen verwendeten

Kategorie der IM, die keinen Decknamen verwendeten

Category label	Code	Count	Pct of Responses	Pct of Cases
IMS	1	1	3,0	3,0
GMS	2	26	78,8	78,8
KP	7	3	9,1	9,1
mitverpflichteter Ehepartner	9	3	9,1	9,1
		-------	-----	-----
Total responses		331	100,0	100,0

0 missing cases; 33 valid cases

11. Abbildung: Anzahl der IM-führenden Dienststellen

Statistiken Anzahl der IM-führende Dienststellen		
N	Gültig	214
	Fehlend	6

Anzahl der IM-führende Dienststellen					
		Häufigkeit	Prozent	Gültige Prozente	Kumulierte Prozente
Gültig	1	172	78,2	80,4	80,4
	2	30	13,6	14,0	94,4
	3	9	4,1	4,2	98,6
	4	3	1,4	1,4	100,0
	Gesamt	214	97,3	100,0	
Fehlend		6	2,7		
Gesamt		220	100,0		

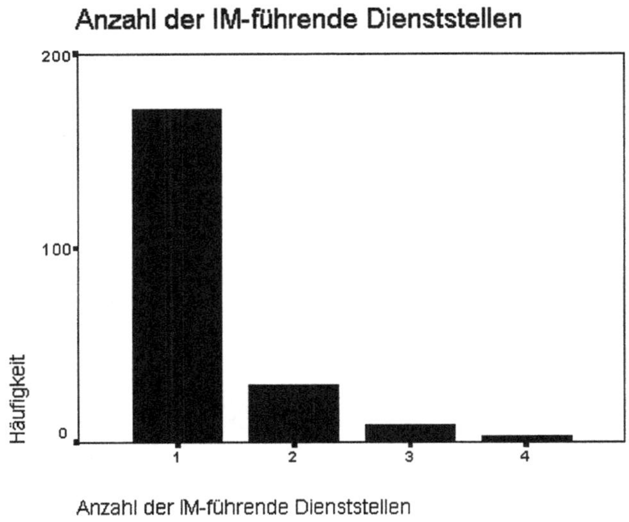

12. Abbildung: IM-führende Dienststelle

IM-führende Dienststelle

Category label	Code	Count	Pct of Responses	Pct of Cases
Hauptabteilung I	1	101	39,5	47,4
Kreis- bzw. Objektdienststelle	2	104	40,6	48,8
Bezirksverwaltung bzw. Wismut	3	47	18,4	22,1
Kriminalpolizei, Abt. K I	4	4	1,6	1,9
		-------	-----	-----
Total responses		256	100,0	120,2

7 missing cases; 213 valid cases

13. Abbildung: Dauer der IM-Tätigkeit

Statistiken Dauer der tatsächlichen IM-Tätigkeit (Zusammenfassung)		
N	Gültig	208
	Fehlend	12

Dauer der IM-Tätigkeit					
		Häufigkeit	Prozent	Gültige Prozente	Kumulierte Prozente
Gültig	< 1 Jahr	57	25,9	27,4	27,4
	< 2 Jahre	51	23,2	24,5	51,9
	< 5 Jahre	41	18,6	19,7	71,6
	< 10 Jahre	35	15,9	16,8	88,5
	> 10 Jahre	24	10,9	11,5	100,0
	Gesamt	208	94,5	100,0	
Fehlend		12	5,5		
Gesamt		220	100,0		

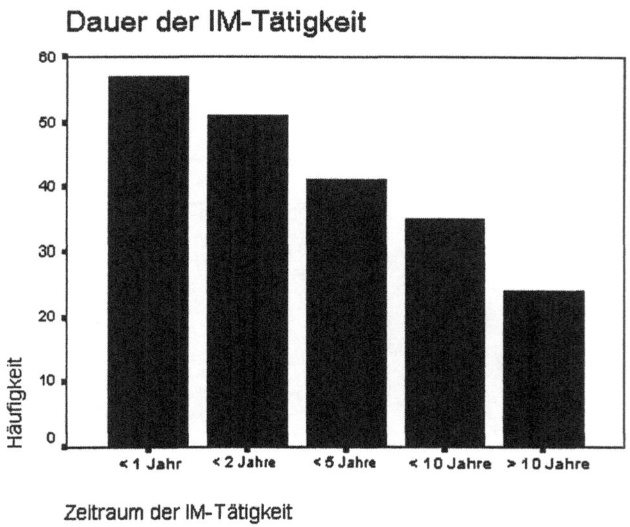

14. Abbildung: Grundlage der Werbung laut MfS

Statistiken Grundlage der Werbung laut MfS		
N	Gültig	192
	Fehlend	28

Grundlage der Werbung laut MfS					
		Häufigkeit	Prozent	Gültige Prozente	Kumulierte Prozente
Gültig	Überzeugung	164	74,5	85,4	85,4
	Wiedergutmachungswille / Druckmittel	9	4,1	4,7	90,1
	Großes Interesse an Zusammenarbeit /eigene Kontaktaufnahme	2	,9	1,0	91,1
	Positive Einstellung/ Einsicht in die Notwendigkeit der inoffiziellen Tätigkeit	3	1,4	1,6	92,7
	Freiwilligkeit	7	3,2	3,6	96,4
	Persönliche Vorteile	2	,9	1,0	97,4
	Sonstiges	5	2,3	2,6	100,0
	Gesamt	192	87,3	100,0	
Fehlend		28	12,7		
Gesamt		220	100,0		

15. Abbildung: Grund für die Beendigung der Zusammenarbeit aus Sicht des MfS

Statistiken Grund für die Beendigung der Zusammenarbeit		
N	Gültig	207
	Fehlend	13

Grund für die Beendigung der Zusammenarbeit					
		Häufigkeit	Prozent	Gültige Prozente	Kumulierte Prozente
Gültig	Beendigung des aktiven Wehrdienstes	45	20,5	21,7	21,7
	Auflösung des MfS	37	16,8	17,9	39,6
	Ausweichen / schlechte Treffdisziplin oder Berichtsqualität	24	10,9	11,6	51,2
	Verweigerung des IM	22	10,0	10,6	61,8
	Persönliche/familiäre Veränderungen/Umzug	19	8,6	9,2	71,0
	Wechsel der Beschäftigungsstelle oder der Tätigkeit	15	6,8	7,2	78,3
	Sonstiges	14	6,4	6,8	85,0
	Perspektivlosigkeit	12	5,5	5,8	90,8
	Auftrag beendet/nicht realisierbar/Einsatz nicht mehr erforderlich	7	3,2	3,4	94,2
	Funktion im Parteiapparat/Parteischule/offizielle Unterstützung möglich	5	2,3	2,4	96,6
	Zu starke berufliche Belastung	4	1,8	1,9	98,6
	Dekonspiration	3	1,4	1,4	100,0
	Gesamt	207	94,1	100,0	
Fehlend		13	5,9		
Gesamt		220	100,0		

16. Abbildung: Art der Verpflichtung gegenüber dem MfS

Statistiken Art der Verpflichtung gegenüber dem MfS		
N	Gültig	215
	Fehlend	5

Art der Verpflichtung gegenüber dem MfS					
		Häufigkeit	Prozent	Gültige Prozente	Kumulierte Prozente
Gültig	Verpflichtung zur Zusammenarbeit	180	81,8	83,7	83,7
	Berufung	18	8,2	8,4	92,1
	Schweigeverpflichtung	11	5,0	5,1	97,2
	Keine schriftliche Verpflichtung	6	2,7	2,8	100,0
	Gesamt	215	97,7	100,0	
Fehlend		5	2,3		
Gesamt		220	100,0		

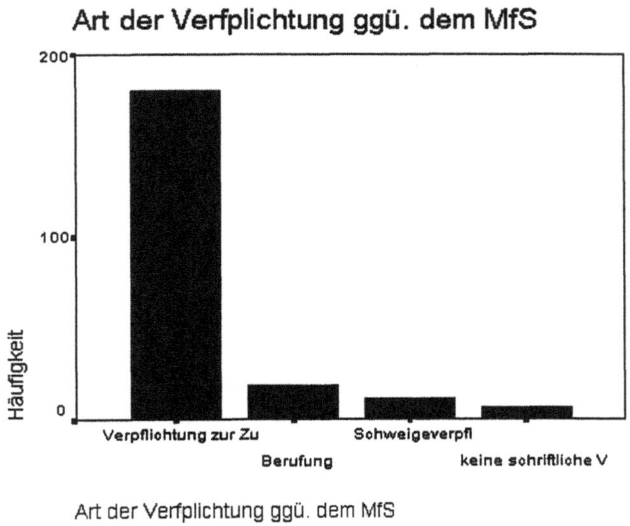

17. Abbildung: Zuwendungen des MfS an den IM

Zuwendungen des MfS an den IM

Dichotomy label	Name	Count	Pct of Responses	Pct of Cases
Bargeld erhalten	BARGELD	61	52,6	71,8
Geschenke an den IM	GESCHENK	41	35,3	48,2
Auslagenerstattung	AUSLAGEN	14	12,1	16,5
		-------	-----	-----
	Total responses	116	100,0	136,5

122 missing cases; 85 valid cases

18. Abbildung: Höhe des erhaltenen Bargeldes

Höhe des erhaltenen Bargeldes					
		Häufigkeit	Prozent	Gültige Prozente	Kumulierte Prozente
Gültig	Bis 100 M	30	49,2	50,0	50,0
	Bis 1000 M	23	37,7	38,3	88,3
	> 1000 M	7	11,5	11,7	100,0
	Gesamt	60	98,4	100,0	
Fehlend		1	1,6		
Gesamt		61	100,0		

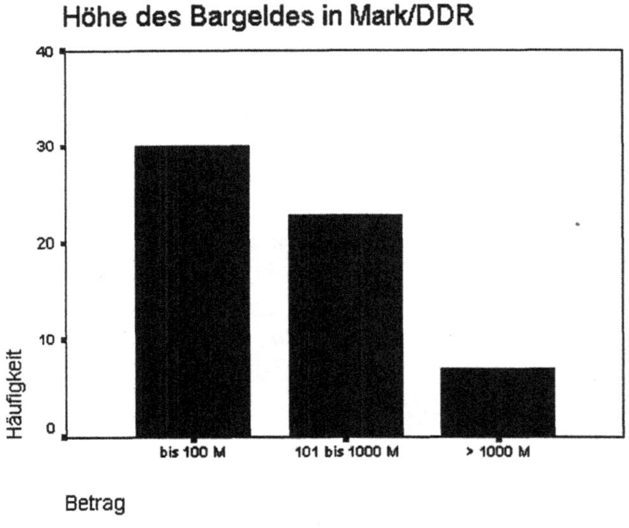

19. Abbildung: Wert der erhaltenen Geschenke

Wert der Geschenke in Mark/DDR					
		Häufigkeit	Prozent	Gültige Prozente	Kumulierte Prozente
Gültig	Bis 100 M	26	63,4	70,3	70,3
	101 bis 500 M	9	22,0	24,3	94,6
	> 500 M	2	4,9	5,4	100,0
	Gesamt	37	90,2	100,0	
Fehlend		4	9,8		
Gesamt		41	100,0		

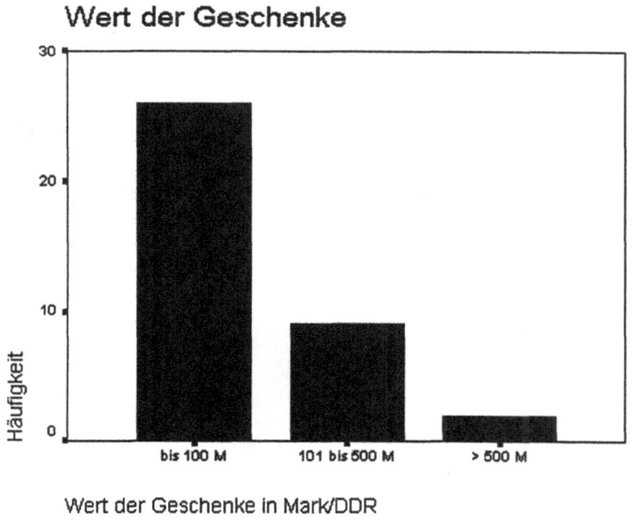

20. Abbildung: Grad der Verstrickung ausweislich der Gauck-Auskunft

Statistiken Grad der Verstrickung		
N	Gültig	217
	Fehlend	3

Grad der Verstrickung					
		Häufigkeit	Prozent	Gültige Prozente	Kumulierte Prozente
Gültig	1	36	16,4	16,6	16,6
	2	20	9,1	9,2	25,8
	3	100	45,5	46,1	71,9
	4	46	20,9	21,2	93,1
	5	15	6,8	6,9	100,0
	Gesamt	217	98,6	100,0	
Fehlend		3	1,4		
Gesamt		220	100,0		

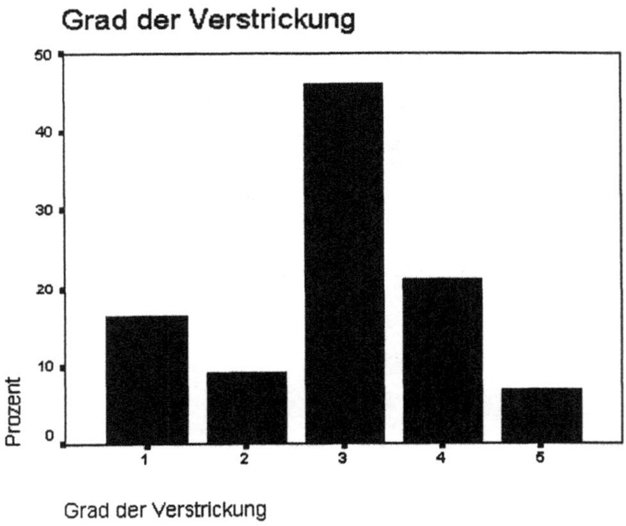

21. Abbildung: Empfehlung des LStU im Gutachten

Statistiken Empfehlung im Gutachten		
N	Gültig	32
	Fehlend	0

Empfehlung im Gutachten					
		Häufigkeit	Prozent	Gültige Prozente	Kumulierte Prozente
Gültig	Weiterbeschäftigung empfohlen/keine Unzumutbarkeit	7	21,9	21,9	21,9
	Weiterbeschäftigung kann nicht empfohlen werden	6	18,8	18,8	40,6
	Kündigungsgrund ist aus den Unterlagen nicht zweifelsfrei nachgewiesen	12	37,5	37,5	78,1
	Keine generelle Unzumutbarkeit; Abwägung erforderlich	7	21,9	21,9	100,0
	Gesamt	32	100,0	100,0	

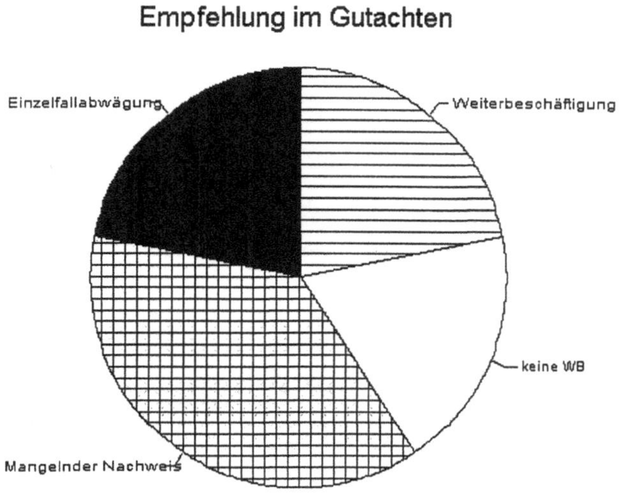

22. Abbildung: Begleitpersonen zur Anhörung vor der Kommission

Category label	Code	Count	Pct of Responses	Pct of Cases
Keine	1	62	29,5	32,3
Ehepartner	2	58	27,6	30,2
Personalratsmitglied	3	29	13,8	15,1
Rechtsanwalt	4	11	5,2	5,7
Sonstige	5	50	23,8	26,0
		-------	-----	-----
Total responses		210	100,0	109,4

28 missing cases; 192 valid cases

23. Abbildung: Inhalt der Anhörung

Category label	Code	Count	Pct of Responses	Pct of Cases
Keine Erinnerung an VE und/oder Berichte	2	64	20,4	32,7
Falschangabe wg. Angst vor Kündigung	3	22	7,0	11,2
Offizielle/unumgängliche Kontakte rein dienstlichen/militärischen Inhalts	4	35	11,2	17,9
Armeezeit/Zeitraum vor Lehrertätigkeit nicht als vom Fragebogen umfasst eingeschätzt	5	8	2,6	4,1
Niemandem geschadet	6	22	7,0	11,2
VE/Zusammenarbeit aus Angst/Druck	7	37	11,8	18,9
Unwahre Angaben bzw. Fälschungen in der Stasi-Akte	8	23	7,3	11,7
Wissentlich keine Kontakte zum MfS	9	27	8,6	13,8
Beschreibung der MfS-Kontakte aus persönlicher Sicht	10	58	18,5	29,6
Über Ehegatte Kontakte, keine eigenen	11	9	2,9	4,6
Vor Ausfüllen des FB bei PersR bzw. bei Schulleiter Rücksprache gehalten	12	3	1,0	1,5
Sonstiges	88	5	1,6	2,6
Total responses		313	100,0	159,7

0 missing cases; 196 valid cases

24. Abbildung: Entscheidung der Kommission

Statistiken		
N	Gültig	183
	Fehlend	13

Entscheidung der Kommission		Häufigkeit	Prozent	Gültige Prozente	Kumulierte Prozente
Gültig	Außerordentliche Kündigung 3:0	135	68,9	73,8	73,8
	Außerordentliche. Kündigung 2:1	28	14,3	15,3	89,1
	Ord. Kündigung 3:0	14	7,1	7,7	96,7
	Ord. Kündigung 2:1	3	1,5	1,6	98,4
	Erweiterte Auskunft einholen; nach 2. Anhörung ao. Kü.	2	1,0	1,1	99,5
	Haschke-Gutachten	1	,5	,5	100,0
	Gesamt	183	93,4	100,0	
Fehlend		13	6,6		
Gesamt		196	100,0		

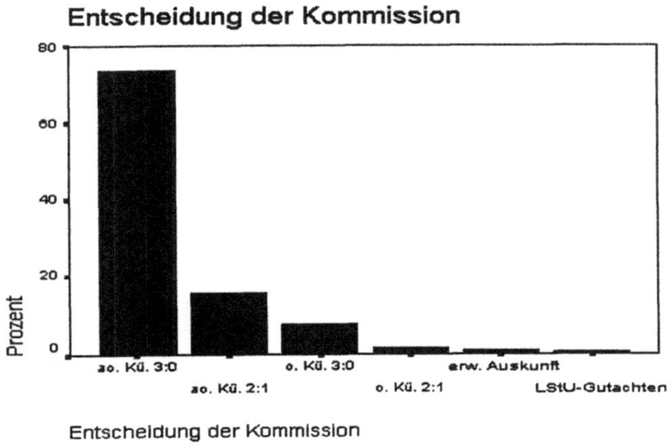

25. Abbildung: Kurzbegründung der Kommission für die Kündigungsentscheidung

Statistiken Begründung der Entscheidung		
N	Gültig	180
	Fehlend	40

Begründung der Entscheidung					
		Häufigkeit	%	Gültige Prozente	Kumulierte Prozente
Gültig	Standardbegründung	128	58,2	71,1	71,1
	Andeutungsweise Auseinandersetzung mit Anhörung/Einzelfall	25	11,4	13,9	85,0
	Verpflichtungserklärung, keine Angabe auf Anl. 1	12	5,5	6,7	91,7
	Entlastende Umstände andeutungsweise einbezogen	8	3,6	4,4	96,1
	Zusammenarbeit mit MfS	7	3,2	3,9	100,0
	Gesamt	180	81,8	100,0	
Fehlend		40	18,2		
Gesamt		220	100,0		

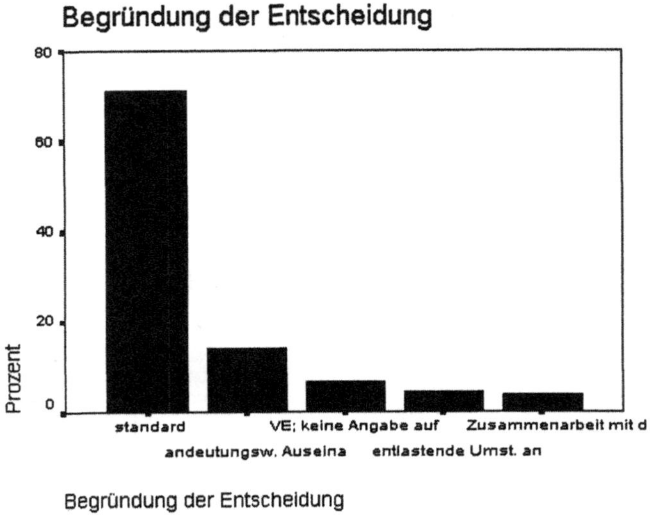

26. Abbildung: Reaktion des Hauptpersonalrats

Statistiken Reaktion des Hauptpersonalrats auf die Kündigungsabsicht		
N	Gültig	184
	Fehlend	36

Reaktion des Hauptpersonalrats auf die Kündigungsabsicht					
		Häufigkeit	Prozent	Gültige Prozente	Kumulierte Prozente
Gültig	Einwände	92	41,8	50,0	50,0
	Keine Stellungnahme bzw. "äußert sich nicht"	85	38,6	46,2	96,2
	Keine	6	2,7	3,3	99,5
	Stimmt zu	1	,5	,5	100,0
	Gesamt	184	83,6	100,0	
Fehlend		36	16,4		
Gesamt		220	100,0		

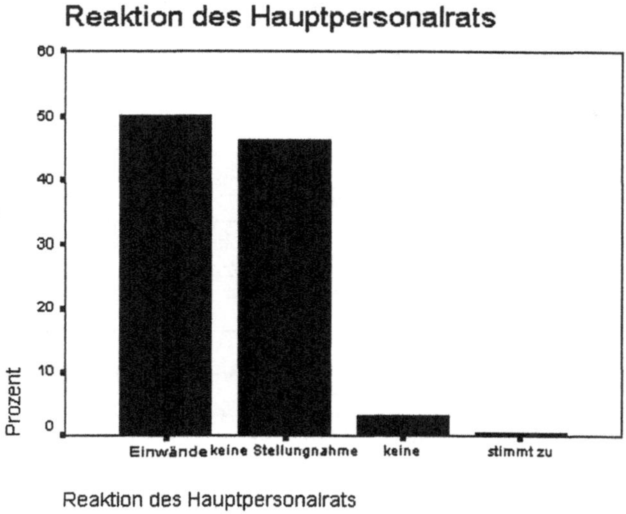

27. Abbildung: Veränderung der Reaktion des HPR während des Überprüfungszeitraums

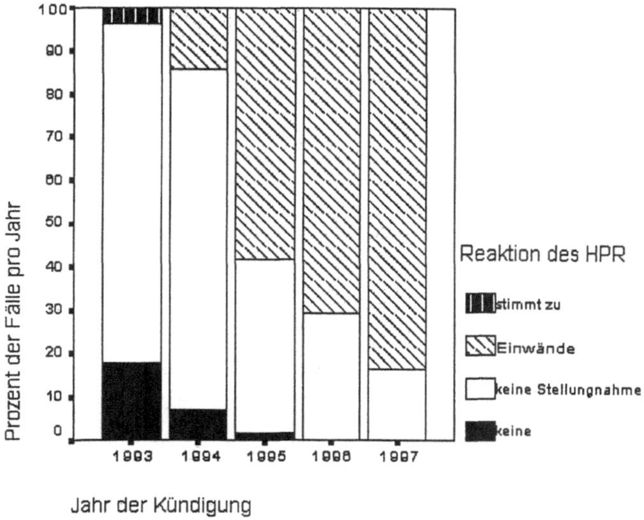

28. Abbildung: Jahr der Kündigungen

Statistiken Jahr der Kündigung		
N	Gültig	225
	Fehlend	0

Jahr der Kündigung					
		Häufigkeit	Prozent	Gültige Prozente	Kumulierte Prozente
Gültig	1991	1	,4	,4	,4
	1992	1	,4	,4	,9
	1993	36	16,0	16,0	16,9
	1994	40	17,8	17,8	34,7
	1995	70	31,1	31,1	65,8
	1996	61	27,1	27,1	92,9
	1997	12	5,3	5,3	98,2
	1998	4	1,8	1,8	100,0
	Gesamt	225	100,0	100,0	

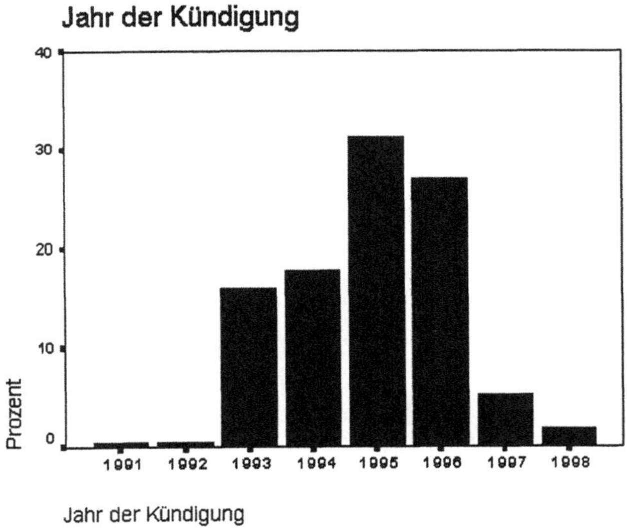

29. Abbildung: Zeitraum zwischen Gauck-Auskunft und Kündigung

Statistiken Zeitraum zwischen Eingang der Gauck-Auskunft und Zugang (hilfsweise Ausspruch) der Kündigung		
N	Gültig	189
	Fehlend	36
Mittelwert		228,6455

Zeitraum Gauck-Auskunft bis Kündigung					
		Häufigkeit	%	Gültige Prozente	Kumulierte Prozente
Gültig	< 3 Monate	23	10,2	12,2	12,2
	3 bis 5 Monate	58	25,8	30,7	42,9
	5 bis 7 Monate	64	28,4	33,9	76,7
	7 bis 12 Monate	18	8,0	9,5	86,2
	1 bis 2 Jahre	18	8,0	9,5	95,8
	> 2 Jahre	8	3,6	4,2	100,0
	Gesamt	189	84,0	100,0	
Fehlend		36	16,0		
Gesamt		225	100,0		

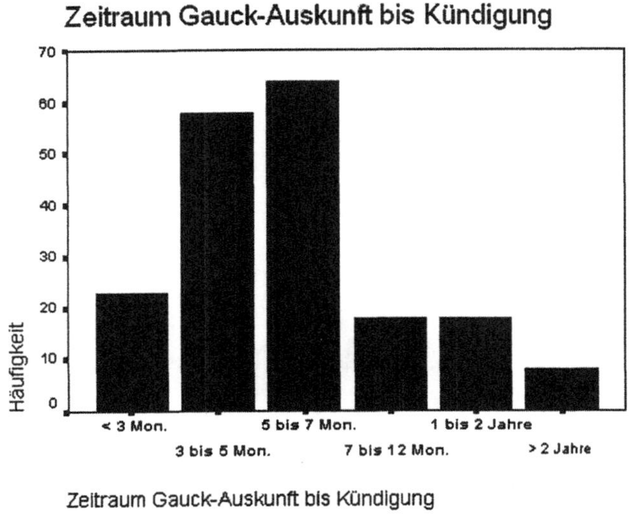

30. Abbildung: Zeitraum zwischen Auskunft und Kündigung in den Jahren 1993 bis 1996

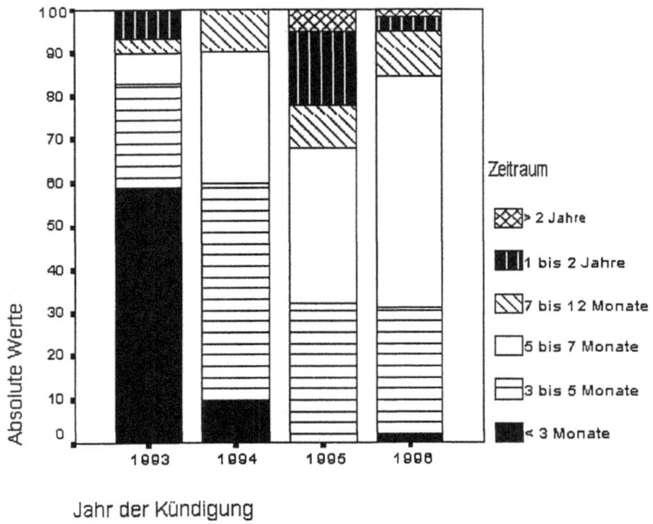

31. Abbildung: Art der ausgesprochenen Kündigung

Statistiken Kündigungsart		
N	Gültig	224
	Fehlend	1

Kündigungsart					
		Häufigkeit	Prozent	Gültige Prozente	Kumulierte Prozente
Gültig	Außerordentlich und hilfsweise ordentlich	166	73,8	74,1	74,1
	Ordentlich	50	22,2	22,3	96,4
	Außerordentlich	8	3,6	3,6	100,0
	Gesamt	224	99,6	100,0	
Fehlend		1	,4		
Gesamt		225	100,0		

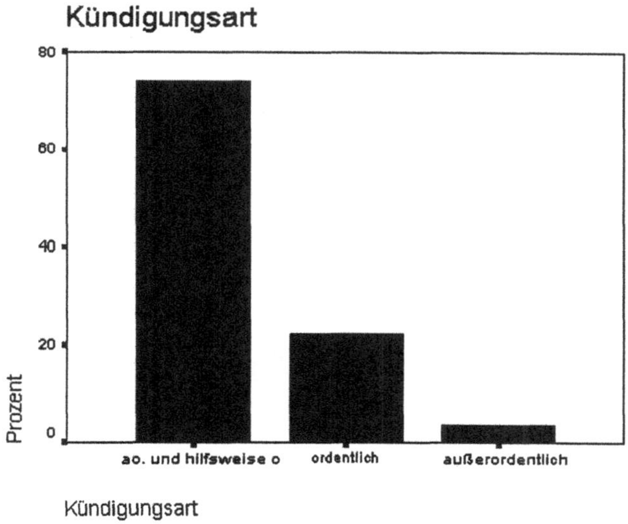

32. Abbildung: Art der ausgesprochenen Kündigungen von 1993-1996

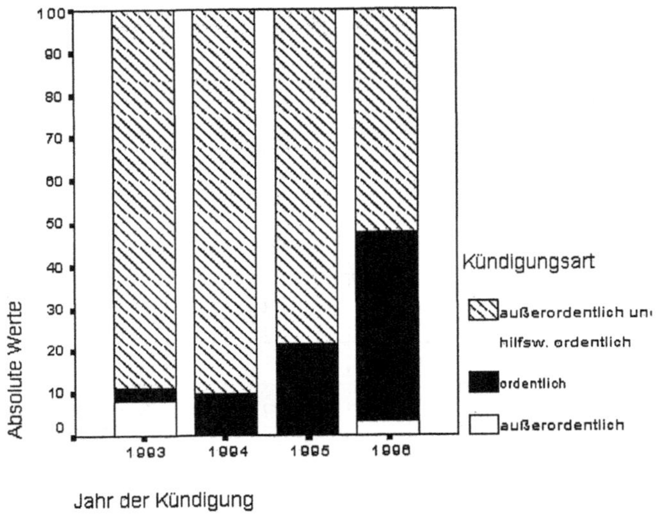

33. Abbildung: Kündigungsgrund

Statistiken Kündigungsgrund		
N	Gültig	224
	Fehlend	1

Kündigungsgrund					
		Häufigkeit	Prozent	Gültige Prozente	Kumulierte Prozente
Gültig	Tätigkeit für MfS	7	3,1	3,1	3,1
	FB-Lüge(n)	37	16,4	16,5	19,6
	Beides	167	74,2	74,6	94,2
	Beides einschl. Lüge im Antrag auf VDZ	11	4,9	4,9	99,1
	VE und FB-Lüge	2	,9	,9	100,0
	Gesamt	224	99,6	100,0	
Fehlend		1	,4		
Gesamt		225	100,0		

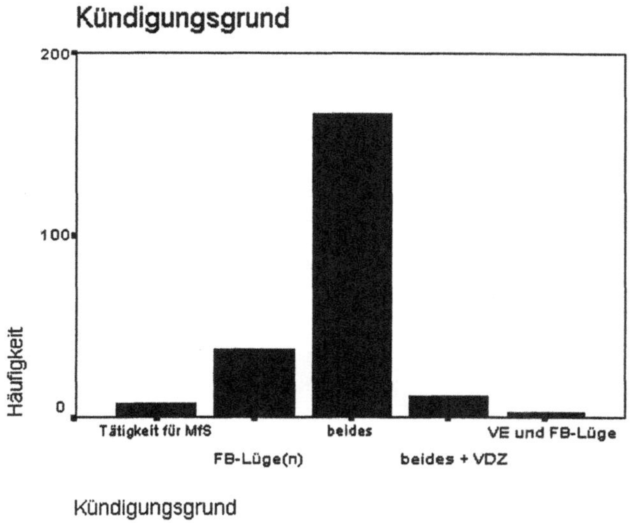

34. Abbildung: Rechtliche Grundlagen der Kündigungen aus Sicht des Kultusministeriums

Statistiken der Kündigung zugrundeliegende Vorschriften		
N	Gültig	224
	Fehlend	1

Kündigungsvorschriften					
		Häufigkeit	Prozent	Gültige Prozente	Kumulierte Prozente
Gültig	Abs. 5 Nr.2 EinV	7	3,1	3,1	3,1
	§ 626 BGB	1	,4	,4	3,6
	Abs. 4 Nr. 1 EinV	1	,4	,4	4,0
	§ 1 II KSchG	48	21,3	21,4	25,4
	Abs.4, 5 EinV	30	13,3	13,4	38,8
	Abs. 5 EinV, § 1 II KSchG	127	56,4	56,7	95,5
	Abs. 4, 5 EinV und § 626 BGB	4	1,8	1,8	97,3
	Abs.5 EinV, § 1 II KSchG und § 626 BGB	4	1,8	1,8	99,1
	§ 622 BGB - Probezeitkündigung	2	,9	,9	100,0
	Gesamt	224	99,6	100,0	
Fehlend		1	,4		
Gesamt		225	100,0		

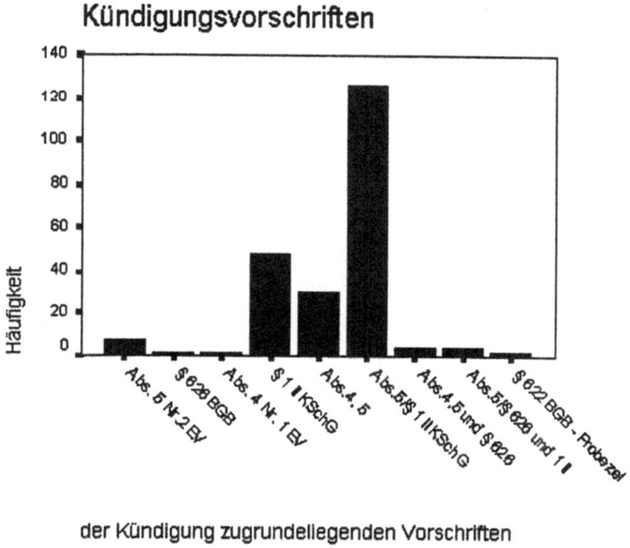

35. Abbildung: Zusammensetzung des Verstrickungsgrades der Fälle pro Jahr

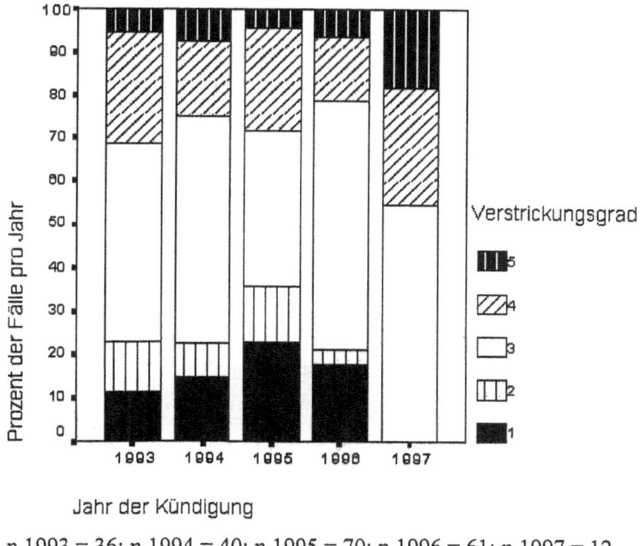

Anmerkung: n 1993 = 36; n 1994 = 40; n 1995 = 70; n 1996 = 61; n 1997 = 12

36. Abbildung: Anhängigkeit der untersuchten Rechtsstreite

Statistiken Anhängigkeit des Rechtsstreits (Jahr)		
N	Gültig	229
	Fehlend	0

Anhängigkeit des Rechtsstreits (Jahr)					
		Häufigkeit	Prozent	Gültige Prozente	Kumulierte Prozente
Gültig	1991	1	,4	,4	,4
	1992	1	,4	,4	,9
	1993	33	14,4	14,4	15,3
	1994	45	19,7	19,7	34,9
	1995	67	29,3	29,3	64,2
	1996	66	28,8	28,8	93,0
	1997	12	5,2	5,2	98,3
	1998	4	1,7	1,7	100,0
	Gesamt	229	100,0	100,0	

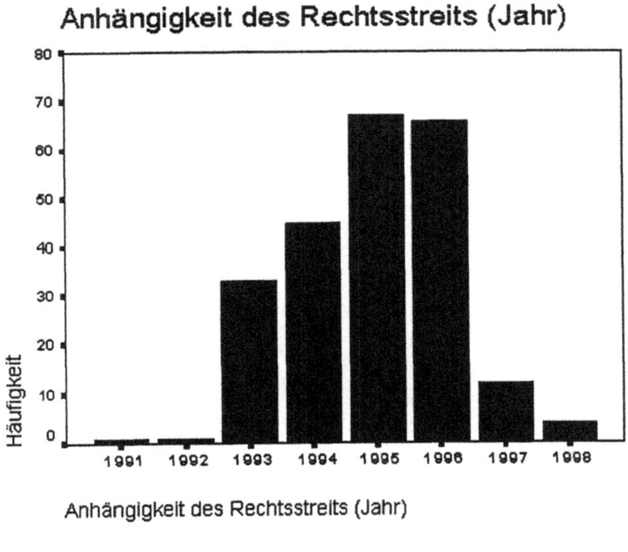

37. Abbildung: Vertretung der Kläger im gerichtlichen Verfahren

Statistiken Prozessvertretung		
N	Gültig	229
	Fehlend	0

Prozessvertretung					
		Häufigkeit	Prozent	Gültige Prozente	Kumulierte Prozente
Gültig	Keine	9	3,9	3,9	3,9
	RA	162	70,7	70,7	74,7
	DGB	56	24,5	24,5	99,1
	Sonstige	2	,9	,9	100,0
	Gesamt	229	100,0	100,0	

Prozessvertretung

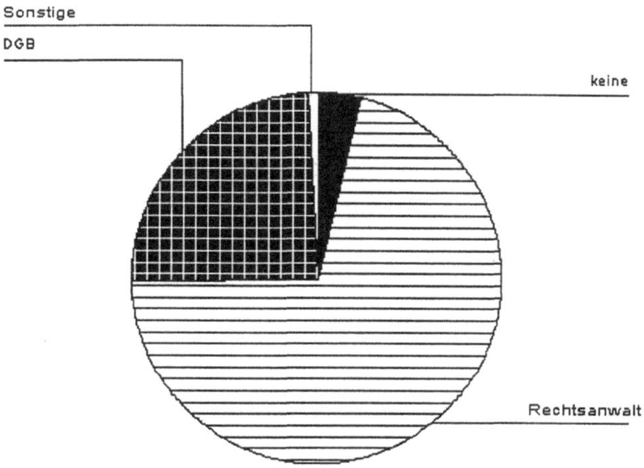

38. Abbildung: Anteil des DGB an der Prozessvertretung

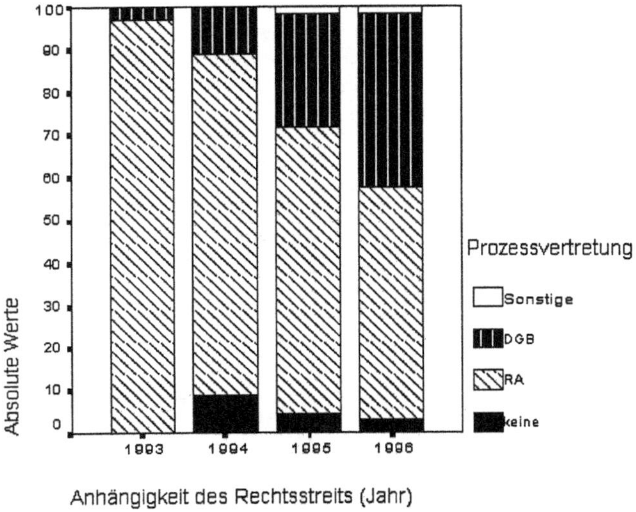

39. Abbildung: Prozessvertretung insgesamt unter Einbeziehung von Mehrfachantworten

Prozessvertretung

Category label	Code	Count	Pct of Responses	Pct of Cases
Keine	1	9	3,8	3,9
Rechtsanwalt	2	170	71,4	74,2
DGB	3	57	23,9	24,9
Sonstige	4	2	0,8	0,9
		-------	------	------
Total responses		238	100,0	103,9

0 missing cases; 229 valid cases

40. Abbildung: Beiziehung der Stasi-Akte

Statistiken		
N	Gültig	229
	Fehlend	0

Stasi-Akte beigezogen?					
		Häufigkeit	Prozent	Gültige Prozente	Kumulierte Prozente
Gültig	Nein	218	95,2	95,2	95,2
	Vor Gütetermin	4	1,7	1,7	96,9
	Ohne konkreten Beweisantritt	2	,9	,9	97,8
	nach konkretem Beweisantritt	5	2,2	2,2	100,0
	Gesamt	229	100,0	100,0	

41. Abbildung: Auszüge aus der Stasi-Akte

Statistiken		
N	Gültig	218
	Fehlend	11

Vorgelegte Auszüge aus der Stasi-Akte					
		Häufigkeit	Prozent	Gültige Prozente	Kumulierte Prozente
Gültig	Keine Berichte	29	12,7	13,3	13,3
	Auswahl von Berichten und VE	156	68,1	71,6	84,9
	Alle Bericht und VE	16	7,0	7,3	92,2
	Nur VE	17	7,4	7,8	100,0
	Gesamt	218	95,2	100,0	
Fehlend		11	4,8		
Gesamt		229	100,0		

42. Abbildung: Beweisaufnahmen

Category label	Code	Count	Pct of Responses	Pct of Cases
Keine	1	218	93,6	95,2
Vernehmung des Führungsoffiziers	2	6	2,6	2,6
Schriftsachverständigengutachten	4	5	2,1	2,2
Gutachter-Vernehmung	5	2	0,9	0,9
Vernehmung von TKM-Mitarbeitern	6	1	0,4	0,4
Psychologe als sachverständiger Zeuge	7	1	0,4	0,4
		-------	------	------
Total responses		233	100,0	101,7

0 missing cases; 229 valid cases

43. Abbildung: Klägerseits vorgelegte Unterlagen und Schriftstücke

Category label	Code	Count	Pct of Responses	Pct of Cases
Keine	0	161	61,2	70,3
Beurteilung des Schulleiters	1	20	7,6	8,7
Zeugnisse/Weiterbildungsnachweise	2	1	0,4	0,4
Unterschriftensammlungen der Schüler	4	12	4,6	5,2
Elternschreiben/Unterschriftensammlungen	5	6	2,3	2,6
Kollegenschreiben/Unterschriftensammlung	6	11	4,2	4,8
Stellungnahmen von Personen des gesellschaftl./politischen Lebens	7	4	1,5	1,7
Opferstellungnahmen	8	4	1,5	1,7
Schreiben der Kläger an das TKM	9	10	3,8	4,4
Stellungnahme des Schulpersonalrats	10	4	1,5	1,7
Sonstiges	11	25	9,5	10,9
Erklärungen/eidesstattliche Versicherung des Führungsoffiziers	12	5	1,9	2,2
		-------	-------	-------
Total responses		263	100,0	114,8

0 missing cases; 229 valid cases

44. Abbildung: Inhalt der Protokolle zum Kammertermin

Statistiken Protokoll der mündlichen Verhandlung		
N	Gültig	229
	Fehlend	0

Protokoll der mündlichen Verhandlung					
		Häufigkeit	Prozent	Gültige Prozente	Kumulierte Prozente
Gültig	Keine weiteren Inhalte	140	61,1	61,1	61,1
	Sonstiges	25	10,9	10,9	72,1
	Ausführungen der Klagepartei zur Verstrickung	23	10,0	10,0	82,1
	Widerrufener Vergleich protokolliert	13	5,7	5,7	87,8
	Rechtliche Hinweise	13	5,7	5,7	93,4
	Kein Kammertermin	11	4,8	4,8	98,3
	Versäumnisurteil gegen Beklagtenpartei	4	1,7	1,7	100,0
	Gesamt	229	100,0	100,0	

45. Abbildung: Zwischen den Parteien streitige Fragen

Category label	Code	Count	Pct of Responses	Pct of Cases
Beweiswert der Stasi-Unterlagen	1	44	11,7	19,2
Kündigungsfristen	3	1	0,3	0,4
Beteiligung des Personalrats	4	51	13,6	22,3
Anwendung § 626 II BGB	5	10	2,7	4,4
Unzumutbarkeit	6	39	10,4	17,0
Verwirkung/Zeitablauf	7	56	14,9	24,5
bewusste, finale Zusammenarbeit	8	49	13,0	21,4
Erinnerungslücke beim Ausfüllen des FB	9	44	11,7	19,2
Sonstiges	10	28	7,4	12,2
besonderes Gewaltverhältnis	12	10	2,7	4,4
StUG: Relevanz von Tätigkeit vor 1975	13	9	2,4	3,9
Keine streitigen Fragen feststellbar	99	35	9,3	15,3
		-------	------	------
Total responses		376	100,0	164,2

0 missing cases; 229 valid cases

46. Abbildung: Ausgang des Rechtsstreits in der ersten Instanz

Statistiken Ausgang des Rechtsstreits in der 1. Instanz		
N	Gültig	229
	Fehlend	0

Ausgang des Rechtsstreits in der 1. Instanz					
		Häufigkeit	Prozent	Gültige Prozente	Kumulierte Prozente
Gültig	Klage erfolgreich	109	47,6	47,6	47,6
	Vergleich über Ausscheiden	53	23,1	23,1	70,7
	Klageabweisung	30	13,1	13,1	83,8
	Teilweise abgewiesen (o. Kü. wirksam)	23	10,0	10,0	93,9
	Klagerücknahme	13	5,7	5,7	99,6
	Weiterbeschäftigung durch Vergleich	1	,4	,4	100,0
	Gesamt	229	100,0	100,0	

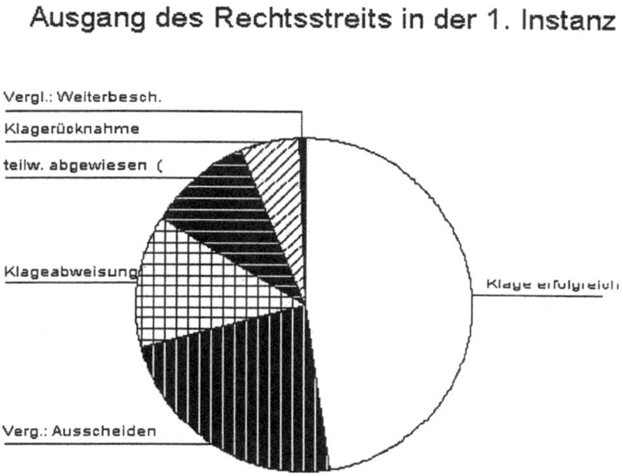

47. Abbildung: Ausgang des Rechtsstreits in der ersten Instanz - Vergleich der Gerichte

Statistiken Gotha		
N	Gültig	22
	Fehlend	0

Ausgang des Rechtsstreits in der 1. Instanz - Arbeitsgericht Gotha					
		Häufigkeit	Prozent	Gültige Prozente	Kumulierte Prozente
Gültig	Klage erfolgreich	17	77,3	77,3	77,3
	Vergleich über Ausscheiden	4	18,2	18,2	95,5
	Klagerücknahme	1	4,5	4,5	100,0
	Gesamt	22	100,0	100,0	

Statistiken Suhl		
N	Gültig	54
	Fehlend	0

Ausgang des Rechtsstreits in der 1. Instanz - Arbeitsgericht Suhl

		Häufigkeit	Prozent	Gültige Prozente	Kumulierte Prozente
Gültig	Klage erfolgreich	22	40,7	40,7	40,7
	Vergleich über Ausscheiden	12	22,2	22,2	63,0
	Klageabweisung	11	20,4	20,4	83,3
	Klagerücknahme	6	11,1	11,1	94,4
	Teilweise abgewiesen (o. Kü. wirksam)	3	5,6	5,6	100,0
	Gesamt	54	100,0	100,0	

Statistiken Jena		
N	Gültig	21
	Fehlend	0

Ausgang des Rechtsstreits in der 1. Instanz - Arbeitsgericht Jena

		Häufigkeit	Prozent	Gültige Prozente	Kumulierte Prozente
Gültig	Teilweise abgewiesen (o. Kü. wirksam)	12	57,1	57,1	57,1
	Klageabweisung	5	23,8	23,8	81,0
	Klage erfolgreich	4	19,0	19,0	100,0
	Gesamt	21	100,0	100,0	

Statistiken Gera		
N	Gültig	40
	Fehlend	0

Ausgang des Rechtsstreits in der 1. Instanz - Arbeitsgericht Gera					
		Häufigkeit	Prozent	Gültige Prozente	Kumulierte Prozente
Gültig	Klage erfolgreich	20	50,0	50,0	50,0
	Vergleich über Ausscheiden	7	17,5	17,5	67,5
	Klageabweisung	5	12,5	12,5	80,0
	Teilw. abgewiesen (o. Kü. wirksam)	4	10,0	10,0	90,0
	Klagerücknahme	3	7,5	7,5	97,5
	Weiterbeschäftigung durch Vergleich	1	2,5	2,5	100,0
	Gesamt	40	100,0	100,0	

Statistiken Erfurt		
N	Gültig	33
	Fehlend	0

Ausgang des Rechtsstreits in der 1. Instanz - Erfurt					
		Häufigkeit	Prozent	Gültige Prozente	Kumulierte Prozente
Gültig	Klage erfolgreich	15	45,5	45,5	45,5
	Vergleich über Ausscheiden	13	39,4	39,4	84,8
	teilweise abgewiesen	3	9,1	9,1	93,9
	Klagerücknahme	1	3,0	3,0	97,0
	Klageabweisung	1	3,0	3,0	100,0
	Gesamt	33	100,0	100,0	

Statistiken Eisenach		
N	Gültig	45
	Fehlend	0

Ausgang des Rechtsstreits in der 1. Instanz - Eisenach					
		Häufigkeit	Prozent	Gültige Prozente	Kumulierte Prozente
Gültig	Klage erfolgreich	23	51,1	51,1	51,1
	Vergleich über Ausscheiden	14	31,1	31,1	82,2
	Klageabweisung	6	13,3	13,3	95,6
	Klagerücknahme	1	2,2	2,2	97,8
	teilweise abgewiesen (o. Kü. wirksam)	1	2,2	2,2	100,0
	Gesamt	45	100,0	100,0	

Statistiken Nordhausen		
N	Gültig	14
	Fehlend	0

Ausgang des Rechtsstreits in der 1. Instanz - Nordhausen					
		Häufigkeit	Prozent	Gültige Prozente	Kumulierte Prozente
Gültig	Klage erfolgreich	8	57,1	57,1	57,1
	Vergleich über Ausscheiden	3	21,4	21,4	78,6
	Klageabweisung	2	14,3	14,3	92,9
	Klagerücknahme	1	7,1	7,1	100,0
	Gesamt	14	100,0	100,0	

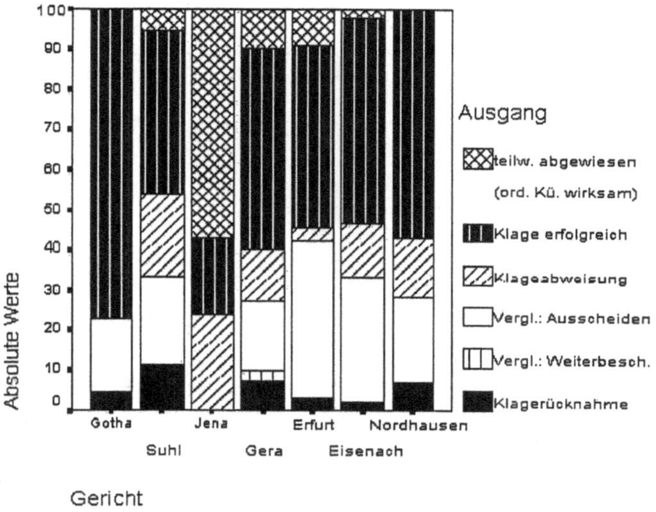
100
90
80
70
60
50
40
30
20
10
0
Absolute Werte
Gotha
Suhl
Jena
Gera
Erfurt
Eisenach
Nordhausen
Gericht
Ausgang
teilw. abgewiesen (ord. Kü. wirksam)
Klage erfolgreich
Klageabweisung
Vergl.: Ausscheiden
Vergl.: Weiterbesch.
Klagerücknahme

48. Abbildung: Zeitpunkt des Abschlusses der erstinstanzlichen Verfahren

Statistiken Jahr des Endes der I. Instanz		
N	Gültig	229
	Fehlend	0

Jahr des Endes der I. Instanz					
		Häufigkeit	Prozent	Gültige Prozente	Kumulierte Prozente
Gültig	1991	1	,4	,4	,4
	1993	11	4,8	4,8	5,2
	1994	38	16,6	16,6	21,8
	1995	54	23,6	23,6	45,4
	1996	63	27,5	27,5	72,9
	1997	50	21,8	21,8	94,8
	1998	11	4,8	4,8	99,6
	1999	1	,4	,4	100,0
	Gesamt	229	100,0	100,0	

49. Abbildung: Veränderung der Beendigungsformen über den Zeitraum 1994-1997

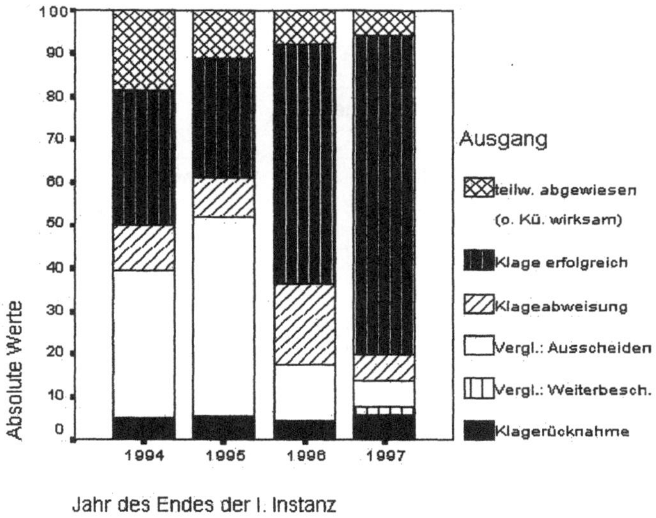

50. Abbildung: Erkennbare Gründe für Klagerücknahme

Statistiken Gründe für Klagerücknahme		
N	Gültig	13
	Fehlend	0

Gründe für Klagerücknahme						
		Häufigkeit	Prozent	Gültige Prozente	Kumulierte Prozente
Gültig	Weiterbeschäftigung nach außergerichtlichem Vergleich	1	7,7	7,7	7,7
	Nach "Rücknahme" der Kündigung	3	23,1	23,1	30,8
	Ausscheiden nach außergerichtlichem Vergleich	3	23,1	23,1	53,8
	Mangels Erfolgsaussicht der Klage	2	15,4	15,4	69,2
	Nicht feststellbar	3	23,1	23,1	92,3
	Sonstiges	1	7,7	7,7	100,0
	Gesamt	13	100,0	100,0	

51. Abbildung: Grober Inhalt der Vergleiche

Statistiken Grober Inhalt der Vergleiche		
N	Gültig	53
	Fehlend	0

Grober Inhalt der Vergleiche					
		Häufigkeit	Prozent	Gültige Prozente	Kumulierte Prozente
Gültig	1. Standard-vergleich	17	32,1	32,1	32,1
	2. Standard-vergleich	28	52,8	52,8	84,9
	Andere Vergleiche	8	15,1	15,1	100,0
	Gesamt	53	100,0	100,0	

52. Abbildung: Tragende Urteilsgründe in klageabweisenden Urteilen

Statistiken Gründe/grober Inhalt		
N	Gültig	30
	Fehlend	0

Gründe/grober Inhalt					
		Häufigkeit	Prozent	Gültige Prozente	Kumulierte Prozente
Gültig	Hinreichender Grad der Verstrickung - Unzumutbarkeit	17	56,7	56,7	56,7
	Zusammenarbeit trotz entlastender Umstände ausreichend	6	20,0	20,0	76,7
	Probezeitkündigung nicht willkürlich	2	6,7	6,7	83,3
	Nebenpflichtverletzung durch FB-Lüge	3	10,0	10,0	93,3
	Sonstiges	2	6,7	6,7	100,0
	Gesamt	30	100,0	100,0	

53. Abbildung: Tragende Gründe für die Abweisung bezüglich der ordentlichen Kündigung

Statistiken Gründe/grober Inhalt		
N	Gültig	23
	Fehlend	0

Gründe/grober Inhalt					
		Häufigkeit	Prozent	Gültige Prozente	Kumulierte Prozente
Gültig	Nebenpflichtverletzung durch FB-Lüge	9	39,1	39,1	39,1
	Persönliche Nichteignung durch FB-Lüge	7	30,4	30,4	69,6
	zumindest fahrlässige Nebenpflichtverletzung durch FB-Lüge	5	21,7	21,7	91,3
	freiwillige VE indiziert persönliche Nichteignung	2	8,7	8,7	100,0
	Gesamt	23	100,0	100,0	

54. Abbildung: Gründe für die Unwirksamkeit der Kündigung nach Abs. 5 Nr. 2 EinV

Statistiken Gründe/grober Inhalt		
N	Gültig	92
	Fehlend	40

Gründe/grober Inhalt						
		Häufigkeit	Prozent	Gültige Prozente	Kumulierte Prozente
Gültig	Zusammenarbeit nicht nachgewiesen	20	15,2	21,7	21,7
	Keine ausreichende Verstrickung für Unzumutbarkeit	46	34,8	50,0	71,7
	Unzumutbarkeit fehlt infolge Zeitablaufs	20	15,2	21,7	93,5
	Sonstiges	6	4,5	6,5	100,0
	Gesamt	92	69,7	100,0	
Fehlend		40	30,3		
Gesamt		132	100,0		

55. Abbildung: Gründe für die Unwirksamkeit der ordentlichen Kündigung

Statistiken Gründe/grober Inhalt		
N	Gültig	87
	Fehlend	22

Gründe/grober Inhalt					
		Häufigkeit	Prozent	Gültige Prozente	Kumulierte Prozente
Gültig	Nach Interessenabwägung führt FB-Lüge nicht zur Kündigung	24	22,0	27,6	27,6
	Keine FB-Lüge, da keine nachweisliche Zusammenarbeit	16	14,7	18,4	46,0
	Zusammenarbeit oder Lüge unterstellt, rechtfertigen nach Interessenabwägung keine Kündigung	14	12,8	16,1	62,1
	Sonstiges	9	8,3	10,3	72,4
	Bewusste Lüge nicht nachgewiesen; fehlende Erinnerung möglich	8	7,3	9,2	81,6
	Kein (schwerwiegendes) Abweichen von Angaben im FB und Gauckauskunft	7	6,4	8,0	89,7
	Anhörungsfrist nicht eingehalten	4	3,7	4,6	94,3
	Bes. Kündigungsschutz schließt o. Kü. aus	3	2,8	3,4	97,7
	Umstände vor 70(75) kein Indiz f. Eignung, Frage unzulässig	2	1,8	2,3	100,0
	Gesamt	87	79,8	100,0	
Fehlend		22	20,2		
Gesamt		109	100,0		

56. Abbildung: Gründe für die Unwirksamkeit beider Kündigungen

Statistiken Gründe/grober Inhalt		
N	Gültig	46
	Fehlend	63

Gründe/grober Inhalt					
		Häufigkeit	Prozent	Gültige Prozente	Kumulierte Prozente
Gültig	Hinweis auf unzureichenden Vortrag des TKM	17	15,6	37,0	37,0
	Kündigungsrecht wg. Zeitablaufs/widersprüchlichen Verhaltens verwirkt	14	12,8	30,4	67,4
	Personalratsanhörung fehlerhaft	11	10,1	23,9	91,3
	Sonstiges	4	3,7	8,7	100,0
	Gesamt	46	42,2	100,0	
Fehlend		63	57,8		
Gesamt		109	100,0		

57. Abbildung: Grad der Verstrickung nach Überzeugung des Gerichts

Statistiken Grad der Verstrickung nach Überzeugung des Gerichts		
N	Gültig	147
	Fehlend	82

Grad der Verstrickung nach Überzeugung des Gerichts					
		Häufigkeit	%	Gültige Prozente	Kumulierte Prozente
Gültig	Keine Verstrickung	3	1,3	2,0	2,0
	1	49	21,4	33,3	35,4
	2	9	3,9	6,1	41,5
	3	60	26,2	40,8	82,3
	4	19	8,3	12,9	95,2
	5	7	3,1	4,8	100,0
	Gesamt	147	64,2	100,0	
Fehlend		82	35,8		
Gesamt		229	100,0		

58. Abbildung: Grad der Verstrickung nach Überzeugung des Gerichts - Vergleich der Gerichte

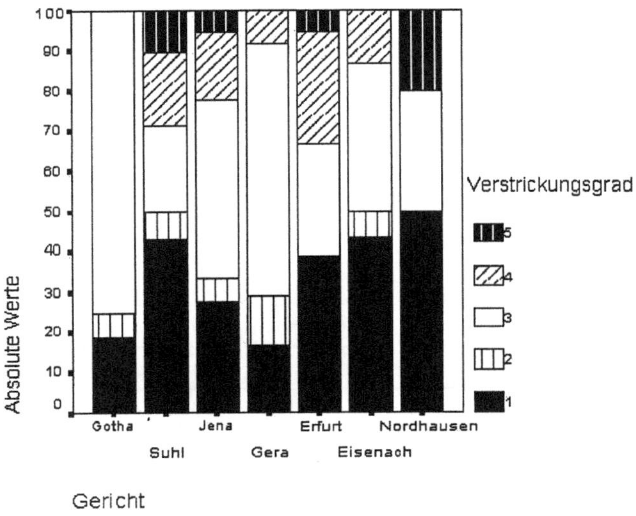

59. Abbildung: Urteil in der 1. Instanz bei nachgewiesenem Verstrickungsgrad 1

Statistiken Urteil bei nachgewiesenem Verstrickungsgrad 1		
N	Gültig	49
	Fehlend	0

Urteil in der 1. Instanz bei Verstrickungsgrad 1					
		Häufigkeit	Prozent	Gültige Prozente	Kumulierte Prozente
Gültig	Klageabweisung	6	12,2	12,2	12,2
	Klage erfolgreich	34	69,4	69,4	81,6
	Teilweise abgewiesen (o. Kü. wirksam)	9	18,4	18,4	100,0
	Gesamt	49	100,0	100,0	

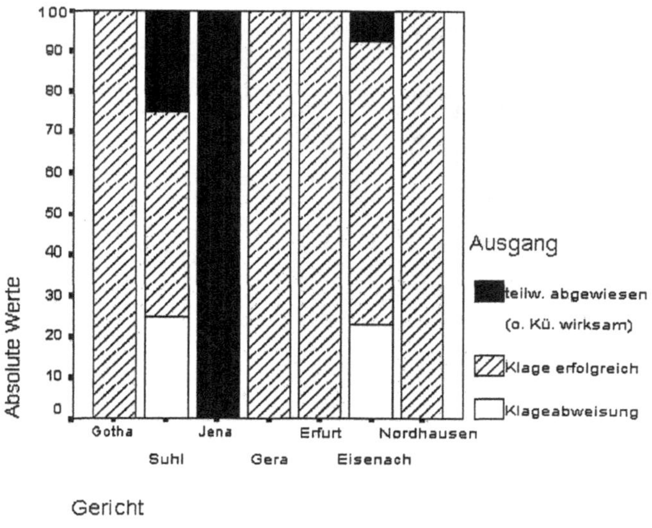

60. Abbildung: Urteil in der 1. Instanz bei nachgewiesenem Verstrickungsgrad 2

Statistiken Urteil bei nachgewiesenem Verstrickungsgrad 2		
N	Gültig	9
	Fehlend	0

Urteil in der 1. Instanz bei Verstrickungsgrad 2					
		Häufigkeit	Prozent	Gültige Prozente	Kumulierte Prozente
Gültig	Klage erfolgreich	8	88,9	88,9	88,9
	Teilweise abgewiesen (o. Kü. wirksam)	1	11,1	11,1	100,0
	Gesamt	9	100,0	100,0	

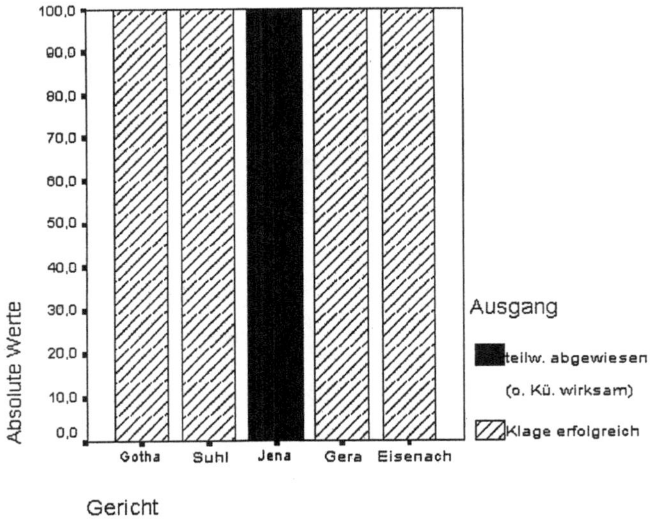

61. Abbildung: Urteil in der 1. Instanz bei nachgewiesenem Verstrickungsgrad 3

Statistiken Urteil bei nachgewiesenem Verstrickungsgrad 3		
N	Gültig	60
	Fehlend	0

Urteil in der 1. Instanz bei Verstrickungsgrad 3					
		Häufigkeit	Prozent	Gültige Prozente	Kumulierte Prozente
Gültig	Klageabweisung	5	8,3	8,3	8,3
	Klage erfolgreich	46	76,7	76,7	85,0
	Teilweise abgewiesen (o. Kü. wirksam)	9	15,0	15,0	100,0
	Gesamt	60	100,0	100,0	

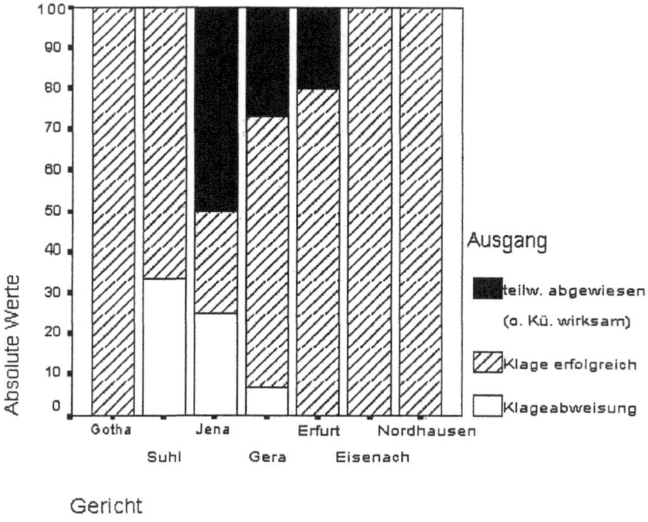

62. Abbildung: Urteil in der 1. Instanz bei nachgewiesenem Verstrickungsgrad 4

Statistiken Urteil bei nachgewiesenem Verstrickungsgrad 4		
N	Gültig	19
	Fehlend	0

Urteil in der 1. Instanz bei Verstrickungsgrad 4					
		Häufigkeit	Prozent	Gültige Prozente	Kumulierte Prozente
Gültig	Klageabweisung	10	52,6	52,6	52,6
	Klage erfolgreich	5	26,3	26,3	78,9
	Teilweise abgewiesen (o. Kü. wirksam)	4	21,1	21,1	100,0
	Gesamt	19	100,0	100,0	

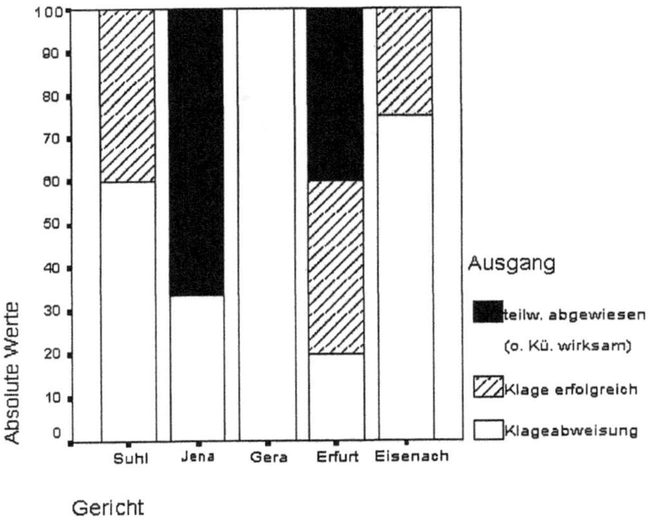

63. Abbildung: Urteil in der 1. Instanz bei nachgewiesenem Verstrickungsgrad 5

Statistiken Ausgang bei nachgewiesenem Verstrickungsgrad 5		
N	Gültig	7
	Fehlend	0

Ausgang des Rechtsstreits in der 1. Instanz bei Verstrickungsgrad 5					
		Häufigkeit	Prozent	Gültige Prozente	Kumulierte Prozente
Gültig	Klageabweisung	6	85,7	85,7	85,7
	Klage erfolgreich	1	14,3	14,3	100,0
	Gesamt	7	100,0	100,0	

64. Abbildung: Überprüfung der erstinstanzlichen Urteile anhand der Rechtmäßigkeitskriterien

Statistiken Rechtmäßigkeitskriterien v83-v94		
N	Gültig	159
	Fehlend	3

Rechtmäßigkeitskriterium v83					
		Häufigkeit	Prozent	Gültige Prozente	Kumulierte Prozente
Gültig	Erfüllt	111	68,5	69,8	69,8
	Nicht erkennbar	5	3,1	3,1	73,0
	Keine Bedeutung für diesen Fall	43	26,5	27,0	100,0
	Gesamt	159	98,1	100,0	
Fehlend	Versäumnisurteil	3	1,9		
Gesamt		162	100,0		

Rechtmäßigkeitskriterium v84					
		Häufigkeit	Prozent	Gültige Prozente	Kumulierte Prozente
Gültig	Erfüllt	106	65,4	66,7	66,7
	Nicht erkennbar	11	6,8	6,9	73,6
	Keine Bedeutung für diesen Fall	42	25,9	26,4	100,0
	Gesamt	159	98,1	100,0	
Fehlend	Versäumnisurteil	3	1,9		
Gesamt		162	100,0		

Rechtmäßigkeitskriterium v 85					
		Häufigkeit	Prozent	Gültige Prozente	Kumulierte Prozente
Gültig	Erfüllt	84	51,9	52,8	52,8
	Nicht erfüllt	8	4,9	5,0	57,9
	Nicht erkennbar	59	36,4	37,1	95,0
	Keine Bedeutung für diesen Fall	8	4,9	5,0	100,0
	Gesamt	159	98,1	100,0	
Fehlend	Versäumnisurteil	3	1,9		
Gesamt		162	100,0		

Rechtmäßigkeitskriterium v86					
		Häufigkeit	Prozent	Gültige Prozente	Kumulierte Prozente
Gültig	Erfüllt	17	10,5	10,7	10,7
	Nicht erfüllt	2	1,2	1,3	11,9
	Nicht erkennbar	16	9,9	10,1	22,0
	Keine Bedeutung für diesen Fall	124	76,5	78,0	100,0
	Gesamt	159	98,1	100,0	
Fehlend	Versäumnisurteil	3	1,9		
Gesamt		162	100,0		

Rechtmäßigkeitskriterium v87					
		Häufigkeit	Prozent	Gültige Prozente	Kumulierte Prozente
Gültig	Erfüllt	37	22,8	23,3	23,3
	Nicht erfüllt	1	,6	,6	23,9
	Nicht erkennbar	6	3,7	3,8	27,7
	Keine Bedeutung für diesen Fall	115	71,0	72,3	100,0
	Gesamt	159	98,1	100,0	
Fehlend	Versäumnisurteil	3	1,9		
Gesamt		162	100,0		

Rechtmäßigkeitskriterium v88					
		Häufigkeit	Prozent	Gültige Prozente	Kumulierte Prozente
Gültig	Erfüllt	3	1,9	1,9	1,9
	Nicht erkennbar	3	1,9	1,9	3,8
	Keine Bedeutung für diesen Fall	153	94,4	96,2	100,0
	Gesamt	159	98,1	100,0	
Fehlend	Versäumnisurteil	3	1,9		
Gesamt		162	100,0		

Rechtmäßigkeitskriterium v89					
		Häufigkeit	Prozent	Gültige Prozente	Kumulierte Prozente
Gültig	Erfüllt	52	32,1	32,7	32,7
	Nicht erfüllt	4	2,5	2,5	35,2
	Nicht erkennbar	61	37,7	38,4	73,6
	Keine Bedeutung für diesen Fall	42	25,9	26,4	100,0
	Gesamt	159	98,1	100,0	
Fehlend	Versäumnisurteil	3	1,9		
Gesamt		162	100,0		

Rechmäßigkeitskriterium v90					
		Häufigkeit	Prozent	Gültige Prozente	Kumulierte Prozente
Gültig	Erfüllt	8	4,9	5,0	5,0
	Nicht erfüllt	1	,6	,6	5,7
	Nicht erkennbar	2	1,2	1,3	6,9
	Keine Bedeutung für diesen Fall	148	91,4	93,1	100,0
	Gesamt	159	98,1	100,0	
Fehlend	Versäumnisurteil	3	1,9		
Gesamt		162	100,0		

Rechtmäßigkeitskriterium v91					
		Häufigkeit	Prozent	Gültige Prozente	Kumulierte Prozente
Gültig	Erfüllt	24	14,8	15,1	15,1
	Nicht erfüllt	29	17,9	18,2	33,3
	Nicht erkennbar	105	64,8	66,0	99,4
	Keine Bedeutung für diesen Fall	1	,6	,6	100,0
	Gesamt	159	98,1	100,0	
Fehlend	Versäumnisurteil	3	1,9		
Gesamt		162	100,0		

Rechtmäßigkeitskriterium v92					
		Häufigkeit	Prozent	Gültige Prozente	Kumulierte Prozente
Gültig	Erfüllt	54	33,3	34,0	34,0
	Nicht erfüllt	20	12,3	12,6	46,5
	Nicht erkennbar	69	42,6	43,4	89,9
	Keine Bedeutung für diesen Fall	16	9,9	10,1	100,0
	Gesamt	159	98,1	100,0	
Fehlend	Versäumnisurteil	3	1,9		
Gesamt		162	100,0		

Rechtmäßigkeitskriterium v93					
		Häufigkeit	Prozent	Gültige Prozente	Kumulierte Prozente
Gültig	Erfüllt	50	30,9	31,4	31,4
	Nicht erfüllt	15	9,3	9,4	40,9
	Nicht erkennbar	58	35,8	36,5	77,4
	Keine Bedeutung für diesen Fall	36	22,2	22,6	100,0
	Gesamt	159	98,1	100,0	
Fehlend	Versäumnisurteil	3	1,9		
Gesamt		162	100,0		

Rechtmäßigkeitskriterium v94					
		Häufigkeit	Prozent	Gültige Prozente	Kumulierte Prozente
Gültig	Erfüllt	3	1,9	1,9	1,9
	Nicht erfüllt	14	8,6	8,8	10,7
	Nicht erkennbar	24	14,8	15,1	25,8
	Keine Bedeutung für diesen Fall	118	72,8	74,2	100,0
	Gesamt	159	98,1	100,0	
Fehlend	Versäumnisurteil	3	1,9		
Gesamt		162	100,0		

65. Abbildung: Rechtsmittel der Berufung

Statistiken Berufung eingelegt		
N	Gültig	162
	Fehlend	0

Berufung eingelegt					
		Häufigkeit	Prozent	Gültige Prozente	Kumulierte Prozente
Gültig	Nein	62	38,3	38,3	38,3
	Durch Arbeitnehmer	35	21,6	21,6	59,9
	Durch TKM	56	34,6	34,6	94,4
	Anschlussberufung durch TKM bei Berufung des Arbeitnehmers	7	4,3	4,3	98,8
	Anschlussberufung durch Arbeitnehmer bei Berufung des TKM	2	1,2	1,2	100,0
	Gesamt	162	100,0	100,0	

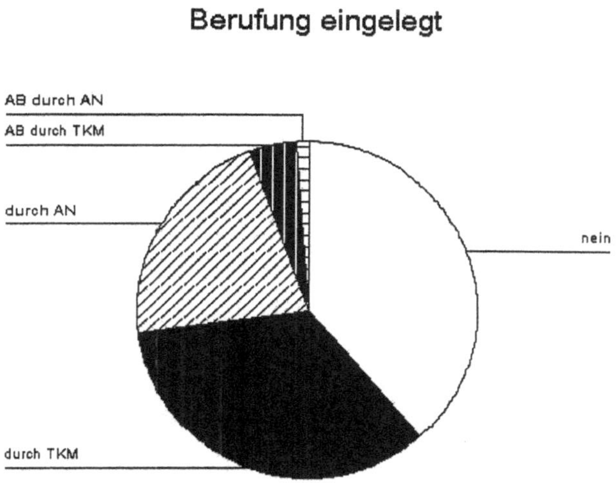

66. Abbildung: Berufungsrate pro Jahr

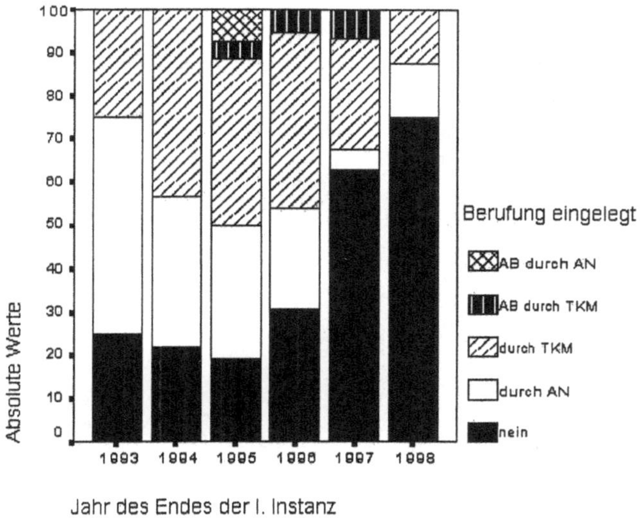

67. Abbildung: In zweiter Instanz vom Kultusministerium vorgelegte Auszüge aus den Akten des Staatssicherheitsdienstes der DDR

Statistiken Vorgelegte Auszüge aus den Akten		
N	Gültig	100
	Fehlend	0

Vorgelegte Auszüge aus den Akten					
		Häufigkeit	Prozent	Gültige Prozente	Kumulierte Prozente
Gültig	Keine Berichte	22	22,0	22,0	22,0
	Nur VE	2	2,0	2,0	24,0
	Auswahl von Berichten und VE	57	57,0	57,0	81,0
	Alle Berichte und VE	7	7,0	7,0	88,0
	Originalakte lag vor	12	12,0	12,0	100,0
	Gesamt	100	100,0	100,0	

68. Abbildung: Beweisaufnahmen in der zweiten Instanz

Category label	Code	Count	Pct of Responses	Pct of Cases
Keine	1	92	89,3	92,0
Vernehmung des Führungsoffiziers	2	6	5,8	6,0
Vernehmung des Hauptpersonalrats	3	2	1,9	2,0
Sonstige (Ehegatten o. Angehörige)	8	3	2,9	3,0
		-------	------	------
Total responses		103	100,0	103,0

0 missing cases; 100 valid cases

69. Abbildung: Zweitinstanzlich klägerseits vorgelegte Schriftstücke und Unterlagen

Category label	Code	Count	Pct of Responses	Pct of Cases
Keine zusätzlichen zu den der 1. Instanz	0	88	83,8	88,0
Beurteilung des Schulleiters	1	5	4,8	5,0
Schreiben einzelner Schüler	3	2	1,9	2,0
Kollegenschreiben/Unterschriftensammlung	6	1	1,0	1,0
Sonstiges	11	8	7,6	8,0
Haschke-Gutachten	13	1	1,0	1,0
		-------	------	------
Total responses		105	100,0	105,0

0 missing cases; 100 valid cases

70. Abbildung: Inhalt der Protokolle zur mündlichen Verhandlung in der 2. Instanz

Statistiken Protokoll der mündlichen Verhandlung		
N	Gültig	100
	Fehlend	0

Protokoll der mündlichen Verhandlung					
		Häufigkeit	Prozent	Gültige Prozente	Kumulierte Prozente
Gültig	Keine mündliche Verhandlung	19	19,0	19,0	19,0
	Keine weiteren Inhalte	33	33,0	33,0	52,0
	Ausführungen der Klagepartei zur Verstrickung protokolliert	6	6,0	6,0	58,0
	Widerrufener Vergleich protokolliert	5	5,0	5,0	63,0
	Berufungsrücknahme empfohlen	2	2,0	2,0	65,0
	Auf Anraten des Gerichts - Vergleich	5	5,0	5,0	70,0
	Rechtliche Hinweise	19	19,0	19,0	89,0
	Sonstiges	11	11,0	11,0	100,0
	Gesamt	100	100,0	100,0	

71. Abbildung: Zweitinstanzlich zwischen den Parteien streitige Fragen

Category label	Code	Count	Pct of Responses	Pct of Cases
Beweiswert der Stasi-Unterlagen	1	8	5,7	8,0
Darlegungs- und Beweislast	2	5	3,5	5,0
Beteiligung des Personalrats	4	19	13,5	19,0
Unzumutbarkeit	6	19	13,5	19,0
Verwirkung/Zeitablauf	7	25	17,7	25,0
Bewusste, finale Zusammenarbeit	8	12	8,5	12,0
Erinnerungslücke beim Ausfüllen des FB	9	6	4,3	6,0
Sonstiges	10	9	6,4	9,0
Besonderes Gewaltverhältnis	12	2	1,4	2,0
StUG: Relevanz von Tätigkeit vor 1975	13	1	0,7	1,0
Keine streitigen Fragen feststellbar	99	35	24,8	35,0
		-------	------	------
Total responses		141	100,0	141,0

0 missing cases; 100 valid cases

72. Abbildung: Ausgang der Berufungsrechtsstreite

Statistiken Ausgang in der 2. Instanz		
N	Gültig	100
	Fehlend	0

Ausgang in der 2. Instanz					
		Häufigkeit	Prozent	Gültige Prozente	Kumulierte Prozente
Gültig	Berufungsrücknahme	22	22,0	22,0	22,0
	Vergleich über Weiterbeschäftigung	10	10,0	10,0	32,0
	Vergleich über Ausscheiden	15	15,0	15,0	47,0
	Urteil: Kündigungen unwirksam	44	44,0	44,0	91,0
	Urteil: ordentliche Kündigung wirksam	4	4,0	4,0	95,0
	Urteil: außerordentliche Kündigung wirksam	5	5,0	5,0	100,0
	Gesamt	100	100,0	100,0	

73. Abbildung: Zeitpunkt des Abschlusses der zweitinstanzlichen Rechtsstreite

Statistiken Jahr des Endes der 2. Instanz		
N	Gültig	100
	Fehlend	0

Jahr des Endes der 2. Instanz					
		Häufigkeit	Prozent	Gültige Prozente	Kumulierte Prozente
Gültig	1992	1	1,0	1,0	1,0
	1994	3	3,0	3,0	4,0
	1995	14	14,0	14,0	18,0
	1996	30	30,0	30,0	48,0
	1997	25	25,0	25,0	73,0
	1998	24	24,0	24,0	97,0
	1999	3	3,0	3,0	100,0
	Gesamt	100	100,0	100,0	

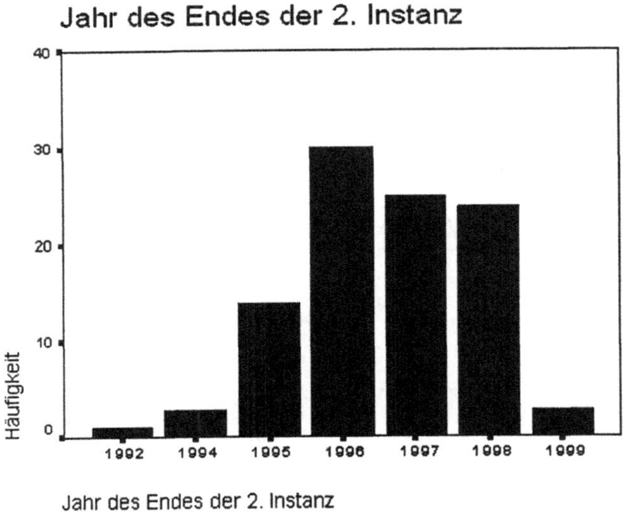

74. Abbildung: Veränderung der Beendigungsformen über den Zeitraum 1995-1998

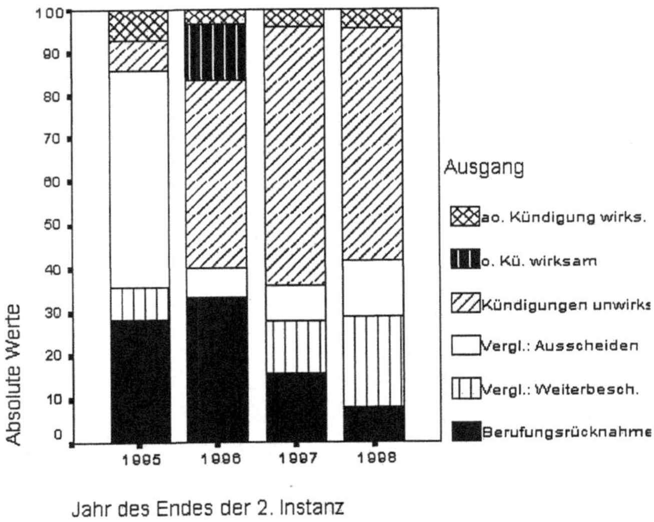

75. Abbildung: Inhalt der Vergleiche über Weiterbeschäftigung

Statistiken Tragende Gründe/wesentlicher Inhalt		
N	Gültig	10
	Fehlend	0

Tragende Gründe/wesentlicher Inhalt					
		Häufigkeit	Prozent	Gültige Prozente	Kumulierte Prozente
Gültig	Arbeitsverhältnis besteht unverändert fort	2	20,0	20,0	20,0
	Arbeitsverhältnis endete, Wiedereinstellung, Beschäftigungszeit nicht unterbrochen	7	70,0	70,0	90,0
	Andere Vergleiche	1	10,0	10,0	100,0
	Gesamt	10	100,0	100,0	

76. Abbildung: Inhalt der Vergleiche über Beendigung des Arbeitsverhältnisses

Statistiken Tragende Gründe/wesentlicher Inhalt		
N	Gültig	15
	Fehlend	0

Tragende Gründe/wesentlicher Inhalt					
		Häufigkeit	Prozent	Gültige Prozente	Kumulierte Prozente
Gültig	1. Standard-vergleich	11	73,3	73,3	73,3
	2. Standard-vergleich	4	26,7	26,7	100,0
	Gesamt	15	100,0	100,0	

77. Abbildung: Tragende Gründe der Urteile, die die außerordentliche Kündigung für wirksam erachteten

Statistiken Tragende Gründe/wesentlicher Inhalt		
N	Gültig	5
	Fehlend	0

Tragende Gründe/wesentlicher Inhalt					
		Häufigkeit	Prozent	Gültige Prozente	Kumulierte Prozente
Gültig	Hinreichender Grad der Verstrickung	5	100,0	100,0	100,0

78. Abbildung: Tragende Gründe der Urteile, die die ordentliche Kündigung für wirksam erachteten

Statistiken Tragende Gründe/wesentlicher Inhalt		
N	Gültig	4
	Fehlend	0

Tragende Gründe/wesentlicher Inhalt					
		Häufigkeit	Prozent	Gültige Prozente	Kumulierte Prozente
Gültig	Nebenpflichtverletzung durch FB-Lüge	4	100,0	100,0	100,0

79. Tragende Gründe der Urteile, die keine Kündigung für unwirksam erachteten

Category label	Code	Count	Pct of Responses	Pct of Cases
Personalratsanhörung fehlerhaft	2	3	3,9	6,8
Hinweis auf unzureichenden Vortrag des TKM	3	3	3,9	6,8
Kein (schwerwiegendes) Abweichen der Angaben im FB	52	2	2,6	4,5
Nach Interessenabwägung führt FB-Lüge nicht zur Kündigung	54	22	28,6	50,0
Bewusste Lüge nicht nachgewiesen	56	1	1,3	2,3
Umstände vor 70 (75) müssen nicht angegeben werden	58	2	2,6	4,5
Zusammenarbeit nicht nachgewiesen	61	4	5,2	9,1
keine ausreichende Verstrickung für Unzumutbarkeit	62	14	18,2	31,8
keine Unzumutbarkeit wg. Zeitablaufs	63	9	11,7	20,5
Nicht feststellbar, da kein Tatbestand und keine Entscheidungsgründe	88	8	10,4	18,2
Sonstiges	99	9	11,7	20,5
		-------	------	------
Total responses		77	100,0	175,0

0 missing cases; 44 valid cases

80. Abbildung: Grad der Verstrickung nach Überzeugung des Berufungsgerichts

Statistiken Grad der nachgewiesenen Verstrickung		
N	Gültig	44
	Fehlend	9

Grad der nachgewiesenen Verstrickung					
		Häufigkeit	Prozent	Gültige Prozente	Kumulierte Prozente
Gültig	0	1	1,9	2,3	2,3
	1	9	17,0	20,5	22,7
	2	2	3,8	4,5	27,3
	3	22	41,5	50,0	77,3
	4	8	15,1	18,2	95,5
	5	2	3,8	4,5	100,0
	Gesamt	44	83,0	100,0	
Fehlend		9	17,0		
Gesamt		53	100,0		

81. Abbildung: Urteil in der 2. Instanz bei nachgewiesenem Verstrickungsgrad 1

Statistiken Urteil bei Verstrickungsgrad 1		
N	Gültig	9
	Fehlend	0

Urteil in der 2. Instanz bei Verstrickungsgrad 1					
		Häufigkeit	Prozent	Gültige Prozente	Kumulierte Prozente
Gültig	Kündigungen unwirksam	7	77,8	77,8	77,8
	Ordentliche Kündigung wirksam	2	22,2	22,2	100,0
	Gesamt	9	100,0	100,0	

82. Abbildung: Urteil in der 2. Instanz bei nachgewiesenem Verstrickungsgrad 2

Statistiken Urteil bei Verstrickungsgrad 2		
N	Gültig	2
	Fehlend	0

Urteil in der 2. Instanz bei Verstrickungsgrad 2					
		Häufigkeit	Prozent	Gültige Prozente	Kumulierte Prozente
Gültig	Kündigungen unwirksam	2	100,0	100,0	100,0

83. Abbildung: Urteil in der 2. Instanz bei nachgewiesenem Verstrickungsgrad 3

Statistiken Urteil bei Verstrickungsgrad 3		
N	Gültig	22
	Fehlend	0

Urteil in der 2. Instanz bei Verstrickungsgrad 3					
		Häufigkeit	Prozent	Gültige Prozente	Kumulierte Prozente
Gültig	Kündigungen unwirksam	20	90,9	90,9	90,9
	Ordentliche Kündigung wirksam	1	4,5	4,5	95,5
	Außerordentliche Kündigung wirksam	1	4,5	4,5	100,0
	Gesamt	22	100,0	100,0	

84. Abbildung: Urteil in der 2. Instanz bei nachgewiesenem Verstrickungsgrad 4

Statistiken Urteil bei Verstrickungsgrad 4		
N	Gültig	8
	Fehlend	0

Urteil in der 2. Instanz bei Verstrickungsgrad 4					
		Häufigkeit	Prozent	Gültige Prozente	Kumulierte Prozente
Gültig	Kündigungen unwirksam	5	62,5	62,5	62,5
	Ordentliche Kündigung wirksam	1	12,5	12,5	75,0
	Außerordentliche Kündigung wirksam	2	25,0	25,0	100,0
	Gesamt	8	100,0	100,0	

85. Abbildung: Urteil in der 2. Instanz bei nachgewiesenem Verstrickungsgrad 5

Statistiken Urteil bei Verstrickungsgrad 5		
N	Gültig	2
	Fehlend	0

Urteil in der 2. Instanz bei Verstrickungsgrad 5					
		Häufigkeit	Prozent	Gültige Prozente	Kumulierte Prozente
Gültig	Außerordentliche Kündigung wirksam	2	100,0	100,0	100,0

86. Abbildung: Überprüfung der zweitinstanzlichen Urteile anhand der Rechtmäßigkeitskriterien

Statistiken Kriterien der höchstrichterlichen Rspr. v113-v124		
N	Gültig	45
	Fehlend	8

Kriterium der höchstrichterlichen Rspr. - v113					
		Häufigkeit	Prozent	Gültige Prozente	Kumulierte Prozente
Gültig	Erfüllt	34	64,2	75,6	75,6
	Keine Bedeutung für diesen Fall	11	20,8	24,4	100,0
	Gesamt	45	84,9	100,0	
Fehlend		8	15,1		
Gesamt		53	100,0		

Kriterium der höchstrichterlichen Rspr. -v114					
		Häufigkeit	Prozent	Gültige Prozente	Kumulierte Prozente
Gültig	Erfüllt	34	64,2	75,6	75,6
	Keine Bedeutung für diesen Fall	11	20,8	24,4	100,0
	Gesamt	45	84,9	100,0	
Fehlend		8	15,1		
Gesamt		53	100,0		

Kriterium der höchstrichterlichen Rspr. - v115					
		Häufigkeit	Prozent	Gültige Prozente	Kumulierte Prozente
Gültig	Erfüllt	26	49,1	57,8	57,8
	Nicht erfüllt	2	3,8	4,4	62,2
	Nicht erkennbar	14	26,4	31,1	93,3
	Keine Bedeutung für diesen Fall	3	5,7	6,7	100,0
	Gesamt	45	84,9	100,0	
Fehlend		8	15,1		
Gesamt		53	100,0		

Kriterium der höchstrichterlichen Rspr. - v116					
		Häufigkeit	Prozent	Gültige Prozente	Kumulierte Prozente
Gültig	Erfüllt	8	15,1	17,8	17,8
	Nicht erkennbar	1	1,9	2,2	20,0
	Keine Bedeutung für diesen Fall	36	67,9	80,0	100,0
	Gesamt	45	84,9	100,0	
Fehlend		8	15,1		
Gesamt		53	100,0		

Kriterium der höchstrichterlichen Rspr. - v117		Häufigkeit	Prozent	Gültige Prozente	Kumulierte Prozente
Gültig	Erfüllt	5	9,4	11,1	11,1
	Nicht erkennbar	3	5,7	6,7	17,8
	Keine Bedeutung für diesen Fall	37	69,8	82,2	100,0
	Gesamt	45	84,9	100,0	
Fehlend	System	8	15,1		
Gesamt		53	100,0		

Kriterium der höchstrichterlichen Rspr. - v118		Häufigkeit	Prozent	Gültige Prozente	Kumulierte Prozente
Gültig	Erfüllt	1	1,9	2,2	2,2
	Keine Bedeutung für diesen Fall	44	83,0	97,8	100,0
	Gesamt	45	84,9	100,0	
Fehlend		8	15,1		
Gesamt		53	100,0		

Kriterium der höchstrichterlichen Rspr. - v119		Häufigkeit	Prozent	Gültige Prozente	Kumulierte Prozente
Gültig	Erfüllt	20	37,7	44,4	44,4
	Nicht erfüllt	2	3,8	4,4	48,9
	Nicht erkennbar	15	28,3	33,3	82,2
	Keine Bedeutung für diesen Fall	8	15,1	17,8	100,0
	Gesamt	45	84,9	100,0	
Fehlend		8	15,1		
Gesamt		53	100,0		

Kriterium der höchstrichterlichen Rspr. - v120					
		Häufigkeit	Prozent	Gültige Prozente	Kumulierte Prozente
Gültig	Erfüllt	2	3,8	4,4	4,4
	Keine Bedeutung für diesen Fall	43	81,1	95,6	100,0
	Gesamt	45	84,9	100,0	
Fehlend		8	15,1		
Gesamt		53	100,0		

Kriterium der höchstrichterlichen Rspr. - v121					
		Häufigkeit	Prozent	Gültige Prozente	Kumulierte Prozente
Gültig	Erfüllt	2	3,8	4,4	4,4
	Nicht erfüllt	6	11,3	13,3	17,8
	Nicht erkennbar	36	67,9	80,0	97,8
	Keine Bedeutung für diesen Fall	1	1,9	2,2	100,0
	Gesamt	45	84,9	100,0	
Fehlend		8	15,1		
Gesamt		53	100,0		

Kriterium der höchstrichterlichen Rspr. - v122					
		Häufigkeit	Prozent	Gültige Prozente	Kumulierte Prozente
Gültig	Erfüllt	27	50,9	60,0	60,0
	Nicht erfüllt	3	5,7	6,7	66,7
	Nicht erkennbar	12	22,6	26,7	93,3
	Keine Bedeutung für diesen Fall	3	5,7	6,7	100,0
	Gesamt	45	84,9	100,0	
Fehlend		8	15,1		
Gesamt		53	100,0		

Kriterium der höchstrichterlichen Rspr. - v123					
		Häufigkeit	Prozent	Gültige Prozente	Kumulierte Prozente
Gültig	Erfüllt	25	47,2	55,6	55,6
	Nicht erfüllt	3	5,7	6,7	62,2
	Nicht erkennbar	9	17,0	20,0	82,2
	Keine Bedeutung für diesen Fall	8	15,1	17,8	100,0
	Gesamt	45	84,9	100,0	
Fehlend		8	15,1		
Gesamt		53	100,0		

Kriterium der höchstrichterlichen Rspr. - v124					
		Häufigkeit	Prozent	Gültige Prozente	Kumulierte Prozente
Gültig	Erfüllt	1	1,9	2,2	2,2
	Nicht erfüllt	3	5,7	6,7	8,9
	Nicht erkennbar	6	11,3	13,3	22,2
	Keine Bedeutung für diesen Fall	35	66,0	77,8	100,0
	Gesamt	45	84,9	100,0	
Fehlend		8	15,1		
Gesamt		53	100,0		

87. Abbildung: Revisionszulassung in den Berufungsurteilen

Statistiken Revision zugelassen		
N	Gültig	45
	Fehlend	8

Revision zugelassen					
		Häufigkeit	Prozent	Gültige Prozente	Kumulierte Prozente
Gültig	Zugelassen	4	7,5	8,9	8,9
	Nicht zugelassen	41	77,4	91,1	100,0
	Gesamt	45	84,9	100,0	
Fehlend	Rechtsmittelverzicht	8	15,1		
Gesamt		53	100,0		

88. Abbildung: Nichtzulassungsbeschwerde gegen Berufungsurteile

Statistiken Nichtzulassungsbeschwerde eingelegt?		
N	Gültig	41
	Fehlend	0

Nichtzulassungsbeschwerde eingelegt?					
		Häufigkeit	Prozent	Gültige Prozente	Kumulierte Prozente
Gültig	Ja	5	12,2	12,2	12,2
	Nein	36	87,8	87,8	100,0
	Gesamt	41	100,0	100,0	

89. Abbildung: Endergebnis bezüglich der Beschäftigung

Statistiken Endergebnis bezüglich der Beschäftigung		
N	Gültig	217
	Fehlend	3

Endergebnis bezüglich der Beschäftigung					
		Häufigkeit	Prozent	Gültige Prozente	Kumulierte Prozente
Gültig	Ausscheiden aus dem Dienst	92	41,8	42,4	42,4
	Weiterbeschäftigung	125	56,8	57,6	100,0
	Gesamt	217	98,6	100,0	
Fehlend		3	1,4		
Gesamt		220	100,0		

FSC
www.fsc.org
MIX
Papier | Fördert
gute Waldnutzung
FSC® C083411

Kolibri 360 GmbH
Ferdinand-Jühlke-Straße 7
99095 Erfurt, Deutschland
produktsicherheit@kolibri360.de

Druck:
CPI Druckdienstleistungen GmbH
im Auftrag der
Kolibri 360 GmbH
Ferdinand-Jühlke-Str. 7
99095 Erfurt